本书为江苏省优势学科第三期项目资助，省市部校共建苏州大学马克思主义学院、苏州大学人文社科优秀学术团队（马克思主义政党与国家治理研究）国家治理研究成果

臧其胜 \ 著

迈向福利共同体

中国公众福利态度研究

中国社会科学出版社

图书在版编目(CIP)数据

迈向福利共同体：中国公众福利态度研究／臧其胜著 . —北京：中国社会
科学出版社，2021.12
ISBN 978 – 7 – 5203 – 9482 – 6

Ⅰ.①迈… Ⅱ.①臧… Ⅲ.①社会福利—研究—中国 Ⅳ.①D632.1

中国版本图书馆 CIP 数据核字(2021)第 273854 号

出 版 人	赵剑英	
责任编辑	王莎莎	
责任校对	张爱华	
责任印制	张雪娇	

出 版	中国社会科学出版社	
社 址	北京鼓楼西大街甲 158 号	
邮 编	100720	
网 址	http://www.csspw.cn	
发 行 部	010 – 84083685	
门 市 部	010 – 84029450	
经 销	新华书店及其他书店	

印刷装订	北京市十月印刷有限公司
版 次	2021 年 12 月第 1 版
印 次	2021 年 12 月第 1 次印刷

开 本	710 × 1000 1/16
印 张	18
插 页	2
字 数	294 千字
定 价	118.00 元

目　　录

序：岁月飞逝 事业如歌

中国改革开放后，社会科学的发展是百废待兴。邓小平提出社会学等学科要补课的建议后，中国社会科学院社会学所所长费孝通先生领衔，与南开大学联合向教育部申请建社会学专业班，为社会学培养亟需的教学研究人才。该申请得到教育部批准后，1981 年 18 所重点大学从 77 级三年级学生中推荐了优秀同学进入南开大学学习社会学。我非常荣幸地得到四川大学推荐，成为中国社会学重建后第一批社会学专业学生。在中国社会学重建的领军学者费孝通先生（1910—2005）、社会交换理论的代表学者 Peter Michael Blau 教授（1918—2002）、社会资本与社会网研究的代表学者林南教授等的指导下开始了我的社会学生涯。1981 年到 2021 年，40 年白驹过隙匆匆走过。教过的学生已经在各行各业大展身手，成为服务社会的栋梁。值此，为我指导过的臧其胜博士专著写序，不胜感慨。

其胜考入南京大学攻读社会学博士学位期间，给我留下深刻印象。其胜与先哲对话、与他人对话、与导师对话，与自己对话；善于学与思，长于思与写，把博士学习变成了成长为一个真正学者的过程。其胜心有所想，心有所向，志向高远。无奈他健康不佳，直接影响学习，让我担忧。但其胜用非凡的毅力克服了学习中的困难，在校学习期间在《社会学研究》等期刊上发表论文；博士论文获南京大学优秀论文之美誉；毕业后获得国家社会科学基金项目等多项；发表具有创新性的前沿研究论文多篇。得优才而育之，作为导师的我倍感欣慰。

其胜这本专著是在博士论文基础上修改而成，研究的对象是公众的福利态度。描述、分析和解释社会行动者的福利态度及其生成机制，对于正确处理好态度与政策的关系，厘清政府的福利责任边界，恢复公众在社会政策制定中的主体性地位，回答中国社会福利改革的重点与方向，有着重要的理论意义与实践价值。福利态度的国际研究源于 20 世纪 30 年代美国的社会福利的民意调查，初期限定于特定国家或特定地区内；20 世纪 80 年代扩展到区域性比较研究，但研究依附于既有的数据库，研究的"数据驱动"痕迹明显；21 世纪初，瑞典 Stefan Svallfors 教授（1961—）领导的团队在欧洲社会调查（European Social Survey，ESS）中开始使用"变化欧洲中的福利态度"的轮换模块，标志着福利态度的研究拥有了自己独立的数据库与研究框架。

改革开放以来，中国社会福利研究有了发展，但重实务，轻理论，重政策，轻原理。福利态度研究在国内的关注度仍然较低。但已形成了以本人为核心的南京大学团队，和岳经纶教授为核心的中山大学团队，现有成果基本上来自这两大团队。2012 年，本人作为教育部重大课题攻关项目的首席专家，带领团队设计了 4×4 调查框架，对接国际社会调查（ISSP）中政府责任模块设计问卷，在南京、天津、兰州与成都四个省会城市开展了中国社会福利调查。福利态度专题是问卷的核心模块，其胜是项目团队的重要成员。项目成果《中国社会福利理论与制度研究：以适度普惠社会福利制度为例》包括福利态度一章，于 2020 年出版。项目的阶段成果包括其胜 2016 年在《公共行政评论》第 4 期上发表的《政策的肌肤：福利态度研究的国际前沿及其本土意义》一文，这是国内首次系统回顾福利态度研究的重要成果之一，为后续研究提供了一个相对完整与专业的参照坐标，也为学术对话提供了知识基础。2016 年，岳经纶教授带领"公众福利态度调查"团队针对广州市公众福利态度进行了调查，后逐步扩展到全省、全国范围，形成了系列报告。尽管两大团队在研究取向与研究设计上存在差异，但都为福利态度研究的进一步发展做出了重要贡献。

作者认为，福利态度是对幸福状态与社会福利制度以给予支持或不支持的方式作出回应的一种倾向，而福利制度应是在公平的原初状态中被一致同意的结果。遗憾的是，受制度、文化与身份等的多重规制，现实中行动者的福利态度可能受到扭曲、遮蔽，从而产生异化，其支持的福利制度的合法性就难以保证。福利制度的合法性危机是福利态度研究的首要动机，若要保证福利制度的合法性就必须保证公众福利态度生成的事实状态的正义性。基于此，作者以需要为研究的逻辑起点，考察了影响福利态度的宏观的结构化背景（制度、文化）与微观的初始化资源（公民身份等），通过实证研究挖掘推动政策变迁的态度张力，勾勒出从需要到态度，从态度到行动，再从行动到结构的福利制度生成逻辑，回答了处于何种状态中的行动者的福利态度有助于福利制度合法性生成的核心议题。

作者关心的重点不在于制度本身的合法性及如何设计，而在于处于何种状态中的行动者设计的制度才更具合法性。作者认为，在理想状态下，福利制度应是通过已满足健康与自主的基本需要的行动者在公共领域中的自由辩论而获得，应是行动者平等参与行使权利的结果。进而指出，应将基本需要（的满足）视为一项权利并作为福利行动的中轴，即以福利权作为多元主体行动所应遵循的中轴原理，从而保证福利制度的合法性。

需要是福利制度设计的逻辑起点，社会团结的水平是衡量一个国家的福利制度或政策获得支持程度的重要指标，公民身份则是社会团结的核心与追求平等的体系。基于此，作者期待未来建立一个以需要为本，以公民身份为规范性机制，以社会团结为纽带的福利共同体。其胜这本专著的研究既有理论，也有实证，具有诸多亮点：在国内系统完整地回顾了福利态度研究，为福利态度提供了比较明确的定义，提炼出制度与文化的双重理论解释路径，开启了政府福利责任研究的新视角；在 Len Doyal（1944— ）与 Ian Gough（1942— ）的人类需要理论、Thomas H. Marshall（1893—1981）的公民身份理论、Talcott Parsons（1902—1979）社会共同体理论的基础上提出了建设福利共同体的未来愿景，在福利国家、福利社会之外提供了第三种选择；将作为福利形式的服务区分为政府给予的资源（馈赠）、法律赋予的权利、他人赠送的礼物、市场销售的商品、服务传递的技术，倡导福利提供的理念从资源观转向权利观；以合法性（独立/从属）与能力（自主/依附）为维度，将社会组织与国家的关系区分为独立式自主、从属式自主、从属式依附、独立式依附四种类型；方法上采用全景视角、类型法与比较法，是在社会学领域较早引入文献计量学方法的博士论文之一，实现了文献回顾的可视化，并通过绘图工具实现了"马歇尔之问"论证逻辑的可视化。当然，研究也存在不足，如研究的资料及数据的质量有待提高，研究内容过于繁杂以致失去精准，福利共同体的概念体系有待进一步完善。总体而言，这是一部符合学术规范、具有学术创新的专著。

在博士学习期间，我的导师周健林教授常常鼓励我。他说，优秀的博士论文将会使你在该领域领先五年到十年。我把这个期望转送给其胜。民生福祉，责任在肩。勇立潮头，迎风而上。岁月飞逝，我们事业如歌。共勉。

彭华民
南京大学社会学院二级教授
中国社会学会社会福利专委会理事长
中国社会工作教育协会副会长
2021 年 7 月于金陵

第一章　导　论

　　我们对未来中国的社会福利制度有什么样的预期？未来中国的社会福利制度究竟何去何从？这是学术与实践共同关注的议题。对于社会政策以及个体与群体而言，核心问题是如何分配受经济与政治限制的福利资源，以便最有效地增进福祉并满足人类需要（Lister & Dwyer，2012：255）。为让人们过上一个体面的生活，我们可能遵循普遍性原则，将福利视为自然的权利；我们也可能强调选择性原则，将福利视为政府的馈赠（largess）①。我们可能遵循利他主义，将福利视为来自陌生人的礼物；我们也可能遵循利己主义，将福利视为来自市场的商品。我们关注再分配的效率，同时也关注再分配的合法性。但无论秉持何种态度，坚持何种预期，选择何种路径，都将深受我们时代背景的影响。

第一节　研究背景

一　制度转型

　　肇始于20世纪70年代末的经济体制改革拉开了中国从计划经济向市场经济转型的序幕，改革开放40多年来，经济建设与社会建设都取得了巨大的成就。1978年，中国人均GDP不足300美元②；2008年，超过了3000美元，达到国际中等发展水平的通行标准；2019年首次突破10000美元，达到10276美元，2020年有小幅上升，达到10504美元。

---

　　① 赖克（Charles A. Reich）认为福利权是一种新财产权，而馈赠则是一种特权。当馈赠出于公共利益而被取消时，一般情况下所有者不会获得补偿，而权利未经正当程序与公正补偿是不可剥夺的。参见赖克（Reich，1964）。

　　② 1978年，人民币381元，按照当时的汇率约为245美元，该数值因考虑不同因素而在折算成美元时有较大差异。参见童之伟（2012）。

国际通行的标准是把 GDP 人均 3000 美元作为中等发展水平的标志，而其福利含义是人均福利接受水平的提高（彭华民，2011a：总序）。换句话说，要让人民群众共享改革开放的成果。目前，中国已经进入关注民生的新时期。"民生"这个用语，在当下中国社会已获得压倒性的话语权（郑磊，2008）。而社会福利制度作为让全体社会成员共享发展成果的基本保障，则是社会文明进步的重要标志，是改善民生的重要保证。

2000 年，民政部等十一部委联合发文明确指出社会化是我国社会福利事业发展的方向，也是我国社会福利事业管理体制的重大改革（国务院办公厅，2000）。2007 年 10 月，民政部提出建立适度普惠型社会福利制度，推进我国社会福利从补缺型向适度普惠型转变，从而加快我国的社会福利事业发展（民政部，2007）。2012 年 7 月，国务院下发《国家基本公共服务体系"十二五"规划（2011 —2015）》，将"十二五"期间的养老服务、社会福利服务、社区服务、社会专项事务服务等统称为"社会服务"，列为单独门类，独立规划编制，纳入民生指数体系和统计指标体系，全面将社会服务作为国家基本公共服务的一个重要领域。2012 年 11 月，民政部、财政部下发了《关于政府购买社会工作服务的指导意见》。2013 年 7 月，国务院研究推进政府向社会力量购买公共服务（国务院办公厅，2013），进一步转变政府职能，回归政府职能的本位。2020 年 3 月，全国人民代表大会通过的《中华人民共和国国民经济和社会发展第十四个五年规划和 2035 年远景目标纲要》提出，突出政府在基本公共服务供给保障中的主体地位，推动非基本公共服务提供主体多元化、提供方式多样化。由此可见，政策的变迁过程正是国家、市场、社会、家庭与个人的权利与责任关系的变迁过程，也正是公众对不同行动者权利与责任关系认知转变的过程，而引进市场机制，鼓励社会力量参与到社会福利服务的供给中是政策变迁的核心特征。

二 文化变迁

中国自古以来不乏福利观念与福利实践，但纵观其发展历程可以发现，中国古代福利制度尚不健全，实际效果有限，福利的作用更多地体现的是施舍或恩赐。中国传统文化中的儒家伦理在社会福利政策的变迁中扮演双重角色。儒家思想所熏陶的亚洲价值观，并不一定支持社会福利的发展，由于存在冲突，福利可能并不属于亚洲（周翠雯、余伟锦，2011：97），而注重个人权利的公民文化可能更倾向于支持社会福利的发展。公民文化既具传统文化的特征，又具现代文化的特征，是一种混合的、处于现代化过程中的传统文化，是一种基于沟通与说服基础上的多元文化，是一种共识与分歧共存的文化，是一种允许变革又节制变革的文化（Almond & Verba, 1989：5—6）。对于中国而言，它是一种将传统的儒家文化与现代的政治文化有效结合起来的混合文化。

中国共产党将传统文化的历史底色与当代中国民主政治的实践特色结合起来，建立了富有中国特色的社会主义协商民主制度体系（廖清成、罗家为，2021），与公民文化建设构成双向互动关系（李淑梅、董伟伟，2016）。它试图在沟通中求同存异，增强了人民作为国家公民的权利与义务意识，保证了人民参政议政的主体性地位，为福利制度的设计提供了良好的机制与平台。

三　风险频现

自人类社会进入工业社会以来，工业生产过程中带来的劳工伤残与社会成本的风险就日益增加，而自然灾害（洪水、海啸、地震等）、公共卫生危机频繁暴发，人类社会进入高度复杂性和高度不确定性的状态，无所不在的风险压力将人类变成了命运共同体（张康之，2021），而风险由谁承担始终存在争议。对于前者，无论是个人，还是企业都有可能不堪重负；对于后者，利益的获得者与成本的承担者常常无法统一，导致公平的丧失。工业化的过程又常常是城市扩张、乡村解体的过程，此间社会流动加剧，社会结构遭到破坏，传统社会的慈善与互助已无法应对日益扩大的现代社会的风险。一个自发运行的、行动者不能自由行走于上的市场并不会带来富裕与平等，贫穷不只是个人的原因，而且更可能是社会结构的原因。

20世纪六七十年代以来，人类社会开始进入全球化时代，这是一个范围广阔的进程，它的内容无论如何也不仅仅是，甚至主要不是关于经济上的相互依赖，而是我们生活中时—空的巨变（吉登斯，2000：33）。全球化意味着一国的社会政策已经无法独善其身，为了适应资本、劳动力市场、技术全球化的需要，其价值取向也会随之而变。因而全球化既是一种风险，也是一种机遇。如何应对风险，抓住机遇，需要重新思考个人与政府的责任。

四　公众参与

改革开放以来，伴随着急剧的社会结构转型，中国新的社会身份和社会认同群体也随之产生（于建嵘，2010：4）。聚焦于社会福利领域，中国"本土化"的环境保护社会运动可称作是中国语境下"公众参与最广阔的战场"，其不仅受到绿色政治和生态运动社会思潮的影响，而且也是在中国社会转型发展和环境污染恶化背景下，由中产人士与生态环境保护组织积极推动和发展起来的社会运动（何平立、沈瑞英，2012）。"生态福利运动"已经成功地使可持续成为社会机构、环保部门乃至政府机构的议事日程，也成为公共政策讨论的内容之一（安奈兹等，2011：13）。这是一场围绕生态福利的社会运动，是一种特殊形式的"社会福利"的抗争性政治，它是在国家福利政策制定过程中，围绕"国家福利"，提出相应诉求，反对或响应现代国家的制度的抗争活动（安奈兹等，2011：7）。

生态文明建设，事关人民福祉与民族未来。2012 年，党的十八大将生态文明建设写进报告；2017 年，党的十九大报告提出，要加快生态文明体制改革，建设美丽中国。在政策的制定中，充分体现了对公众主体性地位的尊重，公众在参与的过程中充分发挥参政议政的作用，这对构建多元参与的生态环境治理格局与体系具有重要的价值（周晓丽，2019）。它与西方国家的福利运动在参与方式与组织形式存在根本性质上的区别，体现出制度的优势。但公众参与不只是体现在对生态福利的诉求上，还体现在对教育、医疗、住房等福利的诉求与争论上——社会运动从开始就反对市场带来的不平等及苦难（安奈兹等，2011：6）。

五　福利危机

福利危机是指西方福利国家的经济危机，始于 20 世纪 70 年代的两次石油危机，失业队伍增加，税收减少，福利支出庞大，财政不堪重负（Larsen，2006：1）；也是一种合法性的危机，缘于第二次世界大战后对政府具体责任"共识"的崩溃（巴里，2005：3）。但福利国家并没有因此而消失，迄今为止，许多国家仍很稳定甚至显著扩张。为了应对新风险，福利的社会支出继续增加，或直接给付，或通过劳动力市场，或借助税收支出（Greve，2011）。西方国家福利危机所暴露的问题值得我们思考，并改变着我们对待福利国家的态度：福利并不必然意味着善，福利并不必然与国家相连，中国并不必然走向福利国家。

从时间上来看，中国的福利改革与西方的福利改革几乎同步，它是以尊重人民的主体性地位，增进人民的福祉，满足人民的美好生活需要，作为一切工作的出发点，而西方主要出于缓和阶级矛盾、化解福利危机的目的。出发点虽然不同，但在危机产生的原因，改革的推动力、目标和实现方式上也与西方福利改革共享某些特征，其中最重要的一点是都试图改变由政府垄断提供社会福利的局面（胡薇，2012：2）。但无论秉持何种价值、选择何种路径，采取何种策略，推动何种议程，都与人们——不管是普通公众还是政治精英——所嵌入的社会制度、居处的文化语境、面临的生存风险、拥有的个体特征等可能存在密切的关联。

对于中国而言，这是一个关注生产的时代，这是一个关注民生的时代；这是一个弥漫风险的时代，这是一个充满希望的时代；这是一个持续争论的时代，这是一个存在共识的时代；这是一个诉求权利的时代，这是一个回归责任的时代！我们正处于制度转型、文化变迁、风险频现的阶段，机遇与挑战并存。然而，福利中国究竟何去何从？谁决定它的未来？

第二节　研究对象与问题

现代政治是在等级特权、经济权力、意识形态立场与民主任期之间的平衡运动，但无论它们的颜色或成分是什么，基于证据为本的理念，我们都期望政治计算（political calculation）是形成政策选择的基础（Pawson，2006：1），这将保证我们能够避免不确定的风险。爱因斯坦在评价量子力学时说，无论如何，我相信，上帝不是在掷骰子。本书则认为，人类社会的福利制度安排不是在掷骰子。因而，本书力图呈现的理想是：福利制度的生成应该遵循特定的逻辑。它是在批判现实的基础上开辟福利制度生成的未来路径；它指向未来反思当下，不会纠缠于过去。

福利制度的演进主要体现在社会政策的变迁上，政策的成功与否决定了福利制度演进的轨迹。西方学者认为，在任何情况下，公众对福利政策的认同范围构成政治与社会科学关于福利国家争论的重要主题。一项社会政策若要成功，则社会认同达到合理的程度是其基本要求。福利国家政策的设计与范围形塑与决定它们自身的合法性。缺乏认同则意味着合法性的危机，而福利国家的合法性危机正是福利态度研究的首要动机。（Gelissen，2002：193；Sihvo & Uusitalo，1995b；Edlund，1999）这种合法性并非法律意义上的合法律性，而是认同的合法性。事实上，在任何社会而不只是限于福利国家，公众由于主体意识的存在总会对自身的生活品质问题存在不同程度和形式的关切与期望，积极回应这种关切和期望，政府的权威和管理的合法性才能得以持续维持与增进。中国社会福利转型也是国家回应社会公众需求，意图通过转型来增进社会福利制度效能，并期望从中获得收益而做出的抉择。（江治强，2013）因而，形塑政策的合法性是研究的首要动机。

社会政策的出发点是人类的基本需要。国家通过社会政策对个人福利进行集体干预，目的是对社会问题进行干预，满足社会需要。（岳经纶，2008b）需要满足是社会福利制度的核心问题（彭华民，2008：262）但在现行的福利制度设计中，我们流行于顶层设计，常常忽视底层需要。2013年关于"延迟退休"的政策方案引发了社会舆论对"闭门会议"及其方案内容的质疑正是公众需要未能得到有效回应的反映。这可视为政策方案所面临的合法性危机，而政策的合法性很可能会影响到政治的合法性。梅莱乌什（Greg Melleuish）指出政策制定与政治民主间总是存在持续的张力，但政策制定者不得不意识到在民主政体中是人民而不是他们自己才是力量的最终来源（Rowse & Mitchell，2005）。福利制度的演进不仅来自福利需求者，也来自福利的供给者的推动。卢夫（Tim Rowse）、米切尔（Deborah Mitchell）则描述了从社会议题（social issues）到社会政策的转变中，一些身份重叠的行动者，如政策制定者、项目机构、项目客户、社会工作者、社会科学家与范围更宽广的选民和纳税人，在社会政策进程中扮演的角色（Rowse & Mitchell，2005）。因而，中国福利制度的合法性必须建基于社会行动者的认同上，特别是要珍视来自底层的智慧，而社会行动者的福利态度正是观察认同的窗口。

　　然而，我们并不能清晰地洞知未来，我们需要一种社会学的想象力，这是一种心智的品质，它可以帮助我们利用信息增进理性，从而使我们能够看清世事，以及或许就发生在我们之间的事情的清晰全貌（米尔斯，2001：3）。它能够区分开"环境中的个人困扰"和"社会结构中的公众论题①"（米尔斯，2001：6）。但社会行动者是否具备社会学的想象力？置于社会福利的场域之下，问题可以转换为，社会行动者是否具备洞察福利事件的心智的品质？这需要我们了解社会行动者对福利事件的认知、情感与行为倾向②，福利态度自然成为研究的对象与贯穿全文的主轴。

　　我们期望政治计算是形成政策选择的基础，但并非意味着人的行动选择必定遵循的是经济学的理性主义；对于社会学家而言，人类的社会行为并非由逻辑来支配的（马歇尔，2008a：60）。当然，马歇尔（T. H. Marshall）的逻辑是指经济学的逻辑，而对于社会学家而言，它或许可以称为社会学的逻辑。但无论用何种概念去描述此种形态，进步与秩序仍是自孔德以来社会不变的追求，这种秩序或许可以视为康德视域中的"法"。对于社会科学家（尤其是社会学家）而言，经常要面对的一个理论问题是如何解释"某种社会秩序成为可能"。但对国家或政府的政策制定者来说，实现一种"可能的社会秩序"则常成为一个现实的政治目标（熊跃根，2009：5）。福利制度的制定正是为社会立法，这种"法"既是一种规则，又是一种行动。

　　作为规则与行动的福利制度已经层出不穷，然而按理论推断与政策预想应该获得和谐发展的福利中国仍未成为现实，社会福利制度面临合法性危机，它表明在福利中国的演进过程中遭遇了无形的障碍。那么这些障碍是什么？它将导致福利中国何去何从？福利中国的未来应是什么？这是理论与实践共同关注的议题，而贯穿其中的核心议题是"处于何种状态中的行动者的福利态度有助于福利制度合法性的生成"，它引领本书深入中国社会福利制度演变的现实与理想的双重进程中，在对现实表

---

　　①　目前学界普遍采用的是公共议题（public issues），本书仍沿用国内陈强、张永强的译法，也切合本书的需要。参见李炜（2013）。

　　②　由于资料的局限性，本书在具体的研究中并未区分认知、情感与行为倾向，而是将态度视为一个整体。

象的抽丝剥茧中本书力图寻找出导致现行福利制度合法性危机的根源，并绘制出福利中国理想的演进机制，而其关键则是对福利态度影响因素的条分缕析。具体而言，以福利态度概念为核心，考察宏观的结构化背景与微观的初始化资源对福利态度的影响，并寻找从个人困扰上升为公共论题，进而推动制度与文化变迁的动力，从而在宏观与微观、社会与个体、客观与主观、结构与行动、历时性与共时性之间架起沟通的桥梁。这是一个循环的过程，既能呈现自下而上的公众反思引领下的需方参与，也能呈现自上而下的官僚技术设计下的供方推动的福利制度演进的脉络（图1-1）。

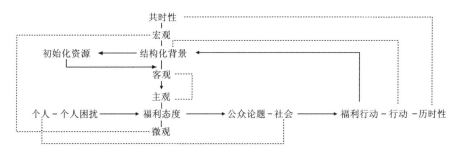

图1-1　态度—行动—结构的互动关系

研究将重点关注三大具体问题：

（1）社会福利制度合法性危机的根源在于何处？

（2）社会福利制度变迁的动力是什么？

（3）福利中国走向何处？

通过对以上具体问题的探索与研究，本书希望能够丰富需要理论与公民身份理论的理论内涵与实践特征，将需要与权利、制度与文化、行动与结构整合进一个福利态度生成的理论框架中，试图构建一个可以代表中国社会福利制度未来趋势的理想模型。

第三节　研究目的与意义

本书试图从福利态度生成的逻辑起点开始，考察影响福利态度的宏观的结构化背景与微观的初始化资源，揭示社会福利制度合法性危机的根源，探析从"环境中的个人困扰"上升到"社会结构中的公众论题"的动力，透视社会行动者的行动能力及其福利责任的结构配置，以此论证基本需要满足的必要性，进而发现福利中国演进的合法化轨迹。这一研究对于福利中国演进的理想模型的构建与社会福利研究的发展具有以下可能的实践和学术意义。

从实践层面来看，首先，描述、分析和解释社会行动者的福利态度，有助于回答中国社会福利改革的路径选择问题，有助于判断未来福利制度改革的重点与方向。在全球化时代，传统的儒家文化形塑的子民文化已经不可避免地受到来自西方公民文化的影响，在中西方文化的激烈振荡中，公众争取福利的权利意识增强，制度对权利的保障越发健全，而网络社会的崛起，社会组织的发展，为公众福利态度向公共舆论的转变提供了平台，并为形成政策议程提供了组织基础。因而，公众的福利态度在一定程度上能够成为反映中国社会福利改革取向的晴雨表。然而，无论是从社会政策到社会研究，还是从社会研究到社会政策，它们之间的"道路总是崎岖不平的"，这就需要我们"在两者之间铺平道路"（吉伦、罗森布莱特，2001：13），而围绕福利态度展开的研究可以为此做出应有的贡献。

其次，揭示福利态度的生成机制有助于更好地透视政策议程形成背后的微观原因，帮助学术研究者与政策设计者更加明晰社会政策在现实中的演进逻辑。福利态度是在社会的结构化背景与个体的初始化资源共同作用下形成的，而需要是福利态度形成的逻辑起点。福利行动是对环境的一种积极反应，遵循集体行动的逻辑。它不断改变着自身的外部环境，并结构化为下一次行动的基础，影响着其他行动者，如政府、企业、社会组织与个人等，改变着相互间的权利与责任的关系格局。不同的福利态度将引发不同的行动策略，提出基于不同价值观的政策议程，在态度、行动与结构持续互动下，社会福利制度得以形成。而政策议程也可能由政府先行提出，结构化为行动的环境，反过来影响其他行动者的态度与行动。因而，社会政策的研究与设计必须置于宏观与微观、个体与社会、结构与能动、历时性与共时性的解释框架之中，这有助于厘清不同福利行动者之间权利与责任的关系，有助于寻找出左右社会福利改革进程的实践机制。

复次，有助于恢复公众在社会政策制定中的主体性地位，消除在社会政策制定中对公众需要的长期忽视，推动自下而上的、"需方推动"的社会政策的产生。"在研究中我们不可避免地要遇到这样的问题：下层民众是否能发出他们自己的声音，能不能代表他们自己？"（王笛，2006：6）现实的困境是，社会政策的制定往往是基于政府是全知全能者的假设，自上而下由政治精英借助官僚技术精心设计而来，公众被视为无知无能者，忽视公众的主体反思能力，公众的需要沦为专家的需要。作为行动者的社会成员，其主体性诉求常常被有意无意地忽视了，社会成员成为单一的、原子化的、均质的、无差异的行动者。社会成员在福利的输送中无法书写自己的历史，个体的福祉成为机构统计中的概率福利。政策的制定有可能存在理想与现实的巨大落差，带来不可估量的损失。对公众主体反思能力的强调，对主体性诉求的重视，实质是将能动性从结构性的束缚下解放出来，将微观与宏观整合起来，从而推动以需要为本的自下而上的社会福利制度的设计。这样，作为研究者的我们才可以免受福利接受者如此的质疑——"你们从我们那儿博得了大堆的博士头衔和著作；但是，我们又得到些什么呢？"（Titmuss，1990：3）

最后，有助于推动跨区域、跨文化的比较研究。福利态度研究始于欧美，初期集中在单一国别，后期发展至跨国研究。大量的比较研究试图揭示福利体制与对福利国家原则、政策与项目的不同的经验维度的公共支持之间的关系（Jæger，2009）。王卓祺（Chack kie Wong）、林万亿（Wan-i Lin）等人则对福利态度在不同体制与文化下的差异作出了较多的研究。本书建立在前期研究成果之上，利用"中国社会福利调查"数据库，并结合其他权威数据库对部分问题进行比较分析，试图发现全球化趋势中福利改革中价值的多元取向，揭示中国社会福利改革的特殊性，为后续研究者提供可以借鉴的经验。

从学术层面来看，首先，有助于寻找出连接宏观社会结构与微观个人态度的动力机制。现有实证研究，在分析层面上，一种是集中在宏观层面，考察制度与文化等结构化背景对态度的影响，考察结构化背景对福利行动的制约；一种是集中在微观层面，考察社会人口学特征对态度的影响，未能将其有效地整合在一个宏观与微观、个体与社会、结构与能动、历时性与共时性共存的解释框架中。现有福利行动的理论研究也更多的是来自西方框架，如权力资源理论、国家中心理论、雇主中心理论、性别理论、框架理论等，然而中西方行动者的生存土壤存在较大差异，不可能存在相同解释；个体在社会人口学特征上的差异本身并不足以影响福利制度的演变进程，而是隐藏于其后的公民身份上的差异所导致。因而，对问题脉络的清晰把握有助于我们的研究跨越宏观与微观的鸿沟，寻找出本土化层面的解释，从而在建立整合多重层面的解释框架方面作出努力。

其次，有助于丰富中国大陆福利态度的理论探讨与实证研究。福利态度属于一种社会态度，社会态度是社会心理学形成之初就备受重视的研究课题之一，也是当代社会心理学研究领域的一块基石（刘鸣，1997），学术文献可谓汗牛充栋，实证研究也拥有众多跨地区或跨国的高质量的数据库。但令人遗憾的是目前福利态度的调查更多的是散见于各类数据库中，因而建立在相关数据库上的福利态度所有研究只能是数据驱动（data-driven）型的研究，即数据包含何种变量就利用何种变量进行分析。2007 年欧洲社会调查（The European Social Survey，ESS）使用了命名为"变化欧洲中的福利态度"的轮换模块，才标志着福利态度研究的专属数据库诞生。而在中国，福利态度的研究湮没于社会态度、政治态度或福利文化等的研究中，尚未能以独立的概念生存于学术界，更不存在全国性的福利态度调查的高质量的数据库。本书试图明确界定福利态度概念及其维度，并将其从社会态度、福利文化研究中独立出来，确立其在中国社会福利、社会政策乃至社会学研究中的一席之地，并尽可能改进现有福利态度的模块，推动高质量数据库的建立。福利共同体则是一个新兴概念，是在需要、公民身份与社会团结三个概念的基础上形成上的，它避免了国家与社会的二元对立，也符合未来社会发展的需要，是未来值得探讨与研究的概念与理论。

第二章 福利态度研究的文献回顾

"民众的福利态度是影响一个国家社会福利制度的重要因素"（王方，2001），关注社会政策的合法性要求我们必须关注福利态度。福利态度研究始于欧美，在20世纪90年代末成为研究的主题。中国大陆也已有学者做出了有益的探讨，毕天云、张军等在福利文化的研究中涉及福利态度概念的辨析（毕天云，2003：32—34；2004a：57—58；张军，2009），万国威等通过经验研究考察了福利态度的影响因素（万国威，2014，2015；万国威、金玲，2015；张军、陈亚东，2014），黄叶青等（2014）、杨琨等（2018）依据国际社会调查项目（International Social Survey Programme，ISSP）数据分析政府福利责任边界与公众的福利态度，臧其胜（2015a，2015b，2016）依据国内数据探讨了政府福利责任的边界，在国内首次系统回顾福利态度研究并阐述本土意义，而岳经纶、尤泽锋（2020）探讨了中国公众对国际移民福利资格的态度。部分国内学者开始进军国际期刊（Yang，Peng & Chen，2019）。此外，少量探讨公众对福利的认知、满意度及福利意识的研究也可归为其类。在研究团队上，已经形成彭华民教授为核心的南京大学团队与岳经纶教授为核心的中山大学团队。在课题申报上，已获得多个国家级、省部级课题立项。可以说，中国福利态度的研究刚刚起步。鉴于2012年动笔之时福利态度的研究现状，本书主要基于英文文献回顾福利态度研究的文本脉络与知识图谱，力图为后续研究提供一个相对完整与专业的参照坐标，但并不试图面面俱到。基于此原则，选择了制度与文化的双重视角考察福利态度的生成逻辑，并辨析福利态度的维度，尽可能呈现文本叙事的内在逻辑，为学术对话提供基础。

第一节 福利态度研究的知识图谱

一 福利态度的概念界定

（一）态度

福利态度是一种社会态度。态度一词由英国著名的哲学家、社会学家和教育家斯宾塞（Herbert Spencer）于1862年首次提出（Oskamp & Schultz, 2005: 10）。在社会心理学研究中，社会态度简称为态度，经典的定义是指"经由经验组织起来的一种精神或神经的准备状态，它在个体对所有相关对象或情境的反应时施加指导性的或动态性的影响"（Oskamp & Schultz, 2005: 8），该定义来自奥尔波特（Gordon Willard Allport）。但此定义属于假说性构成观念，难以直接运用于实证性研究之中，因此后来的研究者们制定出一个相应的操作性定义：态度是人们内在的、对特定事物所具有的持续稳定的评价或情感（刘鸣，1997）。卡茨（Daniel Katz）则认为态度是个体以支持或不支持的方式评价他生活的世界的符号、对象或方面的倾向。意见是态度的口头表达，但态度还可以非口头的行为表达（Katz, 1960）。而奥斯坎普（Stuart Oskamp）与舒尔茨（P. Wesley Schultz）在总结前人的基础上将态度定义为就特定的态度对象而言以给予支持或不支持的方式作出回应的一种倾向（Oskamp & Schultz, 2005: 9; Sundberg, 2014）。

关于社会态度的结构存在一元论、二元论与三元论。一元论者认为态度由情感、认知和行为三种成分之一构成；二元论者认为态度由情感与认知两种成分构成；三元论者认为态度由情感、认知与行为三种成分共同构成。目前比较普遍的看法是态度由情感、认知与行为倾向三部分组成。（李宁宁，1990）而"思考—情绪—行为"（thought-emotion-behavior）的三分法可归功于柏拉图，他使用了认知、情绪与意向的术语集（Oskamp & Schultz, 2005: 10）。在三分法的基础上，奥斯坎普与舒尔茨概括了关于态度本质的三种理论观点：一是三成分论（tri-componential viewpoint），态度由情感、行为与认知组成，但存在经验效度与有用性问题，它要求三成分间要高度一致；二是离散论（separate entities viewpoint），三成分间不一定是相关的；三是潜在进程论（latent process viewpoint），避免了离散论的过度简化，也无须三成分间要高度一致，而是认为任何特定的态度都可能由特定刺激事件引起的进程（认知、情感或行为）中的一种、两种或三种类型所引发（Oskamp & Schultz, 2005：9—12）。本书基于潜在进程论的分析框架对福利态度进行探讨。

态度虽存在众多可供选择的定义，但其基本特征相似。奥尔波特认为核心特征是回应的准备（行为的准备状态），其次强调态度是一种驱动力，其他还包括具有相对的持续性、评价性、习得性，是一种记忆的再现（Oskamp & Schultz, 2005：8—9）。几乎所有的理论家都会认同态度是一种被推论出来的结构，无法直接观察；也有观点认为态度或许是现场建构出来的（Oskamp & Schultz, 2005：12—13）。对态度的研究可以采用一种相对独立的方法：描述、测量、投票、理论与实验（Oskamp & Schultz, 2005：5—6）。

那么社会态度是在怎样的机制中形成的、改变的？刘宗粤认为社会态度的确立是一个多变量的架构，必须具体剖析在不同情境中态度产生的依据、诱因及中介，主要有四类相互渗透的机制在发生作用，其中，原发型机制（需要、期望）是基本诱因，也是任何情况下态度建立的必要途径；条件型机制（定势、权衡）则是态度形成及改变所必需的中介因素，影响社会态度的最终确立；习得型机制（从众、模仿）指单纯受社会情境的影响而表现出与之相符的态度；人际型机制（平衡、互动、归因）则特指人际态度确立的特殊的发生机制。但剖析各个学派的理论核心，可以发现，态度的形成改变、态度的确立及态度的层次性都离不开"需要"的作用。需要是个体行为导向的前提即内驱力，作为定势可以影响人们的认知倾向；人们对符合并能满足自己需要的事物必然抱有肯定的情感倾向；对行为意向也具有指导性及动力性的影响。（刘宗粤，2000）而人类的需要是理解福利制度的关键，是社会资源分配和福利制度运作的价值基础（刘继同，2004b）。

（二）福利与社会福利

"福利"一词的当代意思来源于一个古老的词根，意思是"旅途一帆风顺"，因此表达了在生活之路上顺利前行的核心思想（Rescher, 1972：3）。英国经济学家庇古（Arthur Cecil Pigou）是第一位以福利

（welfare）的术语来研究宏观层面的福利现象的学者，而迪安（Hartley Dean）更偏好使用"福祉"（wellbeing），而不是"福利"（welfare），因为"福祉"关心的是人们活得好不好（how well people），而不是做得好不好（how well they do），后者才是"福利"的严格意义。福祉指的是"doing well and feeling well"，意思是说"实际好并且感觉也好"。"福利"与"福祉"两者的差异，可以理解为形而上与形而下的区别，前者涉及人们所拥有的物质条件，后者侧重于人们的生存状态。（迪安，2009：1—2）。福祉（Wellbeing）可以根据一个人的生理、精神、社会与环境状态来定义，每个层面彼此交互作用，重要性与影响的水平也因人而异（Kiefer，2008）从直觉上看，福利被认为是一个概念是合理的，但实际上，令人困惑的是，我们遇到了对福利概念和方法的不同定义，部分反映了不同的背景、目的和注意点（Gasper，2005）。传统经济学通常把它和效用（幸福度、满意度、期望实现度）或资源（收入、财富、对商品的控制）放在一起（黄晨熹，2009：4），但这种测算扭曲了人类福利的很多内容。

福利似乎指的是一个所处状态，或良好或勉强的评估，总之是一种聚焦于人的"存在"的任何评估（Gasper，2002）。存在是福利的必要条件、中心元素，而感觉、思想、时间模式、外部环境、生活与死亡，以及更多的内容构成了存在，因此福利具有多样性（Gasper，2005）。英国社会福利学家平克（Robert Pinker）进一步强调"福利的定义中必须包含真实的民主权利和义务、社会融入的机会，以及积极参与政治过程的机会"（平克，2001）。而荷兰经济学家德尔与范·韦尔瑟芬（Hans van Den Doel & Ben van Volthoven）认为福利是指人类的任何一种基于稀缺资源的需要的满足程度（德尔、范·韦尔瑟芬，1999：18）。斯皮克（Paul Spicker）认为福利可以从三个层面来理解：（1）通常指福祉（well-being），在福利经济学中通常理解为"效用"、个人福祉或利益。（2）指提供给受保护者的各类服务（欧盟国家）。（3）特指对穷人的专项资助（美国）（Spicker，2012）。人类福祉是多维度的，"个人福利"也是多成分组成的。在这些成分中，突出的是生理福利（健康）、物质福利（财富），甚至他的精神或心理的福利（心理状态或"精神健康"）。身体健康、物质环境与心理或情感幸福（well-being）是福利的关键成分。幸福

并非福利的成分而是福利的目标。(Rescher, 1972: 4—5)

然而，福利可以测量吗？埃里克森（Robert Erikson）就提出福利测量的两个问题：一是测量是基于个人的需要还是资源？二是由自己还是他人来判断？(Nussbaum & Sen, 1993: 66) 在社会生活中，一种明显的可资利用的测度工具就是货币。因此，庇古将研究范围限制在能够直接或间接与货币这一测量尺度有关的那部分社会福利，即经济福利（庇古，2006: 16）。旧福利经济学以基数效用论和效用可以进行人际比较为前提，认为用货币单位就可以近似精确地衡量人们的幸福，从而在一定程度上解决了哲学中如何科学地衡量主观幸福这一难题（王冰，2008）。但森（Amartya Sen）研究发现，经济学理论的传统是试图把社会福利与总收入和总消费的价值联系在一起，但整个理论局限在探讨决定福利变化的信号上，而不是其变化量，更不必说福利水平本身了（Fleurbaey, 2008: 1）。

到 20 世纪 30 年代以后，旧福利经济学的理论基础——基数效用和人际比较——受到了新福利经济学家的猛烈攻击。他们认为，效用作为一种主观感受，无法用具体数值来衡量。为了比较效用，帕累托提出了序数效用（ordinal utility）取代基数效用的观点。但如何定义社会总福利，即如何从个人的偏好次序中定义社会总体偏好，是新福利经济学面临的困难。而阿罗不可能定理证明了在满足一系列非常合理的选择规则的条件下，如果仅仅对个人进行排序，那么根本无法从个人选择中导出社会选择（王冰，2008）。它包括三条公理：序列论、独立性与弱帕累托原则①。社会选择理论后来的发展拒绝了序列论，而其他分支是通过拒绝或忽视独立性原则，同时固守序列论来回避不可能定理的。(Fleurbaey, 2008: 14—15)

在过去的 50 年内，经济或基于货币的测量竭力保持其在福祉解释上的中心地位，主要包括人均收入状况、收入贫困线状况与收入不平等状况（Sumner, 2004）。在经济学中，将效用近似等价于个人幸福，将国内

---

① 序列论，唯有个体的偏好序列应该被考虑在内；独立性，两种替代品的排序，只依赖于替代品在这些选择中的个体效用水平的微量；弱帕累托原则，在每一个既定的剖面（profile）上，如果一种替代品给予每个个体的效用都比另一个个体的大，那么这种替代品在社会排序上就排得更高。参见 Fleurbaey（2008: 14）。

生产总值（GDP）近似等价于总体幸福，这是最简单也是最为狭隘的方法，更是无可奈何的方法。国内生产总值实质上是将人们幸福的来源单一地归因于货币收入和物质财富，但个人和人类社会追求的终极目标并不是货币、收入、财富和国内生产总值，而是主观感受的幸福。（王冰，2008）

针对货币测量的局限，社会福利的非货币测量发展出社会指标、幸福感以及能力指标（Fleurbaey，2008：21—32）。当需要一个媒介或长期评估时，福祉（well-being）的非经济或货币测量比经济测量更为有用，因为它们更直接地陈述出政策的目的或结果（正受教育的与健康的）而不是输入或方式（较高的收益）（Sumner，2004）。社会指标的一个问题特征在于，它们不是个体主义的，它们没有形成一个个体指标的总体，而是在各种领域的个体福祉上添加了社会指标。总的来说，从当前总和社会指标与简单不同领域指标公布之间的比较很难看出有何收获（Fleurbaey，2008：22）。对幸福感的研究文献，在过去十多年内有了爆炸性的增长，其研究也并非没有意义，一组主观指标能为更多反映生活条件的客观指标提供有价值的信息作为补充，值得商榷的问题是如何使得这种研究手段能告诉我们怎样评价社会福利这一概念（Fleurbaey，2008：23—28）。能力路径是根据一个人能够成功获得作为他生活的一部分的各种有价值的功能性活动的实际能力（Sen，1993：31），由森提出，通常是用以调和资源主义和福利主义这两种路径，但更确切地说，能力方法是更为通用的一种方法路径。"功能"指个体日常生活中的任意行为和存在；"能力"则是指个体能够实现的各种功能的组合。森认为将能力作为利益的度量，体现了自由平等主义的公平观。森的这一观点广受关注，主要是因为这一方法路径可以将生活中所有相关维度尽数纳入，不会像资源主义和福利主义的方法那样被批判为狭隘（Fleurbaey，2008：29）。森提出的功能和能力的福利定义范式对研究福利具有重要的理论意义与实践意义，意味着政策制定不仅需要考虑增加收入，更要改善能力，但因为未能提出具体内容因而饱受质疑（黄晨熹，2009：5—6）。对此，基于对亚里士多德的解读与森能力路径的扩展（Alkire，2002），努斯鲍姆（Martha Nussbaum）通过跨文化研究列举出人类 10 项核心功能性能力：生命；

身体健康；人身安全；理智、想象和思想；情感；实践理性；社会交往（Affiliation）；关注生命（Other species）；玩乐嬉戏（Play）；环境控制。这些项目是不可或缺的，而且相互独立，无法替代（Nussbaum，1999）。努斯鲍姆对人类能力路径的深描（thick approach）覆盖了更大范围的人类活动，拓展了更广视野的人类繁荣（Gough，2003）。但她强调的亚里士多德主义的模式是充满争议的，有可能导致她追求改进的争论的短路（Gasper，1997）。而高夫（Ian Gough）认为她的理论基础仍然是不可靠的，追求跨文化认同的可能性是无法证明，而且可能是虚弱的，而他和多亚尔（Len Doyal）共同创立的人类需要理论则整合了森与努斯鲍姆两者的优点。他们提供了一个更为简洁、更为逻辑的人类繁荣的深描式的概念推导与一个同等详细的基本需要（包括健康与自主，其中自主又分为行为自主与批判性自主）与中间需要的详细列表。需要的识别比努斯鲍姆的某些人类核心功能性能力（Central Human Functional Capabilities，CHFCs）更现实、更有作用。（Gough，2003）然而基本需要被其谨慎地限定为福利实现的先决条件，而非福利本身（Alkire，2002）。在比较了来自不同学科在贫困研究中已公布的维度的主要"清单"，包括跨文化心理学、道德哲学、生活质量指标、参与式发展与基本需要的研究之后，来自世界银行的阿尔基雷（Sabina Alkire）沿着森的能力路径演绎出新的人类发展指标，包括三个维度：（1）包括福祉在内的，特定时间特定的人可以获得的其他要素；（2）行为方面——做那些他们能够为之献身的事业；（3）社会生活中最重要的非个人方面（Alkire，2002）。

福利界定与测量的每个阶段反映了其在发展研究（the development studies）中的地位以及经济帝国主义与多学科之间的张力（表2-1）。总体而言，20世纪50年代开始，发展研究从单纯的经济追求转向多学科路径，因此福利的含义也开始从经济决定论转向了多维度的界定，表现为从经济福利发展到人类基本需要满足，再发展到人类发展和能力，扩展到现在的普遍权利、生计与自由等（Sumner，2004）。而概念含义的演变，意味着人类的福利态度正在发生转变。

社会福利概念是由英文的"社会"（social）和"福利"（welfare）二词复合而成的。从语源学的角度讲，社会意味着"伙伴"，福利则意味是"福祉"或"幸福"（陈树强、李栅骏，1998）。社会福利是社会不断努力追求的结果，在这一追求过程中。人们对生活质量是什么及应该是什么进行了界定，并且努力把其变为现实。不同的国家有不同的方式，并深受不同的历史、文化传统、权力布局以及价值观的影响（科怀特，2003：29）。

表2-1　　福利的主要含义与测量的演变（20世纪50年代—21世纪初）

时期	福利概念含义	福利测量内容
20世纪50年代	经济福利	GDP增长
20世纪60年代	经济福利	人均GDP增长
20世纪70年代	基本需要满足	人均GDP增长+基本需要满足物
20世纪80年代	经济福利	人均GDP和非经济因素
20世纪90年代	人类发展和能力	人类发展和发展的可持续性
21世纪初	普遍权利、生计、自由	千年发展目标和新领域：风险和增权

资料来源：Sumner（2004）；彭华民（2011：总序）。

梅志里（James Midgley，又译为米奇利）把社会福利定义为当社会问题得到控制、人类需要得到满足、社会机会最大化时人类正常存在的一种情况或状态（刘继同，2003a），而不是指慈善家和慈善机构所搞的慈善活动，或者政府所提供的官方援助（米奇利，2009：15）。具体而言，社会福利（或社会福祉）状况应包括三个要素。第一，社会问题得到控制的程度，第二，需求得到满足的程度，第三，改善机会得到提供的程度。这三个要素适用于个人、家庭、群体、社区甚至社会（米奇利，2009：16）。广义社会福利泛指一切对人们"有益处"的事物（商品、服务和金钱）、机会、状况以及各种努力。狭义社会福利因应不同时期与不同国家社会状况有所不同（刘继同，2003a）。

蒂特马斯（Richard Titmuss）认为社会福利是"家庭和私营企业以外的那些正式组织化的或社会赞助的制度、机构或项目，其目的在于维持或提高所有人口或其中一部分人的经济条件、健康状况或人际竞争力"（田凯，2001），在广义层面上，可以分为社会福利、财政福利与职业福利（Titmuss，1990：127）。科怀特认为社会福利是指对一国的社区或社会的满意状况做出贡献的社会福利计划的总和（科怀特，2003：29）。熊跃根认为社会福利是指特定国家或地区主要由政府、非营利组织和其他非国家部门为解决社会问题、满足公民生活需要和改善公民生活质量而提供的一切物质、服务和活动（熊跃根，2008）。王思斌强调社会福利是指由政府和社会承担的、以非商品化为原则、改善当事人基本生活质量的活动和结果（王思斌，2009）。而根据"生态福利主义"，社会福利是一个关于人类与地球的总体性概念，与以社会正义为中心的传统概念相比，社会福利概念应该将可持续、生活质量以及参与式民主置于中心地位（安奈兹等，2011：183）。

美国《社会工作词典》将"社会福利"定义为：第一，一种国家的项目、待遇和服务制度，它帮助人们满足社会的、经济的、教育的和医疗的需要，这些需要对维持一个社会来说是最基本的。第二，一个社会共同体的集体的幸福和正常的存在状态（黄晨熹，2009：4）。换句话说，社会福利既可以指社会福利状态，也可以指社会福利制度。作为一种状态，社会福利实际涉及人类社会生活非常广泛的方面，包括社会问题的调控、社会需要的满足和实现人的发展潜能，收入安全只是其中的一个方面。作为一种制度或政策，可以被理解为制度实体，亦可以被理解为一种"制度化的集体责任"，即一个社会为达到一定的社会福利目标所承担的集体责任。广义的"社会福利"制度指国家和社会为实现"社会福利"状态所做的各种制度安排，包括增进收入安全的"社会保障"的制度安排。狭义的"社会福利"则指为帮助特殊的社会群体，疗救社会病态而提供的社会服务，它与"社会保障"的制度安排同为促进人类幸福的制度措施，只是针对不同的社会问题（尚晓援，2001）。也有学者认为，在西方国家，社会福利同时具有服务、制度、责任与状态四种性质（孔伟艳，2011）。

在国际上，社会福利的含义比社会保障"宽泛和含糊得多"（尚晓援，2001）。在中国，社会福利仅仅是社会保障体系的一个组成部分，属于狭义社会福利范畴（陈良瑾，1994：419）。它是中国社会保障体系中的社会福利制度安排，它由政府主导，以满足社会成员的福利需求和不断改善国民的生活质量为目标，通过社会化的机制提供相应的社会服

务与津贴，具体包括老年人福利、妇女福利、儿童福利、残疾人福利等，
教育福利与住房福利亦可以纳入其中（郑功成，2011）。本书采用广义
社会福利的概念，并接受生态福利的理念，但在具体叙述时会兼顾中国
的概念语境。

（三）福利态度

从概念发展的历史来看，福利态度有如下表述：福利态度（welfare
attitudes，attitudes to welfare）、福利国家态度（welfare stateattitudes，或者
attitudes towards the welfare state）、福利国家意见（welfare state opinion）、
对福利国家政策或项目的态度（attitudestowards the welfare state policies，
attitudes to social policy，or attitudes towards social program）、对福利国家的
认同（public consent to the welfare state）、社会福利态度（social welfare
attitudes）等表述。出于修辞的需要，不同的表述有可能会出现在同一
篇文献中。在福利态度研究领域中，库林（Joakim Kulin）在回顾相关
定义的基础上将态度定义为一个人评价一个特定的对象（如一种行
为、一个人、一种制度或事件）是好还是不好的倾向（Kulin，2011），
但这一定义忽视了态度的行为倾向，无法将福利态度与福利制度、福
利文化以及福利运动的演进联结起来。桑德伯格（Trude Sundberg）则
引入了奥斯坎普的定义，认为态度是就特定的态度对象而言以给予支
持或不支持的方式作出回应的一种倾向（Sundberg，2014），能够较好
地避免上述定义的缺陷。令人遗憾的是，其他西方学者都是将福利态
度视为无须解释的、成熟的社会心理学概念而直接加以引用，当然，
这也与主题本身的发展成熟程度有关。王家英（Timothy Ka-ying
Wong）等人认为福利态度是指人们如何看待政府在社会服务与社会保
障供给上的政策（Wong，Wan & Law，2008），其定义指出了政府为实
现社会保障和社会公平而介入的方式，但仅将对象限定在方式而未能
扩展到目标、结果及过程等，仍然是静态描述性的。因而，福利态度
的定义尚需明晰。

二　福利态度研究的知识图谱

在科学网（Web of Science，WoS）中，选择社会科学引文索引（So-
cial Science Citation Index，SSCI-1900 年至今）与人文科学引文索引

（Arts and Humanities Citation Index，A & HCI-1975 年至今），考虑到文献回顾的集中度与覆盖面，以及对计算机硬件的要求，仅以 welfare attitude 为主题词①，时间跨度为"所有年份"，访问时间为 2014 年 1 月 10 日，检索结果有 1790 篇相关文献②。2021 年 8 月 19 日访问时，在仅有 SSCI 扩展（1900 年—至今）、SSCI（2018 年—至今）数据集的情况下，检索结果达到 2878 篇。由此可见，福利态度的研究成果已经更加丰富。为保证研究的严谨性，后续分析仍以原数据集为基础。

从作者分布来看，贡献最大的前三位为：英国学者泰勒–古比（Peter Taylor-Gooby）发表相关文献 22 篇③；德国学者斯沃福斯（Stefan Svallfors）为 13 篇，荷兰学者凡·奥尔肖特（Wim van Oorschot）为 10 篇，王卓祺以 6 篇与其他学者并列第 5 位。从国家或地区分布来看，绝对数量上，美国学者的贡献最大，发表了 665 篇，英国、澳大利亚与荷兰也均超过了 100 篇，但相对数量上（根据人口规模），挪威、瑞典，学者的贡献则更大，分别发表了 59 篇、96 篇；华人地区，以王卓祺为代表，共发表相关文献为 29 篇。当然，这与科学网（WoS）的数据构成有关，它只是更好地覆盖了美国的期刊，并且也不能很好地反映著作的情况（Sundberg & Taylor-Gooby，2013）。目前有国际影响力的、从事福利态度跨国比较研究的主要是以欧洲学者为代表，如斯沃福斯、凡·奥尔肖特等人。

从发表的年份来看（图 2–1），1989 年发表文献数量为 6 篇，之前都在 3 篇上下徘徊，甚至有些年份未出现可以纳入福利态度研究主题的文献（主题词的选择对此存在影响），而之后开始迅速增长。2008 年开始极速增长，首次超过 100 篇文献，2012 年达到 187 篇，而 2007 年尚为 81 篇。

---

①　若基于证据为本的方法则检索策略会异常复杂，限于篇幅，本书仅以包容性较大的 Welfare Attitude 作为主题检索策略来概述研究现状。参见 Sundberg & Taylor-Gooby（2013）。

②　出于引证的需要，具体分析生成逻辑、分析维度时所参考的文献则不限于这个范围。更严格的分析应删除重复或无效文件（重复记录为 110 条，但分析后主要是评论，计 78 条，题名相同，实则作者不同，无相同的施引文献，故未剔除）。2013 年的施引文献数据库尚未完整，而 2014 年仅有 2 篇，由于分析区间选择的是 1989—2013 年，所以 2014 年没有影响。

③　检索结果中分为 Taylor-Gooby P. 与 TaylorGooby P.，实为同一人，因而合并计算。

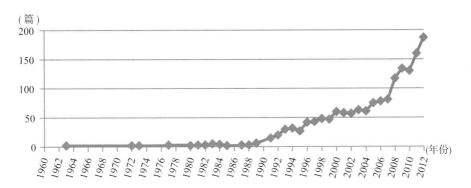

图 2 - 1　1963—2012 年期间福利态度研究的文献数量分布趋势图

数据来源：Web of Science。图形由笔者制作。

注：考虑到不同来源文献上传的时间存在差异，因而 2013 年未纳入。

　　基于上述数据，以知识图谱①软件 CiteSpace III②（Chen，2004；Chen，2006）为工具进行分析。初始条件③设置如下：时间域 1955—2013（首次打开时，软件会根据数据自动调整，也可手动调整），区间为 10 年（Years Per Slice = 10）；术语来源默认全选，包括标题、摘要、

---

　　①　知识图谱（mapping knowledge）是指可视化的描述人类随时间拥有的知识资源及其载体，绘制、挖掘、分析和显示科学技术知识以及它们之间的相互联系，在组织内创造知识共享的环境以促进科学技术研究的合作和深入。参见胡志刚、陈超美、刘则渊、侯海燕（2013）；陈悦、刘则渊（2005）。

　　②　CiteSpace III（版本 3.7. R7，32-Bit）由国际著名信息可视化专家、美国德雷塞尔大学的美籍华裔陈超美（Chen Chaomei）博士开发。该软件深受库恩范式的影响，其焦点即为范式与范式转移，逻辑起点是文献条目之间的关系。其原理是聚类分析，实质是一种社会网络分析。可以通过提取名词术语寻找研究热点；可以通过分析关键词、引文的突现点侦测研究前沿、发现新的研究增长极点；可以通过定位长期经典文献、高被引文献与关键节点勾勒研究的知识基础；可以通过聚类分析的功能勾勒出某一研究领域的范式类型与范式转移；可以从总体上把握知识发展的文本脉络与学术前沿，有助于实现文献综述的文本解读方式从主观化、精英化、节点化与碎片化向客观化、全民化、关系化与全景式的转变。但文献的技术分析只是提供了迅速把握知识脉络的参考坐标，永远不能代替文本的解读，因而最佳的方式是两种解读方式的融合，其前提是具备高质量的引文数据库，未来需要有能精确到可区分引用的是论点还是论据的引文数据库的存在，以便甄别出学术界的理论创新与实践贡献。具体操作有特定的参数设置要求，本书的重心在于福利态度研究的现状而非文献综述的技术，仅以此作为寻找知识增长极点的工具，提供的是初步分析的结果，因而操作的过程从简，但尽可能解释清楚技术依据。

　　③　Citespace 的时区分割及相关参数阈值的合理设置问题是其应用中的一大难点，需要高度关注。参见赵丹群（2012）。

作者关键词、扩展关键词；引文分析时，术语类型为突现词，节点为引文（Node Types ＝ Cited Reference）；分析对象为区间内被引排在前 50 位的引文（Top N Per Slice ＝ 50）；剔除项（Pruning）为空①；关键词分析时，术语类型为名词短语与突现词，节点选择了关键词，分析对象为区间内被引排在前 50 位的关键词，剔除项选择了路径算法（pathfinder）；可视项（Visualization）选择"静态聚类图"（Cluster View － Static）与"显示合并网络"（Show Merged Network），为默认。

（一）研究热点探测

关键词是作者对文章核心研究内容的精炼，学科领域里高频次出现的关键词和从数据样本中对每一篇施引文献的题名等进行提取后分析出的名词短语可被视为该领域的研究热点。在 CiteSpace 中设定相应参数并选择探索关键路径的路径算法绘制图谱，可删除大部分不太重要的节点。运行可视化分析后，将生成图谱。图中圆形节点为关键词，方形节点为名词短语，节点及其标签大小与词汇出现的频次成正比（邱均平、吕红，2013）。图 2 - 2 中合并网络节点（关键词）有 99 个，连线 347 条。环形部分为关键词的引用年轮，它代表关键词的引用历史。引用年轮中心部分的颜色代表关键词的发表年份，从左侧到右侧颜色的变化表示时间从早期到近期的变化。图中最上部分色谱对应着不同年份（原始图形为彩色），每一个环的颜色代表相应的引文时间，一个环的厚度与某个时间域内引文数量成比例。高频词出现的时间最早为 1991 年，可知福利态度的研究主要是从 20 世纪 90 年代前后开始（根据图的颜色也可判断）。

表 2 - 2 中为 1955—2013 年区间内研究热点词频统计（从文献标题、摘要、作者关键词与扩展关键词中提取）。结合图表，可以发现频次最高的词汇是"态度"，达到 554 次，是图中最大的一个节点；其次是"福利"，达到 246 次，这与文献检索的主题词选择保持了一致。从时间上看，其他关键词多数都在其后，但多数集中在 2000 年前。而"福利国

---

① 在开始网络分析时剔除项建议初始状态为空，否则它有可能影响自然分组的特征。换句话说，本来有分组特征，采用了剔除反而消除了特征，导致弄巧成拙。参见 Chao MeiChen, *The CiteSpace Manual*（*version* ＝ 0.66），2014，p. 15，http：//blog. sciencenet. cn/home. php? mod ＝ space&uid ＝ 496649&do ＝ blog&id ＝ 782646。

图 2 - 2 1955—2013 年来福利态度领域研究热点知识图谱

注：显示的圆形节点为引用（共现）频次为前 30 名的高频词，方形节点为 7 个名词术语。连线颜色（对应色谱）表示首次共被引的时间，粗细代表共被引的强度（由于分析区间为 10 年，因而不明显）。所谓共被引是指，引文 a 与引文 b（此处为关键词），同时被文献 A 引用，称为共被引，即 a 与 b 被文献 A 同时引用。

家"一词，在将 welfare state 与 welfare-state 合并后（可通过软件实现），共被引达到 157 次，排在第 3 位，这也与福利态度的研究对象集中在欧美等福利国家保持了一致。运行聚类分析后，聚类为 4 个。最大的聚类为 2 号，共有 70 个成员，描述模块一致性的 Silhouette 值为 1（取值为 [-1，1]，值越大一致性程度越高），主题相对集中，其他内部一致性程度不高。追踪文献可知，福利态度研究集中在影响福利态度的因素，如宏观层面的政策、政治、国别、再分配，微观层面的公众的价值观、信仰、想象、偏好、自利及行为；关注的领域包括工作、就业、教育、健康、反贫困、性别、不平等与动物福利。宏观层面主要是比较不同福利体制下的福利态度的异同，在此基础上探索体制对态度的影响；微观层面主要是考察价值观、信仰、自利等对态度的影响。

表 2 - 2 1955—2013 年福利态度领域研究热点高频词前 30 名频次分布

频次	热点词汇	频次	热点词汇	频次	热点词汇
554	attitudes	74	behavior	58	inequality
246	welfare	73	support	54	self-interest

续表

频次	热点词汇	频次	热点词汇	频次	热点词汇
113	policy	73	health	53	countries
102	united-states	68	preferences	52	public-opinion
96	welfare-state	61	perceptions	52	women
88	politics	61	welfare state	49	work
87	redistribution	60	public opinion	48	education
79	animal welfare	59	beliefs	47	employment
79	poverty	59	values	47	model
76	gender	58	state	47	children

（二）研究前沿分析

科学文献有明显的两个半衰期：经典文献持续的高引用率，而流行的文献短期内引用会达到高峰（Chen，2006）。绘制出研究前沿的知识图谱对研究者具有重要的意义，能够使得研究者及时准确把握学科研究前沿与最新深化动态，还可预测学科发展方向和未来研究的热点。在Citespace中可以通过引用突现（citation burst）来测量，它为特定文献与引用潮流之间的关联提供了证据。换句话说，它证明了该文献引起了科学共同体的极大关注。它是对事件的侦测，可能持续多年，也可能是一年[1]。突现点的侦测是基于克莱因伯格（Jon Kleinberg）的算法，与单位时间内相关信息的引用频次存在密切的关系，原本是用于检测单个词的突然出现，但也适于时间序列的多词专业术语和文章的引文分析。在特定领域内，研究前沿指科学家积极引用的文章的主体。（Chen，2006）此处通过突现词（名词短语）、突现引文来分析。

以关键词为节点，图2-2中共提取了7个名词短语（单词颜色较浅者，原始彩图中为赭红色，节点为正方形），自上而下分别为福利接受者、欧洲社会调查、公共舆论、变化的态度、欧洲国家、动物福利、社会政策，引用频次分别为17、25、39、1、60、121、3；公共舆论、福利接受者均为突现点，引用强度分别为18.57、8.03。追踪文献可知，

① 参见 ChaoMei Chen，"The CiteSpace Manual（version＝0.66）"，2014：19，http：// blog. sciencenet. cn/ home. php？ mod＝ space&uid＝496649&do＝blog&id＝782646。

对福利接受者的公众舆论是福利态度研究的重要主题，其中关于"应得"还是"需要"的争论是此主题的核心。而关于福利态度的调查，基本上集中在欧洲，最重要的调查数据来源于欧洲社会调查（European Social Survey，ESS），2007 年在欧洲社会调查中首次增加了"变化欧洲中的福利态度"的轮换模块。

以引文为节点，引用突现点分析结果显示（表 2 - 3），2003 年布莱克索（Morten Blekesaune）与夸达诺（Jill Quadagno）在《欧洲社会学评论》上发表的《福利国家政策的公共态度：24 个国家的比较分析》强度最强，为 12. 2033，意味着该文在 2009 年至 2013 年短短 4 年内被大量引用，引用次数达到 46 次，是近期学术界共同关注的文献，但前期却受到忽视。克鲁格（James R. Kluegel）与史密斯（Eliot R. Smith）于 1986 年出版的《不平等的信念：美国人关于"什么是"与"什么应该是"的观点》，泰勒 - 古比的《公共舆论、意识形态与国家福利》，与库格林（Richard M. Coughlin）在 1980 年出版的《意识形态、公共舆论、福利政策：工业化国家中关于税收与支出的态度》一书，这三本著作是较长时间内被引次数增加较快的文献，因而也是福利态度研究的经典文献。

表 2 - 3　　　　　1955—2013 年最强引用突现点的前十大参考文献

参考文献	发表	强度	起点	终点	1955—2013
Blekesaune & Quadagno	2003	12. 2033	2009	2013	———————————————
Jæger	2006a	8. 2995	2009	2013	———————————————
Kluegel	1986	7. 5509	1986	2007	———————————————
van Oorschot	2006	7. 4941	2009	2013	———————————————
Taylor-Gooby	1985a	6. 9685	1986	2003	———————————————
Smith	1987	6. 7795	1991	2001	———————————————
Brooks & Manza	2007	6. 3472	2009	2013	———————————————
Cook & Barrett	1992	6. 2176	1999	2003	———————————————
Inglehart	1990	5. 9662	1993	2005	———————————————
Coughlin	1980	5. 9049	1981	2000	———————————————

注：文献名太长，故以作者名替代；深色点为引用突现时间段（原始彩图为红色）；较浅点开始处为发表时间起点。

（三）研究领域分析

共被引文章聚类表征着当前活跃的研究领域，它们显示了研究前沿的发展轨迹，但共引网络不能突出显示出研究前沿（陈超美，2009）。在初始条件的基础上，执行聚类分析后可知 modularity Q = 0.6586，mean silhouette = 0.9419（图 2 - 3）。一般情况下 modularity Q 值在 0.4—0.8 之间所呈现的图谱是最符合要求的①，说明网络图谱的模块性较好，即

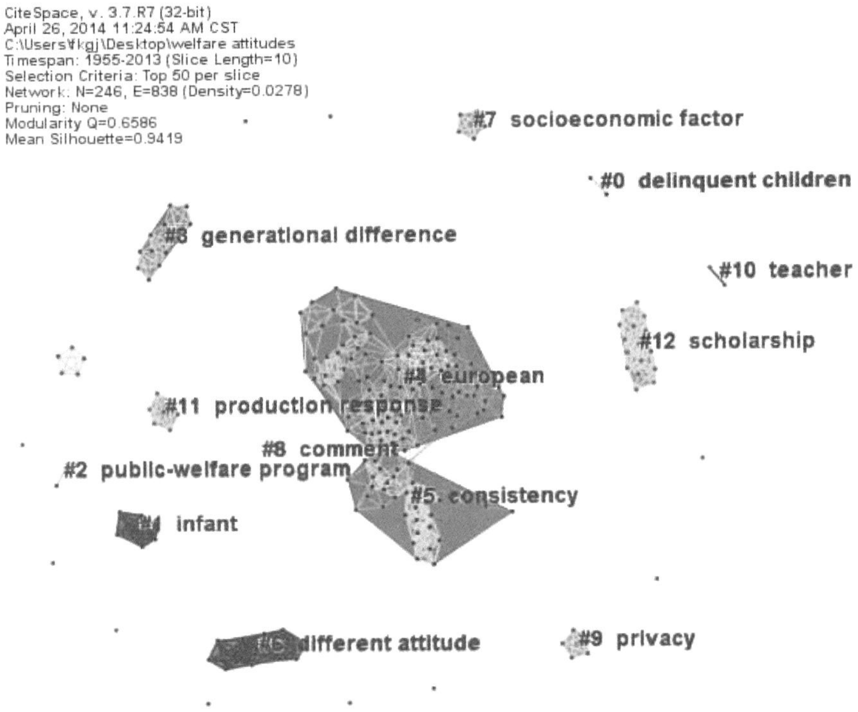

图 2 - 3 福利态度研究引文文献主题聚类

----

① 0.4—0.8 的阈值标准是陈超美在其科学网的博客中回答使用者时说明的，但在最新的英文版操作手册中，作者并未强调这一点。还有更高级别的筛选策略：Top N% Per Slice，Threshold Interpolation，Selected Citers 可供选择。因而，理想聚类是反复修改条件（如区间、文献数量等）后才能获得，最理想的模型或许是在时间图谱中不同聚类间仅有一根线或一个节点联结，形成范式跃迁的桥梁或转折点。参见陈超美《如何选取 CiteSpace 中的各项参数》，ChaomeiChen 的个人博客，http：//blog. sciencenet. cn/blog-496649-378974. html，2010-10-31；Chao MeiChen，"The CiteSpace Manual（version = 0.66）"，2014：15，http：//blog. sciencenet. cn/home. php？mod = space&uid = 496649&do = blog&id = 782646.

网络能够比较清晰地区分为几个比较松散的聚类；Mean Silhouette 的取值范围在 -1 到 1 之间，越接近 1，说明这个聚类的主体越明确，聚类内的文章越相近，所得图谱符合聚类要求。根据标准，本图谱是符合聚类要求的。

从图 2-3 中可以看出，经过聚类处理后，共有聚类 13 个，每个聚类的特征存在差异，Citespace 可生成四个衡量指标。Silhouette 衡量聚类中文献的一致性程度，值越大则近似程度越高，即主题越集中；tf * idf 倾向于代表聚类的最显著的方面，相反被 LLR 与 MI 检测选中的倾向于反映聚类独一无二的方面（Chen，Ibekwe-SanJuan & Hou，2010）。但研究发现，根据独特性与覆盖面，LLR 更能代表聚类（Chen，2014：15）。统计结果显示（表 2-4），最大的聚类为 4 号，有 116 篇文献，silhouette = 0.951，文献间一致性程度高，LLR 为福利国家，即该聚类都是围绕福利国家展开福利态度的研究的。第二大聚类为 5 号，有 35 篇文献，文献间一致性程度高，主要是研究福利态度的一致性的。第三大聚类是 6 号，有 18 篇文献，文献间高度相似，主要是研究福利态度的差异性的。

表 2-4　　　　　1955—2013 年福利态度研究引文文献前三大聚类

聚类	规模	Silhouette	Label（TFIDF）	Label（LLR）	Label（MI）
4	116	0.951	(14.84) european	welfare state（493.42，1.0E-4）	causal story
5	35	0.981	(11.84) consistency	consistency（213.36，1.0E-4）	causal story
6	18	1	(13.56) different attitude	different attitude（434.99，1.0E-4）	welfare

注：tfidf = tf * idf = term frequency by inverted document frequency；LLR = log-likelihood ratio；MI = mutual information

（四）知识基础分析

研究前沿的知识基础是它在科学文献中（即由引用研究前沿术语的科学文献所形成的演化网络）的引文和共引轨迹，即研究前沿在文献中的引用轨迹（陈超美，2009）。被研究前沿引用的领域构成知识基础，它对于进一步区分研究前沿的本质具有很大的好处（Chen，2006），可以帮助研究者更好地了解福利态度领域的发展脉络与研究基础。我们可以通过时间、频次、中心性来分析，进而为福利态度的研究提供知识基础。

1. 早期经典文献分析

从时间来看，早期经典文献常常为当下的研究提供了思想来源，为了避免重要文献的遗漏，每 10 年区间引入的参考文献数量扩大到了 100篇。根据引文分析，引文中最早发表的文献为 1911 年，来自俄罗斯的文学评论家与哲学家基列耶夫斯基（Ivan Vasil'evich Kireevskii），为一篇比较俄罗斯与英国社会主义思潮中福利态度差异的文献所引用（Stankiewicz，1954）。限于篇幅，仅按时间排序选择了共被引频次大于等于 5（受区间内引入的文献数量影响）的 10 篇文献加以介绍。第 1 位是小 V.O. 凯（V. O. Key Jr.）的《在国家与民族间的南方政治》，发表于 1949年，被引 18 次，这是一本经典的政治学著作，探索了选举的本质、投票的束缚以及政治的运作。第 2 位是阿多诺（Theodor W. Adorno）、弗伦克尔—布鲁西维克（Else Frenkel-Brunsivik）、莱文森（Daniel J. Levinson）与桑福德（R. Nevitt Sanford）的《权威人格》，被引 8 次，这是一本研究公共舆论中偏见的著作，发展出一套标准，可以界定个体的人格特征，并区分特征的等级与强度（Codevilla，2014）。第 3 位是奥尔波特的经典著作《偏见的本质》，发表于 1954 年，被引 20 次，是 "社会心理学中研究偏见的奠基之作"（Dovidio，Click & Rudman，2005：1）。第 4 位是费辛格（Leon Festinger）的《认知失调理论》，发表于 1957 年，被引 21次，阐述了人的态度变化过程。自其提出之后，已经历多次重要修正。第 5 位是唐斯（Anthony Downs）的《民主的经济理论》，发表于 1957年，被引 20 次，首次系统的尝试将现代经济学的标准分析方法——一般均衡方法论——应用于政治科学。第 6 位是安格斯·坎贝尔（Angus Campbell）等人出版的《美国选民》一书，发表于 1960 年，以美国总统选举为例，首次对投票行为展开了学术研究。第 7 位是普罗瑟罗（James W. Prothro）与格里格（Charles M. Grigg）的《民主的基本原则：同意与不同意的基础》，发表于 1960 年。第 8 位是莱恩（Robert E. Lane）的《政治意识形态：为什么美国普通公众相信他做的事》，发表于 1962 年，被引 5 次，他通过小样本的深度访谈试图在信仰与行动之间建立关联。第 9 位是阿罗（Kenneth Joseph Arrow）的《社会选择与个人价值》，发表

于 1963 年，被引 6 次，提出了著名的阿罗不可能定理。第 10 位是匡威
（Philip E. Converse）的《普通公众信仰体系的本质》一文，被引 51 次，
载于阿普特（David E. Apter）主编的《意识形态与不满意》，分析了精
英与普通公众在信仰体系上的差异及其相互间的影响。

2. 高被引文献分析

运行可视化分析后，我们可以获知引文①被引次数在 1790 篇文献中
的排序情况（见图 2 - 4。字号由大到小，位置从下到上）。其中埃斯
平－安德森（Gøsta Esping-Andersen）的《福利资本主义的三个世界》
被排在第 1 位，共被引频次为 179 次，追踪文献引用目的，主要是以三
种理想类型作为标准区分不同国家公众的福利态度差异，或作为体制类
型研究需要检验的对象，因而该著作为福利态度研究提供了制度逻辑；
排在第 2 位的是斯沃福斯的《福利的世界与再分配的态度：八个西方国
家的比较》，被引次数为 108 次，试图通过对再分配的态度在不同的福利
国家体制下是如何被建构的分析联结宏观与微观两大领域；排在第 3 位
的是布莱克索与夸达诺两人的《公众对福利国家政策的态度：24 个国家
的比较研究》一文，被引次数为 86 次，指出公众对福利国家的态度不仅
是个人层面的现象，也是集体层面的现象。特别是集体态度被视为来自
不同"体制"类型国家福利政策的制度特征的产物；排在第 4 位的是哈
森菲尔德（Yeheskel Hasenfeld）与拉弗蒂（Jane A. Rafferty）的《福利
国家的公众态度的决定因素》，被引次数为 74 次，是以自利与对主流社
会意识形态的认同为维度建立了一个决定公众对福利国家项目态度的因
果模型；排在第 5 位的是吉伦斯（Martin Gilens）的《为什么美国人憎恨
福利：种族、媒体与反贫困政策的政治》，被引次数为 64 次，指出关于
福利的消极情感与将福利视为一个非裔美国人的项目的概念以及媒体将
绝大多数福利接受者视为黑人、不值得帮助的穷人的失实报道相关，这
与框架理论（framing theory）存在关联。其中斯沃福斯、布莱克索与夸
达诺的研究都是建立在埃斯平—安德森的福利体制的研究基础之上，从

———————

① 统计的是在参考文献中出现的次数，即某一论文、报告或著作等被 1790 篇文献共被引
的次数，不是文献本身的被引次数，这也是出现著作的原因。如果单纯依据如中国知网中出现
的被引次数则无法探测在本领域内的重要性，因为它有可能是由可能分布在不同领域的学科引
用。这是研究学术前沿、焦点与沿革的极为重要策略，避免了只能统计期刊论文的局限，也使
得对其在本领域内的影响力的评价更为客观。

图中也可以看出文献之间的共被引关系（为凸显排序，此图对节点位置进行了调整；右上角为全景图）。

LINOS K, 2003, EUR SOCIOL REV ...

GELISSEN J, 2000, INT J SOC WELF ...

ZALLER J, 1992, NATURE ORIGINS MASS ...

ANDRESS HJ, 2001, EUR SOCIOL REV ...

FELDMAN S, 1992, AM J POLIT SCI ...

GILENS M, 1999, WHY AM HATE WELFARE ...

HASENFELD Y, 1989, SOC FORCES ...

BLEKESAUNE M, 2003, EUR SOCIOL REV ...

SVALLFORS S, 1997, EUR SOCIOL REV ...

ESPING-ANDERSEN G, 1990, 3 WORLDS

图 2 - 4　福利态度研究文献中参考文献被引情况排序

数据来源：Web of Science。

3. 关键节点分析

那么在福利态度的研究中，哪些文献起到了关键性的作用？在Citespace 中，回答不同聚类间是如何联结的指标是中心性（betweenness centrality），它的取值区间为 [0，1]。高中心性的节点是指该文献节点自身处于两个或更多以上群的中间，起着桥梁或中介的作用，通常要大于 0.1。由于它们的地位，这些文献同样构成了福利态度研究的知识基础。中心性分析显示，库格林于 1980 年出版的《意识形态、公共舆论、福利政策：工业化国家中关于税收与支出的态度》（Coughlin，1980）与坎贝尔等人 1960 年出版的《美国选民》一书，中心度最高，达到 0.15，分别处于第 4 聚类与第 5 聚类。前者开创了福利态度的跨国研究；后者以 1952 年特别是 1956 年的美国总统选举为背景，为投票行为的学术研究开创了范式（Lewis-Beck et al.，2008：preface），而福利态度的研究通常是通过问卷调查而获得，自然可以借鉴对人的投票行为的研究成果。排在第 3 位的是 1989 年哈森菲尔德与拉弗蒂发表的《福利国家的公众态度的决定因素》一文，中心度为 0.1，主要考察了各种影响因素，特别是意识形态的影响作用，这是福利态度研究中的一个传统；排在第 4 位的是阿尔斯通（Jon P. Alston）与迪安（K. Imogene Dean）的《与对福利接受者的态度及贫困原因相关的社会经济因素》一文，中心度为0.08，接近 0.1 的标准，主要考察了针对贫困的原因、福利项目的选择与接受援助的合法性的态度；而英格尔哈特（Ronald Inglehart）的《发达工业社会的文化转型》一书则排在第 5 位，中心度为 0.05，为福利态度研究的文化转向提供了理论来源。

综上所述，福利态度研究的热点集中在影响福利态度的宏观制度维度与微观文化维度；前者的核心是再分配的原则，后者的核心是权利与责任的关系。根据对名词术语的分析，研究前沿集中在福利接受者、欧洲社会调查、公共舆论、变化的态度、欧洲国家、动物福利、社会政策七大领域，其中公共舆论、福利接受者是持续研究的前沿；根据对引文的分析，有 1 篇论文 3 本著作在福利态度的研究水平上处于前沿。研究领域集中在欧洲福利国家，主要考察不同福利体制下的福利态度的异同，从而回应福利国家的危机问题。作为知识基础的早期经典文献以态度、投票行为、公共选择的研究为主；高被引文献集中于福利体制、福利文化与态度关系的比较研究；关键节点开创了福利态度的跨国（福利体制）比较研究、投票行为学术研究的范式，推动了福利态度研究的文化转向，考察了社会经济因素的影响。

三 福利态度研究的历史分期

福利态度的研究自 20 世纪 90 年代以来才见显著增长，总体而言，从其发展的历史轨迹来看，较长时间内主要从属于一般的民意调查、经济调查，以及社会态度、政治态度等的研究之中。从福利态度研究与其他类型态度研究的关系来看，福利态度的研究可以分为以下三个时期。

1. 萌芽期——20 世纪 30 年代至 70 年代

福利态度的研究最早起源于社会福利的国内民意调查，在美国，将社会福利议题纳入民意调查范围大概始于 1935 年，这是民意调查首次出现的时间，调查的对象是时值股市崩溃六年与经济危机达到最低点的公众，主题是政府的责任，由罗波尔（Roper）调查公司组织，结果是有2/3 的公众认为政府"应该为那些想工作的人提供工作"（毕天云，2004a：57；Erskine，1975）。1935 到 1971 年期间，美国福利态度的调查主要包括以下几个话题：政府满足人类需要的义务；失业津贴；工作保证；收入保证；政府与私人对福利的责任，核心是政府的责任（Er-skine，1975）。20世纪六七十年代占主流地位的福利研究聚焦在人类问题的结构性决定因素上，人的主体能动性的概念基本上被忽视了（Williams et al.，1999：11，转引自迪肯，2011：29）。此阶段一个最重要的系列报告是始于1964年的英国选举研究（the British Election Study，BES），主要是通过市场调研公司询问一些针对福利及相关主题的宏大问题来了解民众关于福利的态度（Taylor-Gooby，1983；Taylor-Gooby，1985a）。吕宝静把外国学者关于社会福利民意调查的主题分为三类：政府的福利角色；对弱势群体人口的印象；与福利国家的相关议题，如：政府社会福利费用支出的情形、资源的分配、管理的程度和财源的筹措等（吕宝静，1995：79—105；转引自毕天云，2004a：58）。这一时期属于福利态度研究的萌芽期，各种关于社会福利问题的态度调查散见于各种民意调查中，主要是围绕新政策的出台设计一些问题，时效性强，专业性特征尚不明显。

2. 依附期——20世纪80年代至21世纪初

福利态度研究初期限定于特定国家或特定地区内，后扩张到区域性比较研究。在英国，对民众的福利态度的研究大约在20世纪80年代初期才开始受到重视。1983年英国国家社会研究中心（NatCen Social Research）于1983年开始发布《英国社会态度》（British Social Attitudes，BSA）年度报告，试图了解人们对重大议题的真实想法与英国是如何运转的，为政府与慈善机构的重大决策提供帮助①。2005年，澳大利亚也发布了《澳大利亚社会态度》的第一份报告。

随着全球化进程的加快，学者与政策制定者都迫切需要一个针对内部社会变化的可信的、可比较的跨国测量。对于欧洲学者而言，在欧洲整合的背景下，拥有一个高质量并有持续保证的跨国数据库不仅是渴望的也是基本的。20世纪80年代开始，社会科学对跨国福利态度的比较

---

① 英国国家社会研究中心，是英国最大的独立社会研究机构。它的宗旨是通过真正理解公众复杂的生活与态度，试图赋予公众在形塑影响每个人的决策与服务上的强有力的地位。（NatCen Social Research，http：//www. natcen. ac. uk/our-research/research/british-social-attitudes/，2014年1月19日）

研究的兴趣日益增长，以 1980 年库格林出版的《意识形态、公共舆论、福利政策：工业化国家中关于税收与支出的态度》一书为起点，他因此也成为该领域的先行者（Jæger，2009）。随后，克鲁格与史密斯的《不平等的信念：美国人关于"什么是"与"什么应该是"的观点》与泰勒–古比的《公共舆论、意识形态与国家福利》两本著作，从 1986 年到 2007 年间被大量引用，成为研究热点，这一时期福利态度的研究成为一个极速扩张的领域。但第一次拐点出现在 1989 年哈森菲尔德与拉弗蒂的《福利国家的公众态度的决定因素》一文发表之后。而 2003 年布莱克索与夸达诺在《欧洲社会学评论》上发表的《福利国家政策的公共态度：24 个国家的比较分析》一文在短时间内被大量引用，成为第二轮的增长点。在此期间，具有重大贡献的还有英格尔哈特的《发达工业社会的文化转型》一书，自 1993 年开始被大量引用，意味着福利态度研究的文化转向的开始；埃德隆德（JonasEdlund）于 1999 年发表在《欧洲政治研究》上的《信任政府与福利体制：美国与挪威对再分配和财务造假（financial cheating）的态度》，为制度特征与公众偏好的关系提供了经验研究（Edlund，1999）。而拉什（Christian Albrekt Larsen）在 2006 年出版的《福利态度的制度逻辑：福利体制如何影响公共支持》则是明确使用"福利态度"概念并将之与埃斯平—安德森的"福利体制"联结起来的专著（Larsen，2006）。

　　大量的比较研究试图揭示福利体制与对福利国家原则、政策与项目的不同的经验维度的公共支持之间的关系（Jæger，2009）。而许多大规模的可比较的数据库出现，使得福利态度的比较研究更具有吸引力与可操作性（Andreß & Heien，2001）。其来源主要有四种：商业性的舆论调查（Commercial opinion polls）、欧洲大气压（The Eurobarometer）、欧洲价值观调查（The European Values Survey，EVS）、国际社会调查项目（The International Social Survey Programme，ISSP），但它们并非福利态度的专项调查，没有福利态度的专有模块。因而，这一时期福利态度研究的典型特征是依附于社会态度的跨国比较研究，其技术支撑则是基于现代信息技术而建立的大型数据库。这一时期应用的统计技术也比较丰富，包括了目前常用的路径分析、聚类分析、主成分分析、因子分析、回归分析、多元回归分析、多层线性回归模型、结构方程模型、纵贯分析，以及较少使用的模糊集（fuzzy-set）分析等。

3. 独立期——2007 年至今

2007 年 4 月，一支来自瑞典乌梅（Umeå）大学的由德国学者斯沃福斯领导的团队为迎接欧洲社会调查（European Social Survey，ESS）2008年会被授权在调查中使用福利态度的轮换模块（rotating module）。这个模块被命名为"变化欧洲中的福利态度"，它试图评估对来自欧洲作为代表性样本国家的福利政策的态度、看法与评价。欧洲社会调查允许以更多的细节评估欧洲国家在再分配福利国家政策上的公众广泛支持的一致性。它有助于深入研究不同国家情境中的当代福利改革的政治合法性。这样，对在个体层面与总体层面上的福利态度与变化的来源的分析或许能够在总体上验证就再分配政策与制度介入的公共合法性而言的社会凝聚的基础。（Staerkl, Svallfors & van Oorschot, 2008）它开创了福利态度研究的新时代。这个时期的典型特征是拥有了独立的福利态度调查的问卷模块，建立了自己独立的数据库，为福利态度的纵贯研究与跨国、跨文化比较研究提供了保证，出现了基于该模块调查数据的研究，如《福利国家态度的多维度分析：一个欧洲的跨国研究》（Roosma, Gelissen & van Oorschot, 2013）。比较重要的是，出现了以福利态度研究为对象的研究，如《社会政策态度比较研究的系统评价》，它采用了证据为本的研究原则，对福利态度研究本身进行了审视（Sundberg & Taylor-Gooby, 2013）。这一时期应用的统计技术，除了前述方法，还涉及时间序列分析、改进型的主成分分析法等（Raven, Achterberg, Van der Veen & Yerkes, 2011；van Oorschot & Meuleman, 2012；Roosma, Gelissen & van Oorschot, 2013）。

最后我们用福利态度研究聚类网络时间线视图呈现福利态度研究文献按时间递进的逻辑演进的知识图谱。

图 2 - 5 中的环形部分称为引文年轮，它代表这篇文章的引文历史。引文年轮最中心部分的颜色代表这篇文献的发表年份（参考图中最上部分不同年份对应着不用颜色，原始图为彩色）。引文年轮每一个环的颜色代表相应的引文时间。一个环的厚度与某个时间域内引文数量成比例，此处最厚的引文年轮是埃斯平—安德森的《福利资本主义的三个世界》。节点中心旁的数字代表整个时间跨度内的被引次数。原始彩图中有紫色

外圈的为转折点，由中心度与被引频次确定，本图谱中有 A、B 两个节点，A 为 1980 年库格林出版的《意识形态、公共舆论、福利政策：工业化国家中关于税收与支出的态度》，B 为 1986 年克鲁格与史密斯出版的《不平等的信念：美国人关于"什么是"与"什么应该是"的观点》；深色（原始彩图中为红色）年轮为明显的热点，即被引频率是否曾经或仍在急剧增加，可以发现最大的热点（原始彩图中被哈森菲尔德与拉弗蒂的《福利国家的公众态度的决定因素》文献节点遮挡，可取消其显示），图中 C 节点也是由克鲁格与史密斯贡献，因图层重叠，其他多数热点被遮掩，就不再赘述。通过专业软件提供的文献可视化分析，我们可以初步了解福利态度研究的热点、前沿及知识基础，但这提供的仅仅是总体信息，还需要进一步追溯原始文献才能获得更多与研究主题相关的具体知识。

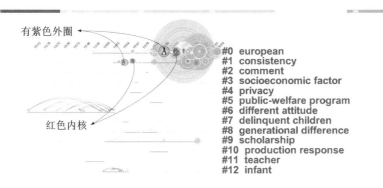

图 2－5　福利态度研究聚类网络时间线视图

第二节　福利态度生成的解释路径

福利态度的研究通常是从个体特征和/或国家或体制类型背景的视角来研究（Sevä，2009；Sundberg & Taylor-Gooby，2013）。安德烈斯（Hans-Jürgen Andreß）与海伦（Thorsten Heien）概括出两种概念化路径：一是基于变量的路径。试图列举诸如国家、年龄、性别或教育等（可能）影响福利国家态度的总体或个人层面的因素，甚至包括不同的理论理由。一是基于理论的路径。详细说明对福利国家态度的不同的理论解释，并寻找出合适的指标。（Andreß & Heien，2001）本书沿着两条路径描述福利态度的研究现状。一是从社会人口学特征入手描述主要变量对福利态度生成的影响；二是从结构化背景入手描述不同理论对福利态度生成因素的解释。

一　变量路径

变量路径可以区分为两个维度：一是规模维度，可以区分为宏观与微观，或集体与个人；二是对象维度，可以区分为福利国家、社会政策、福利国家项目、价值观等。在具体的研究中，两个维度是交织在一起的，只是在指向的对象上相对集中。每篇关于福利态度研究的文献都会列举大量的变量，因而，本书只列举具有代表性的文献的研究指标。总体来看，比较稳定的主要是社会人口学特征或社会经济学特征的指标，如年龄、性别、教育、职业、阶级、收入、健康、宗教、意识形态、福利国家体制等，主要考察在体制/政策—态度，或态度—体制/政策关系分布上的差异，从而回答福利国家合法性的问题。

从宏观—微观的分类来看，斯沃福斯认为两者之间存在明显的关联，但拉什认为从经验上很难验证，此分类以海伦与霍菲克（Dirk Hofäcker）的研究为典型代表（图 2 - 6）。这份提交至 1999 年德国比勒费尔德大学（University of Bielefeld）"福利国家措施和公民的态度"（Wohlfahrtsstaatliche Maßnahmen und Einstellungen der Bürger，WME）项目会议上的报告指出，宏观层面主要包括经济形势、福利国家体制与国民文化指标；微观层面主要包括个体的自利与社会化模式，如年龄、性别、教育与部门。在福利体制中则扩展了埃斯平—安德森的分类，增加了拉丁边缘国家与社会主义国家。国民文化主要通过宗教、意识形态来测量，与制度、结构密切相关，并共同构成福利体制的历史传统与文化背景。自利则通过行动者在社会结构中的不同位置（部门）来测量，包括消费者（福利的接受者）、纳税者（福利的承担者，同时也可是受益者，受风险预期影响）与生产者（福利部门的雇佣者），它们降低了福利体制对福利国家态度的影响；教育的效果不如年龄与性别的效应清晰。而福利态度则区分为福利国家目的、方式、效果与财政四个维度。在该文中应用了结构方程模型（Structural Equation Modeling，SEM），但仅考察了对福利国家目的的态度。结果表明：某种程度上福利态度的差异可以由福利体制来解释；自利与社会化的差异的国别效应是非常重要的；福利国家态度的大部分变化存在于处于不同国家内的不同的教育、年龄与收入群体之间。不足之处在于数据的有限性、指标的有限性与维度的有限性。（Larsen，2006：1；Heien & Hofäcker，1999）

　　1998 年，安德烈斯与海伦设计出福利国家态度决定模型（图 2 - 6），认为主流意识形态与社会化的差异决定了正义信念，而自利动机影响正义信念并与其共同决定了福利国家态度（Andreß & Heien，1998）。2001年，两人在上述两份报告的基础进行修订，在正式发表的论文中将福利国家的"目的"（aim）改为福利国家"功能"（function）；而福利国家态度的决定性变量中的"经济形势"则被改为"价值与规则"，主要是沿用了多伊奇（Morton Deutsch）的平等（equality）、需要（need）与公平（equity）三位一体的分配正义。组合为新的四类指标：自利；价值与规则，特别是对公平的信仰；不同的社会化模式；国民福利文化（Deutsch，1975；Andreß & Heien，2001）。指标的修改意味着观念的转移，特别是"价值与规则"指标的引入，意味着福利态度研究对价值观

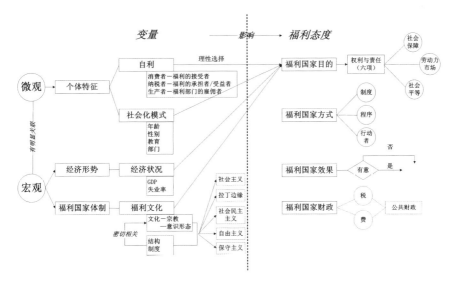

图 2 - 6　Heien & Hofäcker 福利态度影响模型

资料来源：Heien & Hofäcker（1999）；Andreß & Heien（2001）。图形由笔者整理制作。

注：虚线内容为笔者所加。

的重视，这与前述报告的结论——"一个国家的经济形势对公众的福利态度似乎没有决定性的影响"保持了一致（Heien & Hofäcker, 1999；Sihvo & Uusitalo, 1995）。然而这些指标的界限仍然是模糊的，如制度与结构、文化与结构、价值与文化之间。

类似于宏观—微观分类，有学者采用国家/集体层面与个体层面的分类。研究认为公众对福利国家的态度不仅是个人层面的现象，也是集体层面的现象。特别是集体态度被视为来自不同"体制"类型的不同国家福利政策的制度特征的产物。公众态度被视为个体与国家层面上的情境因素与意识形态因素共同作用的结果（Blekesaune & Quadagno, 2003）。格里森（John Gelissen）的研究集中于评估个体层次（社会特征与社会政治信仰）与群体层次（福利国家体制类型和国民健康与津贴的结构化特征）对个体层面的结果的影响，即评估人们对福利国家团结与分配正义的认同的影响。重要的贡献在于：（1）明确提出了有关制度情境影响的清晰命题；（2）群体的特别信息被包括进分析框架。基本上囊括了与态度相关的社会情境方面、社会结构中的地位指标以及社会—政治信仰的指标。（Gelissen, 2002：3—4）

莱温－爱泼斯坦（Noah Lewin-Epstein）、卡普兰（Amit Kaplan）与列瓦农（Asaf Levanon）采用1999年在以色列开展的国际社会调查项目（ISSP）"不平等的合法性模块"的数据，运用结构方程模型，提出了一个新的理论分析框架，在社会特征、公平原则、感知到的冲突与福利国家支持之间勾勒出了一个结构化的关系。其中内生变量包括：福利国家态度、分配正义原则、平等、感知到的冲突，代表不能被直接观察到的态度与价值偏好；外生变量包括阶级、收入、劳动力参与、种族、宗教传统、性别。研究认为，福利国家的支持水平更大程度上是由个体或由他们"想象的社会"（their images of society）所支持的分配正义原则所决定。（Lewin-Epstein, Kaplan & Levanon, 2003）广义而言，分配正义关系到影响个人福祉（well-being，在宽泛的意义上使用，包括心理的、生理的、经济的与社会方面）的条件与物品（goods）的分配（Deutsch, 1975：139）。沿着同一思路，凡·奥尔肖特认为对经济、道德、社会与移民结果的福利想象受人们的政治立场、对福利目标群体的应得想象与他们对福利国家责任的态度的持续影响（van Oorschot, 2010）。在此基础上，凡·奥尔肖特、里斯肯斯（Tim Reeskens）与梅勒曼（Bart Meule-man）运用欧洲社会调查数据（ESS）采用多元线性回归分析模型，进一步验证了公众对福利国家可能性结果的想象是福利国家合法性生成的关键要素。结论显示：欧洲公众对积极的社会后果比对消极的经济与道德后果有更为清晰的审视。此外，在个体层面上这些想象主要受意识形态影响，而在宏观层面上主要受福利国家的慷慨程度影响。有趣的是，在更发达的福利国家，公众对消极后果的想象与对积极后果的想象同样很强烈。其个体层面的变量包括个体的结构化特征与意识形态变量，前者包括：年龄、性别、教育、工作、失业、财政满意度（financial satisfac-tion）、救济金；后者包括政治立场（左—中—右）、平等原则、权威主义、政府干预广度、政府干预深度、政治信任、经济满意度、想象的福利负担、宗教实践、宗教信仰、消极想象的诉求。宏观层面的变量包括社会支出、长期失业、政府干预范围、平等原则（van Oorschot, Reeskens & Meuleman, 2012）。上述研究中最重要的是都强调了对福利国家结果的想象影响了公众对福利国家的支持，或许可以换句话说，对风险的预期不同导致公众对福利国家的支持程度不同。

杰格（Mads Meier Jæger）从自利与政治意识形态两种理论视角出发考察影响公众支持福利供给的公共责任的因素。以加拿大的"平等、安全与共同体"调查的面板数据为研究基础，将变量区分为四类。自利指标包括：工作状态、雇佣部门、收入、健康与子女数量；政治意识形态则分为对自由党与保守党的意识形态纯粹性的认同程度；控制变量为教育、婚姻、居住区域规模、性别与年龄；工具变量（instrumental varia-ble）为省份。与其他研究者相比较，其指标系列中增加了工作状态（在业、失业、退休、学生与其他），控制变量中增加了区域规模（不随时间变化的变量）。经验分析显示自利与政治意识形态变量在某种程度上都是支持福利国家原则的显著预测指标（Jæger, 2006b）。阿兹（Wil Arts）与格里森关心公众对团结（Solidarity）的见解与对公平原则的选择是否与他们生存其内的福利国家体制相关，以及是否也与个体的社会人口学特征和意识形态特征相关。其研究中列举的决定团结概念与正义原则选择的指标分为两个层面：国家层面，涉及福利国家体制；个人层面，涉及教育获得、职业地位、转移阶层（transfer classes）、工会成员、收入、左—右倾向的主观位置、性别与年龄（Arts & Gelissen，2001）。其中工会成员、左—右倾向的主观位置是其不同于其他研究者的两个指标。然而，与西方相比，在中国，这两个指标在理论与实践间存在重大差异。

针对分配正义问题，泰勒-古比将再分配区分为水平再分配（家庭、家户与其他单位）与垂直再分配（穷人与富人之间），认为再分配的观念既不简单也不统一，除了教育，再分配的观念与关于国家服务的态度不存在关系，因而再分配的福利国家并不能控制公众支持。但总体上，平等的观念似乎与对非国家福利（non-state welfare，意指不是由国家供给的福利）的支持高度相关。（Taylor-Gooby，1985b）这对未来的研究提出了挑战，即再分配如果不是平等观念的体现，那么再分配的合法性何在？埃德隆德虽认同公民对政治的信任与思考中什么是可能的与值得期待的，从根本上由政府为他们做了什么所形塑的观点，但认为更可行的是对再分配的支持扎根于对发展中的社会政策的特征与表现的体验，而不是政治决策进程（Edlund，1999）。有学者认为对社会再分配的支持与对社会流动的信念有关，在英国与澳大利亚是关键性变量，而在挪威与德国影响则比较小（Linos & West，2003）。

哈森菲尔德与拉弗蒂以美国为例，建议将对福利国家项目的支持视为自利以及与工作伦理和社会平等的主流社会意识形态一致的结果（the resultant identification）的函数（function）。其中意识形态变量包括三个尺度：政府介入、工作伦理与对贫困的认知、社会权利。其社会人口学变量则包括种族、年龄、性别、收入、教育与信念。研究表明：30—39岁年龄段在支持度上有轻微增加，但统计不显著，而三个高年龄段的支持度呈线性下降；教育与通常的启蒙假设（支持社会权利因而会支持福利国家项目）相反，与对福利支持存在负相关；收入同样呈现负相关关系。因而对福利国家支持的未来力量依赖于秉持社会民主价值观的经济与社会脆弱群体，他们能够被动员起来采取政治行动。（Hasenfeld & Rafferty，1989）布隆伯格（Helena Blomberg）与克罗尔（Christian Kroll）侧重分析了影响公众对市政层面公共服务制度支持的宏观—社会学变量，包括政治气候（political climate）与经济形势（economic situation），结果显示：生活在经济条件相对差的自治市、社会与健康支出相对低的水平、资产阶级政党是主要政治联盟的地区的个体对福利服务支持的水平较低。

然而，税收政策的影响在任何问题的研究上都不显著。其宏观层面变量包括税收程度、税收增长、服务支出、城市经济、经济贫困持续性、有产阶层主导性、城市类型（开放的乡村、人口集中中心、其他城市与大城市）；个体层面包括：性别、教育、收入、阶层、雇佣部门、年龄与政党，与其他研究指标不同的是，他们引入了税收、城市类型、地区有产阶层的地位与附属政党四个指标。结果显示：宏观—社会学变量对公众态度的形成有清晰的效应。而微观—个体层面的性别、年龄与收入在所有指标上都存在差异，男性与拥有高收入与高学历的回答者较少接受增加社会支出的策略，但教育对福利态度的影响仅有弱显著性。在宏观与微观之间仅仅存在少量的互动效应（Blomberg & Kroll，1999）。不足之处在于其结论限于市政福利层面，因而推论总体面临风险。与此取向相似的是，塞维（Ingemar Johansson Sevä）也试图从地方化背景（municipalities，市政范围内）来寻找个体福利态度变化的解释（Sevä，2009）。而路易斯（Alan Lewis）认为逃避税收与政府合法性相关，不信任政府的公民与信任政府的公民相比，较少认为这是一个错误的行为（Edlund，1999）。

　　阶级是福利态度研究中的最重要的社会人口学变量。斯沃福斯指出尽管经常宣称的是阶级影响正在衰弱，但阶级地位与政党联盟被证明仍然是福利国家态度的最显著的决定性变量。以瑞典为例，决定态度的结构性变量包括两类：一是对社会政策的总体性支持，与对官僚主义的批评以及对福利项目滥用的怀疑混合在一起；二是阶级位置以及与阶级相关的决定性变量，如收入、性别、所在部门（私人或公共）或消费群体，其中收入是最重要的。研究指出了围绕结构裂隙（structural cleavages）的政治表达与动员对形成态度与联盟的重要性。这一解释为戈登·马歇尔（Gordon Marshall）及其同事关于英国阶级结构的研究所支持（Svallfors，1991；Svallfors，1995）。西沃（Tuire Sihvo）与乌西塔洛（Hannu Uusitalo）指出经济形势与发展、社会发展与压力作为宏观社会因素直接影响或通过意见决定者对经济或社会形势的解释间接影响福利国家意见。而阶级地位与政党联盟是影响福利国家意见的最显著的决定因素，但并非唯一的影响个人的因素，其他如性别与年龄也会影响。阶级差异可以用利益来解释，有四类利益特别重要，包括：可感知的风险的分配；作为服务与财政转移的消费者的利益；作为纳税者的利益；作为雇佣者的利益。政党差异则可以用意识形态来解释。利益则又影响意识形态（Sihvo & Uusitalo, 1995b）。比恩（Clive Bean）与帕帕达基斯（Elim Papadakis）在福利国家的政治与社会基础以及不同的福利国家体制特征的语境下，将研究集中于三条影响路径：阶级政治、社会地位与中产阶级的"自利"倾向、所谓转移阶层（transfer classer）的利益，控制变量为性别与年龄，试图识别出支持福利国家的社会与政治的决定性变量。结果显示：不同福利体制国家中的公众对服务的支持变化是微弱的，强化了他们的论点：根据商品化程度不同而区分的福利国家体制类型是很容易受到挑战的；阶级政治的路径，在试图识别出政治对意见的影响时，代表着一件相当迟钝的工具；社会地位仅有边缘效应；而要在不同体制国家中找出联结转移阶层与对福利国家支持的任何一致的模型同样是失败的。尽管福利国家支持对环境与政策的转变是异常敏感的，但公众对福利国家的支持仍然是高的，福利国家的合法性仍然完好无损（Bean & Papadakis, 1998）。然而华人社区的研究并不支持上述结论，王家英、尹宝姗（Shirley Po-San Wan）与罗荣建（Kenneth Wing-Kin Law）在以阶级视角考察了中国香港地区公众的福利态度后，发现他们的期望很高但认同很低，在阶级之间并没有显著差异（Wong, Wan & Law, 2008）。

与上述学者研究关注点不同的是，雅各比（William G. Jacoby）指出政治家试图定义或"框定"主题以扩大对福利项目的支持，分析了在政府开支方面框架效应（framing effect）对公众舆论的影响，发现框架效应在降低个人层面态度的改变上是非常强的，认为框架效应不只是改变态度分布，更重要的是诱导人们改变对开支项目的反应（Jacoby, 2000）。赫德加德（Troels Fage Hedegaard）概括了研究福利开支支持理论的三个解释视角：自利、社会正义的原则与政策反馈（policy feedback）。政策反馈理论认为，态度不仅影响政策，政策也影响态度。据此，他提出了影响福利态度的政策设计效应问题，认为"接近"[①]（proximate to）受益于选择型社会政策的津贴接受者的态度受到的影响很大；"接近"受益

---

① "接近"意味着或者有个人体验，或者与津贴的受益者关系比较紧密，或者是家庭的成员，或者是亲密的朋友。参见 Hedegaard（2014）。

于普惠型社会政策的津贴接受者的态度几乎不受影响，而"接近"受益基于贡献社会政策的津贴接受者的态度受到的影响介于两者之间。选择型社会政策会带来消极想象，而普惠型可以带来积极的印象（Hede-gaard，2014）。该研究不再将影响福利态度的视角局限于个体的社会—人口学特征，而是扩展到制度层面。

综上所述，这些论断多数是以西方的历史与制度为背景的，特别是以阶级力量对比为判断前提的，这种分析沿袭的仍然是权力资源理论的路径。在具体的指标选择上比较重视福利体制、意识形态的影响，但文化常常被忽视；在社会人口学特征上，特别重视阶级差异以及与阶级相关的变量对福利国家支持的解释力度，其中收入是与阶级相关的最重要的解释变量，阶级常常根据职业性质划分，而对教育项目的支持总体上不受其他因素影响，这可能与教育作为形塑平等的机制的普遍共识相关；框架效应、制度设计效应也受到了学者的关注。但缺陷也非常明显，上述几乎所有研究的变量都是基于已有的数据库而在事后选择或重新组合的，是数据驱动型的研究，因而其维度、解释力都是有限的，不同数据库的指标也难以相互印证，其结论的普适性也就值得怀疑。

二 理论路径

国家间的福利态度的变量通常用参与比较的国家的文化、制度或结构背景的不同来解释（Gelissen，2000；Svallfors，1997；Andreß & Heien，2001）。制度是福利态度研究中宏观层面的最重要的变量，学者的研究主要是沿用、扩展埃斯平—安德森的福利体制类型，考察福利态度在不同体制间的变化。然而，这种体制取向并非不存在问题，特别是在解释拉丁边缘国家、东亚国家的福利制度时，文化的视角自然被引入。它们能够更清晰地描述东亚福利体制，能够更好地解释东亚福利体制特征的持续性（Peng，2008）。因而，对中国福利态度的研究具有更直接的意义。广义而言，制度也是一种文化，作为解释变量时，两者均可视为一种结构，共同构成福利态度生成的结构化背景。

（一）制度视角

社会研究中有两个经常导致分裂的传统：一是福利体制类型的比较研究；一是工业化国家的人口的价值观、态度与认同的比较研究。前者根据制度特征与/或分配的结果试图区分或分析不同类型的福利国家，这些研究在很大程度上忽视了根据生活在不同福利体制下发现的人口的态度结构与价值认同的制度特征；后者的研究则经常忽视了历史或制度的解释以及态度或信仰体系的说明（Svallfors，1997）。一种研究可以沿着福利态度在不同的福利国家体制下是如何被建构的路径联结两大领域；一种研究可以沿着福利国家体制在不同的福利态度下是如何被建构的路径联结两大领域。目前，通过斯沃福斯与其他学者传播的一批具有洞见的文献已经开始探询不同福利国家体制的制度结构是如何影响民主政治的又一重要维度：大规模公众（mass publics）的价值与态度结构，是如何被影响的（Sabbagh & Vanhuysse，2006）。

"制度"是一个重要的干预因素，但并非一个清晰可鉴的概念（Hall & Taylor，1996）。在经济领域，制度是为约束在谋求财富或本人效用最大化中个人行为而制定的一组规章、依循程序和伦理道德行为准则（诺斯，1992：195—196）。扩展至社会领域，制度是社会的游戏规则，更正式地说，是人类设计的用来形塑人类互动的约束条件（constraints）。结果它们建构了人类交换的动因（incentives），不论是政治的、社会的还是经济的（North，1990：3）。因而，制度是人类有意识的结果并形塑人类的动机与行为。除去阶级结构、"政治文化"与非正式的规则，制度可定义为"一种借助明确的规则与决策程序的正式安排，它们由一个或一群被正式视为拥有如此权力的行动者执行"（Levi，1990：405；Edlund，1999）。根据这个定义，福利体制、社会政策及具体项目皆可视为一种制度，都可能对福利态度产生影响。

1990 年，埃斯平—安德森在《福利资本主义的三个世界》一书中首次提出了"福利体制"（也有译成"福利制度"或"福利范式"）的概念。由于他的研究对象是经济合作与发展组织（Organization for Economic Co-operation and Development，OECD）成员国，局限于西方发达国家，因而，更确切地说是福利国家体制。这是一种理想类型，根据理想类型为福利国家排序的做法可以追溯至 20 世纪 50 年代，在 20 世纪 70 年代早期获得大量研究，尽管相当不受重视。当埃斯平—安德森提出之后，以此为起点，它已经形成了一个"学术工业"（academic industry）（表 2 - 5）（Abrahamson，1999）。此后，这一术语在社会福利和社会政策比较研究中被广泛使用（熊跃根，2008）。它可以被定义为国家、市场和家庭之间相互依赖组合来生产和分配福利资源的模式，而非营利的志愿组织或第三部门也可添加其列（Esping-Andersen，1999：34—35）。运用去商品化（de-commodification）和阶层化（stratification）两个指标，福利国家被划分为三种体制：自由主义、保守主义与社会民主主义（埃斯平—安德森，2003：29—30）。他认为政治性阶级联盟的历史是导致福利国家差异的决定性因素（埃斯平—安德森，2003：1），这是一条阶级政治的研究路径。

表 2 - 5 福利国家类型

提出者	时间	福利国家类型
埃斯平—安德森	1990	自由主义、保守主义、社会民主主义
Lebfried	1992	俾斯麦式国家（剩余型）、盎格鲁—萨克逊国家（制度型）、斯堪的纳维亚福利国家（现代型）和拉丁边缘（未发育型）
Castles & Mitchell	1993	自由主义、保守主义、非右派霸权主义、激进主义
Deacon	1993	自由主义、保守主义、社会民主主义、后共产主义保守社团主义体制
Siaroff	1994	新教自由主义、先进的基督教—民主主义、新教社会—民主主义、后女性动员主义
Kangas	1994	自由主义、保守主义、社会民主主义、激进主义
Ragin	1994	自由主义、合作主义、社会民主主义、不明确的
Shalev	1996	自由主义、保守主义、社会民主主义、不明确的
Ferrera	1996	盎格鲁—萨克逊式、俾斯麦式、斯堪的纳维亚式、南方式
Bonoli	1997	英国式、大陆式、北欧式、南方式
Obinger & Wagschal	1998	自由主义、欧洲的、保守主义、社会民主主义、激进主义
Korpi & Palme	1998	基本保障型、合作主义、围绕型（encompassing）、目标型（targeted）、自愿国家补助（voluntary state subsidized）
Pitzurello	1999	自由主义、保守主义、社会民主主义、保守主义—俾斯麦式、激进主义

续表

提出者	时间	福利国家类型
Ian Holliday	2000	自由主义、保守主义、社会民主主义、生产主义福利资本主义（东亚福利资本主义）
Navarro & Shi	2001	自由主义—盎格鲁—萨克逊式、基督教—民主主义、社会民主主义、前法西斯主义
Kautto	2002	转移支付路径型、服务路径型、低水平路径型
Bambra	2005	自由主义、保守主义、社会民主主义、保守主义子集、自由主义子集（subgroup）

资料来源：Deacon（1993：178）；Holliday（2000）；Arts & Gelissen（2002）；Holliday & Wilding（2003）；Bambra（2007）。

20 世纪 90 年代以来，该分类受到了众多学者的批评。具体表现为，只针对阶级，忽略了福利国家中性别和种族差别，种族和性别在他的定量模型中都没有发挥作用，而性别是社会分层的一个重要来源；过度关注于斯堪的纳维亚的讨论；忽视了过去 20 年来在社会科学中最重要、最具创造力的女性主义的发展；未能很好地包容后现代工业社会的发展；未能很好地理解紧缩政治下的福利国家的差异；也未能充分注意到在共识与主流体制间的政治差异；忽视了对体制是否影响平等与分配的态度的研究等。绝大多数国家采用了互不相交的福利政策归因于福利政策制定的典型特征：福利政策的累积性本质；不同福利领域的政策历史的多样性；不同群体的政策行动者的卷入；政策进程的变化；国外模式的影响。因而，福利"体制"导向的比较研究只是一种幻觉，政策导向的比较研究的前景或许更加光明。这些批评集中在理论（国家与体制的范围；性别缺失的世界；福利国家体制的幻觉）、方法论与经验主义上，因而福利体制的定义、概念与方法都需要澄清并达成一致（金斯伯格，2010：24；Lewis，1992；Kasza，2002；Arts & Gelissen，2002；Gornick & Meyers，2004；Bambra，2007；Powell & Barrientos，2011）。根据斯沃福斯的研究，关于福利体制是否影响关于平等与分配的态度并非埃斯平—安德森研究中唯一缺少的东西，它的体制类型也不全面（Arts & Gelissen，2001）。

奥康纳（Julia S. O'Connor）力图将性别、公民身份与阶级整合在福利国家体制的分析中，认为去商品化是福利国家体制分析的核心概念，但它的扩展依赖于社会权利的质量（O'Connor，1993）。莱布弗里德（Stephan Leibfried）从贫困、社会保险和扶贫政策的关系入手，分析福利国家的次要项目——基本收入项目或社会求助项目——所产生的不同后果，在此基础上将福利国家划分为四种类型：斯堪的纳维亚福利国家、俾斯麦式国家、盎格鲁—萨克逊国家和地中海边缘（即拉丁边缘，Latin Rim），前三个基本对应埃斯平—安德森的分类。迪肯（Bob Deacon）在其分类的基础上增加了革命过程特征和国际影响两个变量后，将一些东欧国家称为后共产主义保守社团主义体制（post-communist conservative corporatism regime）（Leibfried，1993：128—129；Deacon，1993：178；黄晨熹，2009：64—65）。高夫等则将福利体制划分为福利国家体制、非正式安全体制与非安全体制（Gough et al.，2004：5；黄晨熹，2009：66）。而何立仁（Ian Holliday）是第一位雄心勃勃、令人信服地宣称东亚福利模型存在的专家，认为存在福利资本主义的第四个世界——东亚福利资本主义。他与威尔丁（Paul Wilding）辨析出六个维度：政治目的永远是首要的；经济增长与全面就业是福利的主要发动机；生产主义的福利是目标；回避福利主义；家庭承担同样关键的福利功能；政府是强大但却是有限的，其中生产主义是本质。因而，东亚福利资本主义可称为生产主义的福利资本主义（Holliday，2000；Holliday & Wilding，2003：161—162；Aspalter，2006）。事实上，真实的福利国家通常是混合型的，而很少是纯粹理想的类型；同时，由于正式理论学说的缺乏与比较研究中仍然无法确定的结果，福利国家的理想类型仍然无法获得满意的回答（Arts & Gelissen，2002）。

态度研究假设每种体制与福利国家态度的特定模型有关，不同的福利国家体制意味着不同的结构，最终导致福利国家态度的不同模式（Andreß & Heien，2001）。这些假设包括：对福利国家的支持在不同的体制间是变化的；与福利国家相关的利益在不同的社会群体间（如中产阶级、工人阶级与失业者）是存在差异的；政治结盟对福利态度有强烈的影响（Bean & Papadakis，1998）。关于人们对福利国家的态度，斯沃福斯假设人们关于正义原则与团结内涵的选择或偏好序列，是受情境因素（contextual factors）影响的，特别是福利国家体制。每种体制与福利国家态度的特定模型有关，不同的福利国家体制意味着不同的结构，最终导致福利国家态度的不同模式（Svallfors，1997）。在一定意义上，福利态度的这些差异能够为福利体制解释（Heien & Hofäcker，1999；Andreß & Heien，2001）。在桑德伯格与泰勒－古比的文献回顾中，24 项研究中就有 7 项明确基于体制路径，这 7 项都发现一些可支持的结论（Sundberg & Taylor-Gooby，2013）。

　　从方法论来看，由于每种制度特征仅由少数国家代表，因而制度结构与态度的关系的经验检验是不可信的；而个体层次的变量如何用来解释国家层次的现象也存在问题（Blekesaune & Quadagno，2003）。拉什也持有同样意见，指出先前联结制度与福利态度的企图已经不可信，经验研究要发现自利、阶级利益与平等主义价值观依赖体制而产生差异的效果存在很大困难。道德趋同论①主要是基于美国经验，文化差异论是基于欧洲经验，难以很好地解释福利态度的差异，而基于福利体制差异的制度逻辑能够更好地说明福利态度的差异。体制的特征包括：福利政策的普及型程度；经济资源在"底层"与"主体"（the majority）之间存在的差异；获得工作机会的程度。福利体制是通过影响公众的应得标准（deservingness criteria）讨论，继而影响公众对福利政策的支持。换句话说，福利体制通过影响价值观进而影响公众的福利态度。追随凡·奥尔肖特的回顾，可以列出五条应得的标准：控制、需要、认同、态度（感恩）与互惠。整合应得标准与福利体制理论可以建立起跨越宏观与微观的理论联结（van Oorschot，2000；Larsen，2006：1，48；Larsen，2008）。而在库林看来，太多的研究关注的是评估福利国家态度的决定性因素，而集中关注人类价值如何影响态度形成的研究并不太多，因而他探讨了在跨国背景下价值与福利国家态度之间的关系。结果显示，制度规则对公众再分配偏好的影响是显而易见的，它具有一个重要的规则创造功能，而价值对态度最多只是边缘性影响。同时，他还指出情境因素（contextual factors）对价值—态度关系存在调节性的影响，这些因素包括三大类：福利国家的制度结构；政治诉求；具体分配结果与他们产生或阻碍基于对再分配态度的竞争性动机出现的能力（Kulin，2011）。瑞文（Ju-

---

　　①　趋同是指在变迁的过程中，至少两个社会的社会结构越来越相似。参见 Kerr，Dunlop，Harbison & Myers（1971）。

dith Raven)、阿克特伯格(Peter Achterberg)、范德文(Romke van der
Veen)和耶克斯(Mara Yerkes)指出在微观层面上个体支持福利的动机
的主要原因在于个人利益,但社会规范、道德义务与互惠也是支持的动
机,这些动机在某种程度上依赖于宏观的制度背景(Raven,Achterberg,
van der Veen & Yerkes,2011)。王卓祺与周健林(Jeff Kin Lam Chau)在
早期的一篇文章中也指出中国香港地区的中国人在社会福利选择上更多
的是受制度驱动而不是意识形态驱动(Wong & Chau,2003)。而王卓祺
以中国香港地区为例,指出结构因素是社会保护与政策的扩展的基础,
社会服务与福利津贴的制度设计是善治的组成部分。在管理公众的期望
与福利制度的设计中政府承担着重要的责任(Wong,2008)。这都在一
定程度上验证了福利体制对福利态度存在影响的假设。

　　然而,制度路径并非没有问题的。借助时间序列技术与跨国数据库,
比恩与帕帕达基斯指出不同福利体制类型下公众对服务支持的变化是微
弱的。阶级政治的路径在试图识别政治对舆论的影响方面只是一件非常
迟钝的工具(Bean & Papadakis,1998)。格里森指出没有证据证明福利
国家的体制类型,如埃斯平—安德森界定的,与公众的支持水平存在关
联。即便将健康照顾与退休金领域分开分析,也只是在社会民主体制中,
前者存在一些效应,而后者仅仅是边缘效应(Gelissen,2000;Gelissen,
2002:201;Larsen,2006:30)。具体表现在以下几个方面:(1)理论上
涉及态度与项目结构之间因果关系的解释。制度安排与福利国家态度的
关联或许反映的是成功的政客在提出政策建议或决策时考虑到了或是受
到了公共舆论的影响。如此一来,公共舆论应该是影响了制度安排。
(2)对制度结构假设仅有混合(mixed)的支持,即使在从政策到态度
的单向因果关系的假设中。(3)关于制度结构与福利态度关系研究的方
法论问题是当每种制度类型仅由少量的国家代表时,国家层面的因素的
经验检验是不可信的。国家层面的差异或许归因于已测量的结构特征,
也可能归因于其他尚未测量的特征(Hasenfeld & Rafferty,1989;Bleke-
saune and Quadagno,2003)。不幸的是,仅有少数作者已经注意到总体层
面的态度变量由个体层面的变量导致的可能性(Andreß & Heien,2001;
Blekesaune & Quadagno,2003;Jæger,2006a;Jakobsen,2011)。

（二）文化逻辑

文化是"一种模糊的，令人难以界定的结构"（Triandis et al.，1986）。霍夫斯奈德（Geert Hofstede）与彭迈克①（Michael Harris Bond）将文化定义为将一个群体的成员从另一个群体中区分出来的理智（mind）的集体设计（Hofstede & Bond，1988）；鲍多克（John Baldock）将文化定义为共同的价值、规则与态度的系列（Baldock，1999）。大多数研究接受了文化是由福利国家行动者的价值、规则与信念（beliefs）构成的概念（van Oorschot，2007）。文化的定义有强弱之分，前者是严格限定的，如鲍多克关于文化的定义；后者是较少限定的，为社会政策的文化分析留下了空间。绝大多数研究者追随的是前者，如政策制定者、行政管理者、利益团体、教会、委托人与纳税人，认为文化由福利国家行动者的价值、规则与信仰构成。他们感兴趣的或者是价值、规则与信仰对福利制度的效果，或者相反，关注社会政策与制度对人们的道德态度与行为的影响效果（van Oorschot，2007）。鲍多克怀疑文化在理解社会政策上的作用，但其他研究者多持认同态度。安德烈斯与海伦则将自利、价值与规则，特别是对公平的信仰、不同的社会化模式、国民福利文化视为福利国家态度的决定性变量（Andreß & Heien，2001）。在施拉姆（Sanford F. Schram）看来，无论它是"契约""依赖"，还是"保险"，占据优势地位的文化类型限制了社会福利政策的可能性（Schram，2000：3）。而韦伯（Max Weber）则认为文化不只是经济的后果，同时也能形塑经济和政治生活的本质。因而，把握其差异并了解它是如何跨文化并随时间而变化的，而不是假装看不见，社会政策的效力将会得到很好的保证（Inglehart，1988）。然而，文化研究既不能限于"精英文化"（high culture），也不能过度"深描"，前者范围太窄，后者将不会导致任何有意义的研究，因为若一切皆为文化，则文化无法解释任何一切（van Oorschot，2007）。

在福利国家政策的比较研究中，跨国差异通常由福利国家制度的特定轮廓与一系列社会行动者所解释，而文化差异的解释却常常被忽视，甚至被视为边缘主题。但是，文化与福利国家政策的关系却是一种复杂

---

① 此为中文名。参见彭迈克（1997）。

的和多面向的，它同特定的社会情境和制度发展紧密联系在一起，而有时也可能是相互矛盾的（Pfau-Effinger，2005；熊跃根，2007）。文化在多大程度上与社会政策有关（Baldock，1999），文化的偏好如何在社会福利政策的文本中留下了它们的踪迹（Schram，2000：1），这是值得我们探讨的话题。但一些学者否认关注文化因素有助于我们理解社会政策，鲍多克就认为文化并非理解社会政策的缺失的变量，文化既非福利国家可能的原因也非福利国家支持的背景，然而更多的例子显示文化与社会政策之间的关系是存在的（Baldock，1999；van Oorschot，2007；van Oorschot，Opielka & Pfau-Effinger，2008：1）。在控制自利与不同的社会化变量的综合效应后并不能有效地降低文化整合对政府行动范围的影响（Andreß & Heien，2001）。作为一种共同的价值、规则与态度的系列，文化由一个国家的绝大多数人口所分享，在理解社会政策中是一个不可或缺的变量（van Oorschot，2007）。社会与政治理论并非带来结构改变的唯一或主要的因素，作为社会改革文化的一个重要部分的理念也是变量之一，它对政策制定者的价值、意图与目标产生了富有想象力的重构（Harris，1992）。目前的文化分析大大落后于经济分析与政治分析，但令人欣慰的是，对文化与社会政策之间关系研究的兴趣正在增长。这一趋势是实践困境与学术旨趣双重推动的结果。在实践上，归因于特别的经济与社会趋势而引发的福利国家危机，如福利国家陷入危机引起的道德争论，社会政策本身存在道德效应以及移民的增长；在学术上，源于国际比较研究的需求与可行性的增长；在认识论上，源于对个体能动性的重视以及现实是社会建构观点的认同（van Oorschot，2007；van Oorschot，Opielka & Pfau-Effinger，2008：3）。

从文化与制度的关系来看，马克思、涂尔干等将文化视为社会制度的反映，是由社会制度所主导并来自社会系统的事物，文化的独立分析失去了意义；帕森斯（Talcott Parsons）、索罗金（Pitirim A. Sorokin）认为社会中存在文化共识，行动的独立分析则是无意义的；吉登斯（Anthony Giddens）的"结构二重性"与鲍曼（Zygmunt Bauman）的"文化就是实践"，消除了文化与结构、文化与行动的裂隙，却也导致经验研究失去了存在的空间；而韦伯等人则将文化与社会系统视为内在关联并相对独立的关系，文化的经验研究成为可能，这也成为文化分析的主要路径（van Oorschot, Opielka & Pfau-Effinger, 2008：10）。

从文化与行动者的关系来看，克拉克（John Clarke）区分出文化分析的两条路径：一是作为财产的文化（culture as property），认为文化是一个超个体的、封闭的与静态的价值与规则的系统；一是作为实践的文化（culture as practice），认为文化并非同质的，而是区分为不同的亚文化，它在日常生活中被人们积极地操纵、生产与再生产，现实的社会建构受制于权力的关系。在社会政策文化分析的意义上，前者视文化为客观的变量，与政治、经济与制度因素一起发挥它的影响，个人被视为遵循内化的文化程序行动的机器人，缺乏能动性；后者更感兴趣社会政策对文化与日常生活效果以外的东西，它将社会政策视为政策精英手中生产意义的工具，而社会政策文化分析的主要功能则是解构与解蔽（un-mask）如此创造出的现实。但两条路径并非相互竞争，而是彼此补充的（van Oorschot, 2007）。

关于福利国家政策与文化之间相互关系的争论，一般称为"福利文化"（welfare culture）。广义上，福利文化指与福利国家的价值、制度传统与制度实践相关的复合整体；狭义上，福利文化指与福利国家政策相关的观念的复合体。沿着后者，福利文化可以被界定为在一个围绕着福利国家的特定社会的相关思想以及被嵌入在社会中的方式。它由相关的社会行动者、福利国家制度以及具体政策措施所参照的相关的知识库存（the stock of knowledge）、价值和想法所组成（Pfau-Effinger, 2005）。"福利文化"的概念最早是由平克提出和使用，他认为任何社会中，福利文化分成两个部分：价值观，它影响人们对权利和义务的看法；行为习惯，价值观通过它找到了在实践中的表现方式（毕天云，2004b）。琼斯（Catherine Jones）是东亚福利模型的第一代分析家，他将文化视为决定性变量，认为儒家主义是贯穿开始、现在以及未来的发展型意识形态与福利意识形态（Jones, 1990；Jones, 1993；Aspalter, 2006），但很快受到了批评。怀特（Gordon White）与古德曼（Roger Goodman）认为文化的解释在文献中是"一个或多或少显著的主题"，然而它在说明东亚福利体制进化中是一个"无用的"变量（White & Goodman, 1998：12，15）。而富有挑战的研究主要聚焦于国家的作用，形成国家中心说而否认文化的作用（Holliday, 2000）。

文化通过外在的显示而揭示，但不可能被直接观察或测量（Baldock，1999）。从已有文献来看，福利文化的观察与测量最终不得不依赖于询问公众的福利态度，这也是福利态度的研究与文化、社会政策的研究缠绕在一起的原因。阿德勒（Nancy J. Adler）论证到文化影响我们的价值，价值影响态度，接着影响行为，而行为又会影响文化。文化既是行动的产物，又是行动的条件（Adler，2008：19）。文化常常结晶于占主导地位的意识形态中，涉及一个社会的宗教、意识形态的背景（Andreß & Heien，2001）

态度是就特定的态度对象而言以给予支持或不支持的方式作出回应的一种倾向（Oskamp & Schultz，2005：9）。而价值是指在日常生活中引导人们的个体的与动机性的目标、规则，以及表达它们的制度，外在于个体，在某种意义上，它们表达的是群体的或社会的目标（Kulin，2012）。它是"某个终极状态或行为模式优于另一个终极状态或行为模式的信念"，正如它的定义，价值有时比态度更根本、更深层（Sundberg，2014）。价值与行动的关系对我们理解这个世界是根本性的（Baldock，1999），但之间的联结却是缺失的（Kangas，1997）。态度扎根于价值结构，价值结构又受国家背景（national contexts）的影响，如体制制度（Jakobsen，2011）。价值现象是无法直接观察的，我们需要通过态度表达抑或具体行为来加以描述（汪卫华，2008）。霍默（Pamela M. Homer）与卡勒（Lynn R. Kahle）则从经验上进一步验证了这种层次关系（价值→态度→行为）（Homer & Kahle，1988；Kwok & Tadesse，2006）。政治文化研究的开创者美国学者埃拉扎（Daniel J. Elazar）曾将政治文化对公共政策的影响视为从三种类型文化（道德文化、个体文化与传统文化）中生成的政治态度与期望的矩阵而完成传递的（Lowery & Sigelman，1982）。因而，文化并非直接作用于政策。既有的福利文化需要通过影响行动者的价值，进而影响福利态度，最后影响其行为才能发挥作用，而福利行动一旦产生作用则又会反过来影响福利文化。在这里，福利态度成为沟通福利文化与福利行动的桥梁。

针对前述斯沃福斯假设的情境因素对人们态度的影响，阿兹与格里森指出，背景因素对个人的态度仅是间接施加影响。首先，人们必须熟悉背景因素和他们的社会地位。仅仅当福利国家体制已经存在一段时间之后，它们的公民才有机会收集对制度化团结安排的平稳运行所必需的个体的与集体的知识；仅仅那时他们才能以社会所许可的方式行动。其次，人们对团结概念与公平原则的选择受到他们用以界定情境的方式的强烈影响。这些框架为过去的社会—经济和制度背景所形塑。它们影响人们对日常情境的定义，预先结构化了人们对公平原则与团结概念的选择（Andreß & Heien, 2001；Arts & Gelissen, 2001）。福利国家的支持水平更大程度上是由个体或由他们"想象的社会"（their images of society）所支持的分配正义原则所决定（Lewin-Epstein, Kaplan & Levanon, 2003）。也有学者认为再分配的偏好或许既受关于分配正义的价值与信念影响，也受自利影响（Fong, 2001）。而哈森菲尔德与拉弗蒂从政府介入、工作伦理与对贫困的认知、社会权利三个维度对意识形态进行测量，认为对福利国家项目的支持是自利（self-interest）与对主流社会意识形态必然认同的结果的函数（Hasenfeld & Rafferty, 1989）。然而，究竟是自利还是共同善（the common good）的价值取向驱使人类的行动，经验研究证明两者似乎都成立（Kangas, 1997）。

广义而言，制度也是一种文化，相对于文化，它可能是暂时的，但它对公众的福利态度的转变可能是激烈的，而福利文化对公众福利态度的形成则是潜移默化的。制度具有重要的规则创造功能，而价值很少能够解释公众的偏好（Kulin, 2012）。与先前的研究在确认制度与态度之间存在直接关系的不成功相比，库林发现它们之间的确有持续的宏观—微观的联系，但是非常复杂。相反地，在价值、态度与制度之间却能发现互动的关系（Kulin, 2011）。制度并非要等到某种类型的福利文化成熟后才会出现，它有可能通过制度化的传播路径形塑人们的福利态度，进而形成新的福利文化。从体制理论来看，团结与社会公平原则是历史性与文化性嵌入在福利国家制度中，从而持续形塑公众论题与个人价值（Jæger, 2006b）。而现有的福利文化可能更多的是支持传统的高度稳定的福利制度。因而，研究福利态度有必要事先考察这个国家的福利体制或福利文化，它可能预先结构化了公众的认知。

分析福利态度生成的制度与文化逻辑，只是考察福利态度何时追随现存政策的设计，并非要将公众视为行动的傀儡，更重要的是要探讨反映个人困扰的福利态度如何上升为公众关注的政策议程，进而对制度与文化产生影响，这是一种自下而上的需方推动的政策设计路径。无论何种解释视角，"社会政策发展的动力"最终必须依赖于行动者的态度改变。福利态度的重要性主要体现在对政策议程的影响，然而，不得不思考的是：谁的态度？谁的政策？瑞文（Judith Raven）等人的研究为此提供了一个很好的注脚。研究指出，传统的高度制度化的社会政策很少回应公众的需求，而新的或较少制度化的政策才会产生公众所期望的影响。传统的高度制度化的政策领域，其政策反馈机制导致路径依赖，降低了公众影响社会政策的能力。而政治精英形塑着社会政策，并与大众传媒一起影响着公众舆论，政策并不必然反映公众的经济学偏好，公众对政策的影响并不如想象的那么大。同时，也有证据显示，政治精英（如国会议员）紧密关注公众舆论，而知识分子对福利国家的攻击并不必然反映在公众的态度上。前述埃拉扎关于政治文化与公共选择之间存在联系的构想并没有获得直接支持，其重要原因正是未能考虑到精英文化与文化堕距（cultural lag）对公众态度的影响（Raven，Achterberg，van der Veen & Yerkes，2011；Hasenfeld & Rafferty，1989；Taylor-Gooby & Bochel，1988a；Taylor-Gooby & Bochel，1988b；Lowery & Sigelman，1982）。然而，"公众对社会服务与津贴的需求是无限的"，"社会支出尽管增加，但政治的合法性危机始终存在"，"在管理公众的期望与福利制度的设计中政府承担着重要的责任"（Wong，2008），公众的福利态度并不必然代表福利制度的未来取向。可见，政策的合法性始终关系到政策的执行能力，因而，回应公众的期望是我们必须重视的问题。那么，公众期望什么？这就需要转向福利态度的维度分析。

第三节　福利态度测量的分析维度

福利态度的维度的构建是研究的重点，它是概念得以操作化的保证，是实证研究的基础。态度总是指向特定对象的态度，同样，福利态度也指向特定对象的态度。在此意义上，福利态度应被视为多维的。然而福利态度长期被视为单一维度的总体性的概念，以至于限制了福利态度研究的发展。在西方学者的研究中，目前的研究主要有两类：一是研究讨论与变化的福利主题相关的意见（诸如支出水平、津贴水平、目标群体的想象、滥用的感知、官僚主义等），但他们并不试图将多个方面彼此联系起来，这样基本上忽视了福利态度的多维问题；二是将多个和福利相关的主题的意见整合成一个单一的、附加的维度，但没有任何针对如此设计是否适当的分析，更不用说做信度测试（van Oorschot & Meuleman，2012）。

卡南（Ram A. Cnaan）早在 1989 年就指出，关于公众对福利国家成分与维度的态度的研究如此之少是令人惊讶的。就概念、分析单位和对潜在进程的理解而言，现有关于公共舆论与福利国家的文献回顾显示出很少一致。这些知识必须基于清晰的术语定义，在福利国家的未来发展中，或许会成为一个主要的分支（Cnaan，1989）。这一预言已经成为现实，但无序的局面依然存在，特别是"福利态度"这一术语的使用及其维度仍缺乏共识。萨巴格（Clara Sabbagh）与范休斯（Pieter Vanhuysse）指出，一个未能精确勾勒出一个理论结构的不同方面的研究或许带来的是一个模糊的或不彻底的结果。因此，令人惊讶的是我们很少关注福利态度维度的清晰检查。现存的研究只关注那些叩问关于降低收入不平等与供给社会服务方面政府介入的范围的福利态度的单一因素的测量（Sabbagh & Vanhuysse，2006）。例如，阿尔斯通（Jon P. Alston）与迪安采用 1964 年白人群体的全国性样本，通过询问针对贫困的原因、福利项目的选择与接受援助的合法性的态度，辨析出年龄、性别、教育以及职业与回答者的联系（Alston & Dean，1972）。麦克亚当斯（John McAdams）也只是关心对在经济领域中的政府责任（the role of government）与福利国家广度（extent）的态度（McAdams，1986）。但这两个指标却是福利态度研究的重要维度，政府责任则从经济安全扩大到社会安全（社会保障）。但这类调查更多的是一种数据驱动型的（data-driven）（Roosma，Gelissen & van Oorschot，2013），即数据库有什么问题就提炼出什么样的指标。而卡南则将福利国家视为宗教、教育、健康、住房、就业、收入维系（包括社会保障）与个人社会服务七个成分的组合，每个成分使用三个指标测量：公共支出水平（政府分配）、受益者数量与服务品质，构成福利国家的三个维度（Cnaan，1989），开启了福利国家态度研究的多维度取向。

进入 20 世纪 90 年代，福利态度的研究开始更多地走向多维度。斯沃福斯指出许多关于福利国家的政治支持的研究一个主要的缺陷是依赖一个或很少的几个总体性问题去测量态度。从好的方面来说，这能够给出一个概要式的图景；从坏的方面说，可能带来更大程度的歪曲。福利国家是一个复杂的现象，参照福利国家的结果与组织的不同方面，可以将福利政策区分为四个维度：分配维度；行政维度；成本维度；滥用维度。分配维度是指福利政策的分配结果；行政维度关注福利国家据以运行的制度与程序；成本维度关注福利政策的财政方面；滥用维度涉及抑制的与道德的风险的产生可能（Svallfors，1991）。然而，由于使用旋转因子进行分析时处理不当，强制定义了不同维度之间不存在关系，而事实是存在关系的，其结果呈现的仅仅是预先定义好的福利态度的维度，因而，其结论值得商榷（van Oorschot & Meuleman，2012）。西沃与乌西塔洛提出"福利国家态度有几个维度"的疑问，将其区分为福利的责任（公共、私人与市民）；福利国家的使用（滥用与使用不足）；输出（收入与服务的满足）；福利国家的效果（不平等的降低；使人变得消极或更加依赖）。然而，由于其仅仅是对每个维度单独做了因子分析，而不是所有维度同时处理，导致其无法寻找出福利态度的真实维度（Sihvo & Uusitalo，1995a；van Oorschot & Meuleman，2012）。

尽管斯沃福斯、西沃与乌西塔洛较早地倡导福利态度的多维度分析，但学术界引用更多的却是来自罗勒（Edeltraud Roller）的分类。参照阿尔蒙德（Gabriel Abraham Almond）与维巴（Sidney Verba）在公民文化研究中的分类，罗勒将福利国家态度区分为两个维度：态度的对象（objects）与态度的模式（modes）。参照前者的分类，他将态度的对象进一步区分为三个维度：目标、输入（方式或工具）与输出（政策）。因而，对福利国家的支持度能够参照政府为实现社会保障和社会公平而介入的目标、方式以及结果（outputs）的测量。政府介入的目标包括两个维度：（1）是否政府的确有责任实现社会经济保障与社会公平（广度/范围），反映的是一个偏好；（2）如果政府的确有责任，那么社会保障与社会公平要达到什么样的程度（强度/程度），通过在社会保障上，或在专项社会政策上的开支多少的偏好来测量。方式的对象可以分为两类：（1）制度，反映人们对长期社会政策的评估。（2）项目，关心的是相对短期社会政策项目的态度。由公众评估的结果也可分为两类：（1）有意识的结果。（2）无意识的结果。这些概念描述了公民对政府介入的态度的所有方面。针对福利态度模式，罗勒的分类基于利益取向与价值取向，也是众多学者采用的维度（Roller，1995：167；Gelissen，2000）。这一分类与斯沃福斯有共同之处，如对结果的关注，但罗勒明确区分了态度的对象与态度的模式，后续从事福利态度研究的学者或多或少都受到了此分类的影响。基于以上分类理念，罗勒结合国际社会调查项目（ISSP）设计的问题与其他学者的研究成果列出了在四类项目上的广度与深度的具体条目（表 2 - 6）。

表 2 - 6　　　　　　　　　　　　广度与深度的指标类型

	广度（range）	深度（degree）
社会—经济平等	［1］为病人提供健康照顾应该不应该是政府的责任？	［1］在老年金上有更多或更少的政府开支
社会—经济平等机会平等	［2］政府应该为更多的穷人家的孩子提供上大学的机会	［3］政府应该增加或减少在穷人家的孩子接受学校教育上的开支
结果平等最低生活保障	［2］政府应该为每个人提供有保障的基本收入	政府应该提高或降低保障水平
再分配	［1］政府应该缩小贫富差距	应该提高或降低高收入者的税负

资料来源：Roller（1995：169）

注：［1］来自 ISSP1985；［2］来自 ISSP1987；［3］来自 Free & Cantril（1967：12）

　　参照罗勒、西沃与乌西塔洛等人的观点，安德烈斯与海伦将福利国家的态度区分为四个维度：福利国家的功能（首要功能是社会—经济保障与社会—经济平等）；福利国家的方法（制度、项目、行动者）；福利国家有意与无意的效果；福利国家的财政能力（Andreß & Heien，2001）。这一分类增加了对国家能力（state capacity）——财政能力的考察，这对分配受经济与政治限制的福利资源时具有极为重要的意义。斯沃福斯根据国际社会调查项目的政府责任模块与瑞典数据库将福利态度分为三个指标：支出（spending）指标、财政（financing）指标与服务（service）指标（Svallfors，2004），考察了阶级在三个指标上的态度差异，结果显示在财政指标上支持程度的差异最大。有所欠缺的是，多数研究主要采用单一标准，特别是政府行动的范围（the scope of governmental action），或曰政府责任的边界，以此检验结构的效度。在此背景下，萨巴格（Clara Sabbagh）与范休斯采用了基于市场的框架（market-based frame）与福利国家主义的框架（welfare statist frame），以分属自由的、激进的、保守的与社会民主主义四种福利体制类型的八个国家的大学生为研究对象，分析了不同体制下的福利态度的差异。前者包括个体责任、工作伦理与不平等的个体特征，后者包括平等主义式的再分配、广泛的福利范围或广泛的津贴与服务的政府传递与不平等的外部特征。每个指标下还有更多的子指标，共计 25 个维度。结果显示，福利态度六个层面的体制类型所产生的效应是不同的，换句话说，体制类型的效应依赖于当下考虑的福利态度的特定层面，意味着福利框架结构化了公众的态度。反映了福利态度是复杂的，也是天生多维的（Sabbagh & Vanhuysse, 2006）。然而，最大的问题是，他们的样本仅仅是来自八个国家的大学生（van Oorschot & Meuleman, 2012），因而所谓公众态度就只是学生的态度。

凡·奥尔肖特与梅勒曼认为很少有研究清晰地表达了福利态度的维度。他们将福利国家定义为一种动态的制度，为了执行特定的政策，它基于一定的原则强制政府承担特定范围与程度的社会福利供给的责任，相应地会产生预料之中的效果以及许多未曾预料的结果。在此基础上，将福利态度结构分成六个维度：对福利国家原则的支持；政府责任的偏好宽度（广度）；政府开支的偏好深度（强度）；福利政策的执行评估；福利国家结果的评估；福利国家可感知的后果（van Oorschot & Meuleman, 2012）。其重要的贡献是将福利国家视为动态的制度，因而福利态度就不再是聚焦于福利国家静态的指标，而是整个政策执行的过程，其研究从对福利态度某环节的碎片化取景发展到对福利态度生成过程的全景式扫描，但其运用的只是 2006 年荷兰全国福利调查的数据，因而其结论的普适性尚需验证。但当把福利国家视为一种制度化的团结体系时，那么对福利国家的支持就转变为两个问题：人们是否秉持国家应对获得社会—经济保障与分配正义负责的观点；如果国家的确有责任，那么人们对这些目标的偏好应该被实现，这是沿用了罗勒关于政府介入的两个目标维度（Gelissen, 2000），使得福利态度的研究与社会团结（social solidarity）建立了关联。

　　上述研究共同的缺陷是，福利态度指向的对象——福利国家或福利政策的维度，与福利态度的维度混在一起。区分这一问题，我们首先需要回顾布里格斯（Asa Briggs）关于福利国家的经典定义："福利国家"是一个有组织的力量，被努力谨慎地用于（通过政治与行政）调节市场力量的运行，至少表现为三个方面：第一，保证个人与家庭的最低收入而不考虑他们工作或财产的市场价值；第二，通过增强个体与家庭应对特定的"社会偶然事件"（如疾病、年老或失业）的能力，否则他们有可能导致个体与家庭危机；第三，确保全体公民不因地位或阶层差异而获得与某种达成共识的范围相关的最好标准的社会服务。第一个与第二个目标使得福利国家常常被称为"社会服务国家"，而第三个目标则用"适宜的"超越了"最小的"旧想法，关心的不仅是阶级差异的消减或计划群体的需要，而且关心公平对待与作为享有平等投票权的投票者的公民的抱负（Briggs，1961）。这一定义强调了国家在社会福利方面的责任、坚持的原则、干预的手段与服务的供给。据此，福利国家的态度至少应包括对这三个层面的态度。罗斯玛（Femke Roosma）、格里森与凡·奥尔肖特明确区分开了福利国家的维度与福利态度的维度。他们将福利国家的维度（括号内皆为子维度）区分为：福利混合（国家、市场、市民社会与家庭）、福利国家目标（社会保障、平等与社会包容）、广度（社会保障、社会服务与积极的劳动力市场政策）、深度（社会保障、社会服务与积极的劳动力市场政策）、再分配设计（谁支付/谁获益？为什么？多少？什么条件？）、执行过程（效率与效果）与产出（有意识与无意识）。这个框架追随政策进程发展的逻辑：从政策目标的形成，经过政策的执行，最后实现政策的产出，同样秉持动态视角。这一分类已经超越了布里格斯的定义。福利态度的维度则区分为一维与多维，一维的视角提供的是关于支持或反对福利国家的总体态度；多维的视角则认为人们对福利国家不同维度的态度是不同的，而且可能是矛盾的（Roosma，Gelissen & van Oorschot，2013）。

　　罗斯玛、格里森与凡·奥尔肖特的研究发现是基于欧洲社会调查2008年福利态度模块的框架与数据。根据施塔克尔、斯沃福斯与凡·奥尔肖特（2008）的介绍，欧洲社会调查的福利态度模块的概念框架基于以下部分构成：以风险与资源作为起点，被视为主要因素；制度框架被

视为强烈形塑福利意见的变量，并影响风险与资源的分配；社会价值倾
向承担形塑福利态度的主要责任，涉及平等主义、传统主义与权威主义，
作为一种倾向，受风险与资源以及制度框架的影响；福利态度指向的对
象包括：福利国家的边界与责任；税收与财政；可选择的福利国家模式
以及目标群体/接受者；而福利评价是福利态度的又一系列，涉及福利国
家政策的经济、社会与道德的结果。因而前者的维度设计必然受其影响
与制约。在最新的研究中，斯沃福斯提供了更为详细的概念框架（Svall-
fors，2012）。

　　与已有研究相比，这一区分走出了过去概念混淆的局面，明确了福
利态度对象的维度与福利态度的维度之间的差异①。然而，不足的是，
对福利态度的研究仍然忽视社会心理学的研究成果，除来自福利态度研
究重镇，瑞典的乌梅大学的库林与来自英国肯特大学（University of
Kent）的桑德伯格给出态度的明确定义外（Kulin，2011；Sundberg，
2014），其他学者都熟视无睹。从已有的研究来看，对福利态度的调查
主要是依据支持率，因而其态度可界定为就特定的态度对象而言给予一
种支持或不支持的方式作出回应的倾向（Oskamp & Schultz，2005：9）；
根据态度问题的变量取值，可以区分为支持或不支持两个答案，或按程
度区分为不同取值，但无论是支持还是反对，本质上只是一枚硬币的两
个面，因而仅为一个维度。福利态度也就可以限定为以福利为特定对象
的态度，而当下所讨论的福利态度的多维也就仅仅是态度指向的对
象——社会福利的多维。从社会政策的发展历史来看，核心问题是如何
分配受经济与政治限制的福利资源，以便最有效地增进福祉并满足人类
需要（Lister & Dwyer，2012：255），这就涉及再分配的合法性问题。库
林认为福利国家态度可以依据不同抽象水平进行分类。在一个更抽象的
水平上，一个人可以将总体的福利国家支持区分为更加宽广的概念——
"再分配"或"政府干预"。在一个更为具体的水平上，一个人可以以它
区分为对特定项目与项目的特定方面，如特定的再分配的策略的态度
（Kulin，2011）。福利国家再分配的进程必须镶嵌在对社会正义与公平是
合法的共识上（Roosma，Gelissen & van Oorschot，2013）。就此意义而言，

---

① 此处尚未区分福利国家的维度与福利的维度之差异。可参见 Allardt（1976）。

福利态度可以说是对再分配的合法性支持或不支持的倾向，而这种支持与不支持则可能受到制度、文化及其个体特征的影响。而若要理解福利国家在所有方面的合法性，就必须以多维视角调查福利国家态度。仅仅通过调查公众对福利国家的总体想法或以一维视角调查态度是不可能完全调查出或明白福利国家的合法性的（Roosma, Gelissen & van Oorschot, 2013）。

　　吕宝静把中国台湾地区民众的社会福利态度概括为八个方面：对于贫穷和社会救助的态度；对于社会福利和工作伦理关系的看法；对于社会福利对象的选择的态度；对于个人（家庭）自赖原则的看法；对于政府福利角色的看法，具体包括政府保障贫苦民众的最低生活、政府保障工作权的责任、政府保障最低收入的责任、政府提供失业者的生活保障责任、政府保障最低生活水准的责任和政府使财富分配更平均的责任；对于社会福利经费支出的看法；对社会福利的作用的看法；对于福利国家的批评（吕宝静，1995：79—105；转引自毕天云，2004a：58）。尽管其并未提出划分的标准，而只是一种菜单式的列举，但细细观察之，可以发现，这八个方面涉及了价值观、行动主体（政府、家庭）的权利与责任、制度与方案、财政等问题，类似于罗勒的分类。

　　古允文（Yeun-wen Ku）在1997年出版的《台湾的福利资本主义》一书中，提出了一个中国台湾地区民众的福利态度模型。该模型从政府政策的目的（经济发展优先或福利提供优先）和政府政策的手段（国家干预或市场机制）两个维度划分出四种类型的福利态度。福利态度 I：政府应该较少干预市场，让市场机制自由地发挥作用，以便实现经济增长，这是自由主义经济学家的典型信仰。福利态度 II：不反对国家干预，但要求国家干预应该致力于克服市场失灵和确保每一个人就业。福利态度 III：认为社会福利是必要的，但主张福利需要首先应该通过诸如家庭、慈善组织和市场等私域来满足。福利态度 IV：认为社会福利是政府政策的主要目标，为了实现福利目标，政府干预是必要的，这种态度具有显著的社会主义色彩（Ku, 1997：189—199）。

　　王方综合西方学者和林万亿关于福利态度的观点，把福利态度分为三种类型：经济个人主义的福利态度；社会公平的福利态度；传统慈善的福利态度。在对福利态度进行分类的基础上，还提出和分析了影响民众态度和福利满意程度的六个重要因素（即六个假设）：自利原则；历史潮流原则；启蒙原则；政党认同原则；效率原则；福利意识形态（王方，2001）。但这种类型的划分主要是基于价值取向，其隐含的假设是秉持不同价值取向的行动者其态度是不同的，而这种价值取向可能是制度与文化双重作用下的结果。

　　梅志里认为社会福利是指当社会问题被管理、人类需要被满足、社会机会最大化时存在的人类福祉的状态或条件。换句话说，社会问题被控制，个人需要被满足、社会流动机会被保证是社会福利测量与检测的三个主要维度（Wong & Wong，1999）。王家英、王卓祺依据基于此定义，将福利态度区分为三个维度：社会问题控制，包括贫困、犯罪与公共安全、失业三类子指标；需要满足，包括社会福利的政府供给、个人生活满意两类子指标；社会流动机会的最大化（Wong & Wong，1999）。这种定义同样是以福利态度指向的对象区分出福利态度的维度。王卓祺将福利态度（welfare attitudes）作为其研究的首要兴趣[①]。他根据制度与意识形态，将福利态度区分为四大维度：社会—经济平等、社会福利的制度基础、社会福利观念、社会福利的规则与条件，每一个维度又对应不同的指标（表2－7）（Wong & Chau，2003）。王家英、尹宝姗与罗荣建借用国际社会调查项目（ISSP）与斯沃福斯的指标，从社会服务与社会保障供给两个维度定义了福利态度，主要是针对国家干预与福利开支两大方面对中国香港地区公众进行了调查（Wong，Wan & Law，2008）。

表2－7　　　　　　　　　　　中国香港地区居民福利态度维度

维度	指标
社会—经济平等	机会平等
	结果平等：最低保障（national minimum）
	结果平等：再分配
社会福利的制度基础（政府有责任向谁提供福利）	所有人
	仅仅是经济困难或不能自助的人

---

　　① 王卓祺个人主页。参见 http：//web. swk. cuhk. edu. hk/-ckwong/

续表

维度	指标
社会福利观念	政府提供的福利已经够多，不应有任何增加； 政府应该在形势好的时候增加福利支出，相反减少； 总体而言，社会福利是个负担； 我愿意纳更多的税以增加社会福利支出
社会福利的规则与条件	目标规则1—合乎资格； 目标规则2—支付费用； 行为规则； 补贴标准规则

资料来源：Wong & Chau（2003）

　　总体而言，福利态度在西方学者的文献中更准确地说应是福利国家态度，是在回应西方福利国家合法性危机的背景下迅速发展的。研究总的趋势是：从国别研究到跨国研究；从制度独尊到文化共存；从数据依附到数据专用；从简单描述到模型建构；从碎片取景到全景扫描，绘制出学术研究的繁荣景观。然而，现有的研究也存在不足，未能提供明确的福利态度的定义；多数学者未能将态度指向的对象与态度本身区分开；忽视了福利态度指向的另一对象——幸福感；未能在福利态度的维度上达成共识；维度的确定几乎都是数据驱动型的；研究倾向于制度主义的决定论，忽视了态度对体制的建构作用；偏重制度分析而淡化了文化的作用；主要是在西方福利制度与文化的背景下探讨；较少研究关注了行动者的主体的多元性及其能动性；未能在福利态度与社会福利运动的研究之间建立有效的学术联结等。

第三章　分析框架与研究方案

本书试图在需要与权利的双重理论视角下，围绕福利态度及其影响因素，回答"处于何种状态中的行动者的福利态度有助于福利制度合法性的生成"的核心议题，探索福利中国演进的逻辑。在福利态度研究的理论层面，试图明确福利态度的分析维度；考察规制福利态度生成的多重因素，试图构建福利制度合法性生成的福利态度理想基础；关注福利态度的能动性，探索态度转化为行动的动力。在实践层面，关注特殊人群的福利态度，如老人、残疾人或流动人口，推动自下而上的公众参与的政策议程的形成。研究试图说明：处于基本需要满足状态中的行动者的福利态度才有助于福利制度合法性的生成，福利中国的未来应走向福利共同体。在此思路之下，本书作出了如下的研究设计。

第一节　分析框架

一　概念界定

（一）需要（need）与需求（want）

在社会福利领域，需要特指基本需要（basic needs），它在所有中左思潮（left-of-centre thought）的分支中占据核心地位，它为对资本主义或市场的批判与国家干预的正当性提供了一个基础（Wetherly，1996）。在社会福利领域，需要的定义存在争议。如果从需要的最本质、可操作性研究的角度来看，需要是社会中生活的人在其生命过程中的一种缺乏状态。在个体社会成员的需要聚焦成为在同一社会文化背景的社会群体成员都具有的需要时，个体的需要就变成了社会需要。需求，或称为想要，是对某一具体需要满足物的指向（彭华民，2008：14）。市场照顾想要，而它们的满足要依附收入；它们根源于个人的心理，是主观的，并根据冲动而变化（巴里，2005：154）。

多亚尔与高夫认为，健康和自主是人类的基本需要，而满足基本需要则是通过满足一系列的中间需要而实现的。自主包括能动性自主与批判性自主，中间需要包括充足的营养食品和洁净的水、充足的具有保护功能的住房、无害的工作环境、适当的保健、童年期安全、有意义的初级关系、人身安全、经济安全、生育控制与分娩安全基础教育（多亚尔、高夫，2008：215）。但克伦斯（Patrick Kerans）认为，人们对需要的认知依赖于他们的文化—道德水平，他们据此决定他们是谁，他们有什么强烈的愿望（Tao & Drover，1997）。而陶（Julia Tao）与德罗弗（Glenn Drover）在对比了中西方需要的概念之后，认为中国人强调关系（relatedness）、需要的内在联系与义务的互惠本质而不是生理健康与自主，借助儒家思想，需要理论可以根据照顾与养育的互助义务（mutual caring and nurturing obligations）来阐述（Tao & Drover，1997）。该观点试图扩展多亚尔与高夫的需要理论，将基本需要从个体的满足扩展到关系的满足，将需要置于关系的视角之下，然而"关系"的维系最终必须回到个体的层面，个体与社会之间的鸿沟仍然很难跨越。同时，多亚尔与高夫的分类本身也包含了互惠的道德要求（多亚尔、高夫，2008：118）。

（二）福利态度

鉴于已有研究的不足，本书试图为福利态度提供一个明确的定义。福利态度是关于社会福利的态度，态度是就特定的态度对象而言以给予支持或不支持的方式作出回应的一种倾向（Oskamp & Schultz，2005：9），因而态度本身的维度是一维的，或支持，或不支持。相对于社会态度，福利态度指涉的对象集中于社会福利，根据文献回顾西方学者的福利态度主要是指针对福利国家的态度，其概念的适用范围必须扩展。从性质来看，社会福利是指一种幸福和正常的状态，也是一种社会福利制度。作为一种状态，社会福利实际涉及人类社会生活非常广泛的方面，包括社会问题的调控、社会需要的满足和实现人的发展潜能，收入安全只是其中的一个方面；作为一种制度或政策，可以被理解为制度实体，亦可以被理解为一种"制度化的集体责任"，即一个社会为达到一定的社会福利目标所承担的集体责任（尚晓援，2001）。目前的研究正是在态度指向的对象上将福利态度视为多维的。

考虑到福利态度研究在不同类型国家与地区的适用性，福利态度需要被拓宽至对社会福利制度给予支持或不支持回应的倾向。制度是动态而非静态的，因而福利态度关注社会福利制度生成或存在的所有条件与环节；制度反映的是社会福利供给中不同行动者所处的权利与责任的结构位置，其对象不再限于国家，因而福利态度不仅关注"国家所及"（reach of the state）与"国家所能"（capacity of state），前者指政府责任（the role of government）或范围，后者指国家能力（state capacity）（Shambaugh，2000：165—166；Lee，2000），还关注市场、社会组织、家庭与个体在社会福利制度中所处的权利与责任的结构位置及其行动能力（actor capacity）。福利态度的主体也不只是普通公众，也包括政策精英与政治精英①。因此，福利态度可以界定为对幸福状态与社会福利制度以给予支持或不支持的方式作出回应的一种倾向。包括两个层面，前者涉及对个体幸福状态的认知、情感与行为倾向，主要表现为幸福感；后者涉及对社会福利制度及其生成过程的认知、情感与行为倾向，主要表现为对不同主体、不同福利事件中的权利与责任的结构安排作出支持或不支持回应的倾向。因而，福利态度的研究应包括幸福感研究与价值—态度—行动—结构互动关系的过程研究。欧美国家福利态度研究目前主要停留在宏观层面的体制—态度、政策—态度的关系研究上，偏重于制度因素；近年来则开始强调文化因素对福利态度的影响。而幸福感的研究则被视为单独门类，相对成熟，甚至有国内学者试图将对幸福感的研究上升到设立幸福学的学科地位上（丘海雄、李敢，2012）。

二 研究思路

在国内制度转型、文化变迁、风险频现、公众参与积极与国际上福利国家的危机的现实背景下，福利中国究竟何去何从？谁决定它的未来？一端是自上而下，由政治精英所主导的改革；一端是自下而上，

---

① 政策精英意指能够直接影响甚至参与政策制定的群体；政治精英意指决策者或政策方案的选择者。

由普通公众推动的改革。前者是官僚技术设计下的供方推动，而后者则是主体反思引领下的需方推动。吉尔（David G. Gil）开创性地将人类的需要置于社会政策的中心，认为人类需要满足的水平依赖于这一社会序列的结构、机制与价值（Dover & Joseph, 2010：400），但在中国社会福利制度的改革中，我们过多地关注了来自政治精英们的顶层设计，而忽视了来自普通公众的底层需要。因而，本书关注顶层设计，但更关注底层需要。

需要是福利中国研究的逻辑起点。一方面，人类的需要是理解福利制度的关键，是社会资源分配和福利制度运作的价值基础（刘继同，2004b），社会成员的基本需要是社会福利政策发展的基本动力（彭华民，2010）。另一方面，需要对态度的形成改变、态度的确立及态度的层次性构成起着重要的作用（刘宗粤，2000）。在欧美国家政治、经济、社会、历史背景的影响下，社会保障制度的形成一般呈现一条由民众社会需求推动到政府决策行为的被动型的成长轨迹（郑秉文、史寒冰，2002）。需要的实证研究和需要可以证实的信念，在一定程度上使得社会资源分配问题转变成为对社会成员需要的认定，以及需要满足先决条件的管理问题。社会政策的建构本质是用一种社会认可的方式去满足特定的整体的社会成员的需要。因此，综合社会成员没有得到满足和已经得到满足的需要就决定了社会政策的走向。无论在什么背景下制定社会政策，只有把社会成员的需要满足作为终极目标，才能有一个清晰的框架（彭华民，2008：69—70）。

福利制度的演进过程正是个人困扰上升为公共论题的过程。对于社会行动者而言，产生个人困扰的问题很多，置于社会福利研究的场域，本书只关注因基本需要无法满足而产生的个人困扰，这种困扰会促使人们思考应该秉持何种价值观，选择何种路径去满足基本需要，而这种选择的倾向性即构成一种福利态度。因而，基本需要成为福利态度生成、福利行动产生与福利制度安排的起点。这种基本需要被假设为是一种不受个体初始化资源与社会结构化背景影响而必须满足的需要，被视为一种先于它们存在的"自然"需要。采用的是多亚尔与高夫的界定，包括健康与自主，通过一系列中间需要满足，具有跨文化、跨制度、跨身份的特性，被视为可观察与可测量的，尽管存在学术争议，但较强的可操

作性使之仍是当下较好的选择。因而，研究从中间需要的 11 种分类入手
描述中国当下的中间需要的满足程度，进而推论基本需要的满足情况。
是否获得满足将影响社会行动者对福利制度的态度，从而影响福利制度
的合法性认同。

　　处于何种状态中的行动者的福利态度有助于福利制度合法性的生成？
这是本书研究的核心议题。隐含的理论预设是获得支持的福利制度才具
有合法性，但福利态度会受到过去的社会—经济和制度背景所形塑的框
架的影响，从而形成一种扭曲的、异化的福利态度，其行动的诉求，及
其支持下的福利制度的合法性也就值得商榷。因而，研究关注的焦点并
非社会行动者支持或反对什么样的福利制度，而是什么样的福利态度支
持下的福利制度才具有合法性。如此一来，回答福利中国的演进逻辑就
必须首先转向福利态度是如何生成的。换句话说，需要考察制约福利态
度生成的条件。

　　社会行动者的福利态度受制于社会的结构化背景与个体的初始化资
源。结构化背景可以分为两大类：制度与文化。制度是一种正式的规则，
本书主要考察福利体制，并将其置于国家与社会的关系中；文化是指福
利文化，包括社会价值观与非正式的规则，前者是"隐含在一套社会结
构及制度之内的一套价值，这套价值的持有使现有的社会架构得以保
持"（杨中芳，1994）；后者涉及行为习惯，相对于正式规则而言①，本
书主要考察前者。个体的初始化资源是指保证个体能够自由行走在市场
之上的公民身份，来自马歇尔，包括法律公民身份、政治公民身份与社
会公民身份。如果在个体产生福利态度前所拥有的社会人口学特征，包
括自然属性，如性别、年龄、健康，以及社会属性，如阶层、地位、权
力、收入等上公民身份呈现出差异，那么意味着现有的社会分层可能是
一个不平等的体系，而背后潜藏的是权利的缺失。制度和文化与镶嵌着
社会人口社会学特征的公民身份相结合在某种程度上强化了某种类型的
福利态度的生成。如果结构化背景与初始化资源本身就是不平衡不充分
发展的体系，它们将可能扭曲、异化福利态度的表达，甚至制造出"沉

———————
　　①　此处分类不同于制度经济学，而是沿用了平克关于福利文化的分类。前者将制度视为
正式规则与非正式规则的总和，但并没有对非正式规则详细说明。后者包括价值观与行为习惯
（非正式规则）。

默的螺旋"① (内尔—纽曼，2000：140)。这种不平衡不充分发展的体系是否具有天然的不可消除的限制？是否与追求平等的公民身份体系相冲突？它们是否影响了社会行动者的福利态度？这需要我们重新审视国家与社会、需要与权利的关系，重新审视福利制度的合法性。在需要的驱动下，个体可能反思现行不平衡不充分发展的体系，形成公共舆论，推动政策议程，变革社会福利的责任结构，寻找出新的达致平衡的政府、市场、社会以及个体的权利与责任关系的福利中轴，但这依赖于行动者的行动能力。

在西方，对福利国家在规模与原则上的变化的广为接受的解释是权力资源理论（power resource theory），它认为这种变化非常依赖劳工运动的力量以及与新兴中产阶级结盟的能力（Larsen，2006：1）。埃斯平—安德森在其名著《福利资本主义的三个世界》中开篇就指出其叙述的主题仍然是政治性阶级联盟的历史，认为这是导致福利国家差异的决定性因素（埃斯平—安德森，2003：1）。在中国，处于类似地位的是中等收入群体，但两者的性质并不相同，国家在福利领域介入的规模与原则的变化很难用权力资源理论来加以解释。现阶段，围绕不同政策议题的公众参与的此起彼伏为我们理解社会行动者福利态度的变化打开了新的窗口。在"国家福利"政策的制定过程中，公民参与围绕国家福利，提出相应诉求，反对或响应现代国家的制度，构成一种"社会福利"的参与型政治（安奈兹，2011：7），参与的结果常常是形成各种各样的政策议程，而这些政策议程将会集中在与满足人的中间需要相关的主题，这是实现健康与自主的保证。

政策议程的形成，一种是自上而下由代表政府的政治精英推动，一种是自下而上由代表公众的民间力量推动。但无论是政治精英还是民间力量，在媒体崛起的时代，他们都不得不考虑公共舆论的压力，对公共舆论的积极回应是合法性得以维系的重要手段，而公共舆论的形成又与个体的福利态度存在千丝万缕的关联。换句话说，个人困扰能否上升为

---

① 沉默螺旋的五个假定：（1）社会使背离社会的个人产生孤独感；（2）个人经常恐惧孤独；（3）对孤独的恐惧感使得个人不断地估计社会接受的观点是什么；（4）估计的结果影响了个人在公开场合的行为，特别是公开表达观点呢还是隐藏起自己的观点；（5）这个假定与上述四个假定均有联系。综合起来考虑，上述四个假定形成、巩固和改变公众观念。参见内尔—纽曼（2000：140）。

公众论题是社会福利运动能否形成，政策议程能否产生的重要前提。个体的福利态度可能通过行使自己的权利或媒体的宣传等而成为公共论题，而这种公共论题是否能够上升为政策议题，是一种力量的博弈。这种政策议题的形成，新的社会政策的制定和实施会形塑既有的福利文化，影响社会福利的原有的权利与责任的结构，而这种新的结构又会再次影响个体的福利态度，从而形成福利制度演进的逻辑环路。当然，自下而上推动的政策议程可能为政府所认同与推动，也可能被拒绝。当两者方向一致时，福利制度的改革就非常顺利；当不一致时，政府为了合法化既有或新建的制度与文化，有可能通过政策议程，借助动员与团结的手段影响社会行动者对公民身份的认知，从而改变其福利态度，改变其权利诉求，消解合法化危机。然而，基本需要并不会因为公民身份认知的改变而消失，因而合法性的维系或重建必须保证基本需要的满足。同时，合法性无论沿着何种路径前进，政策议程承担的都是公共领域/公共空间的角色，它应是一种协商民主。

综上所述，本书在需要理论与公民身份理论的指导下，从需要出发，围绕影响福利态度的社会结构化背景与个体初始化资源，结合资料数据，分析福利态度差异，探析从个人困扰上升为政策议程的动力，为福利运动的未来指明方向，最终勾勒出福利中国的演进逻辑，这是一条自下而上的需方推动的分析路径。反之，若从既有的权利出发，展开顶层设计，界定不同行动者之间的权利与责任的关系，改变制度与文化，进而影响个人的福利预期，从而获得福利制度的合法性，这是一条自上而下的供方推动的分析路径。本书侧重于前者。

置于社会福利研究的场域之下，可以对态度—行动—结构的互动关系（图3-1）进一步细化，从而将上述思路纳入第一章第二节的分析框架中（图1-1），这是本书的研究思路，也是论证的逻辑顺序。受资料数据限制，福利态度无法如阿尔蒙德与维巴的政治文化一样区分为认知、情感与行动倾向三个层面，因而在具体论述中并未区分，但在框架中仍然罗列出来，以供商榷。其中位于中间部分的可观察与潜在、可测量与不可测量皆是针对福利态度而言。

研究的分析框架是研究思路的核心部分，可以简化为下列形式（图3-2）。其中，斜体概念为数据处理中使用到的变量，I为一级指标，II

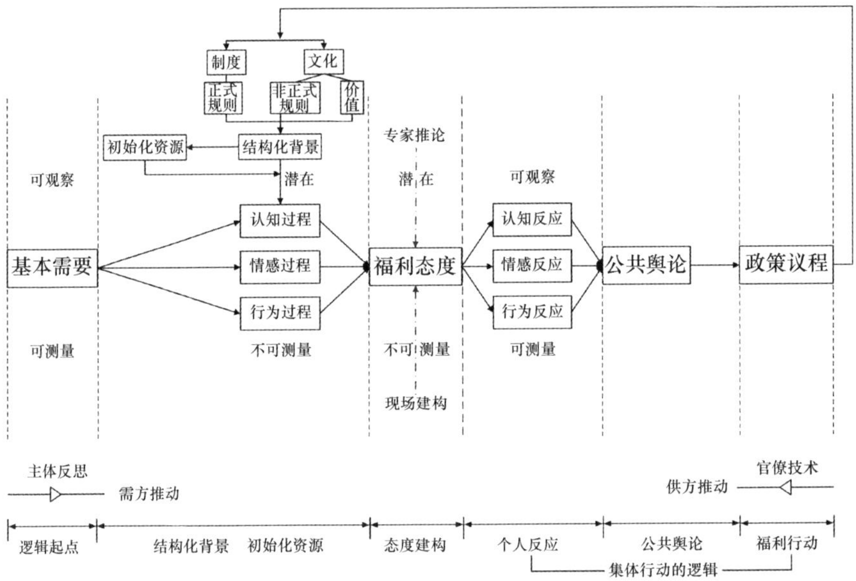

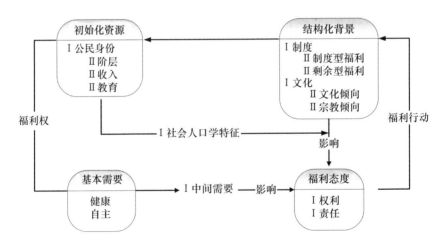

图 3-1　需要为本的福利制度演进逻辑

图 3-2　研究的分析框架

为二级指标，基本需要、制度、文化、公民身份与福利态度是概念，根据多亚尔、高夫的观点，基本需要作为结果可以通过中间需要的投入来测量。概念间的关系可简单描述如下：从"环境中的个人困扰"上升到

"社会结构中的公众论题"受到诸多因素的制约。基本需要是形成福利态度的逻辑起点，制度与文化影响权利（公民身份），微观层面个体的权利和宏观层面的制度与文化共同影响了福利行动者在福利态度上的差异，个体权利的差异通过社会人口学特征而形成福利态度的差异，社会人口学特征并非影响福利态度的因素，而是隐藏在背后的公民身份的差异。福利态度的对象主要是行动者的福利权利、责任及其结构配置等，而在现实与理想上的差距是形成福利行动的动力。需要是一项权利，权利的本质也是需要，它们在学术上的联结可定义为福利权。

第二节　研究方法

福利中国的演进逻辑是一个跨越宏观与微观的主题，而"经验研究在发现宏观层面与微观层面的联结机制时是存在困难的"（Larsen，2006：2）。针对这些异常，解决方案之一是对我们拥有的经验研究的相关性与质量质疑；方案之二是收集我们实际拥有的经验证据，试图发现一个解释这些异常的理论，然后基于现存的与新的数据检验这个新的理论（Larsen，2006：2）。与拉什的选择相同，本书延续的第二种方案。需要申明的一点是，本书定位于理论建构，无论是定量分析，还是定性分析；无论是既往成果，还是当下演算，所获结果皆为服务理论的证据，一种在质量上存在等级的证据。

现有的研究往往是碎片式的取景而非全景式的扫描，无法理解理论推演与政策预设下应良性运行的福利制度所出现的种种障碍，无法把握中国社会福利变革的总体景观与演进逻辑，无法建构起一个能够解释福利中国从哪里来，指导福利中国到何处去的分析框架，因而也就无法回答福利制度的合法性何以可能的根本性问题。同时，这也是将社会福利及其体系视为动态整体的必然要求。社会政策的开创者蒂特马斯在《社会政策十讲》中指出：社会政策的研究决不能独立于对社会的整体研究之外，我们要研究社会、经济和政治等各方面（蒂特马斯，2011：2—3），因而，研究的学科知识就无法局限于社会学领域。埃斯平—安德森（有译艾斯平—安德森，统一采用前者）在其名著《福利资本主义的三个世界》中选择了广义的研究方法，旨在进行"全景"式的推断（埃斯平—安德森，2003：2）。基于同样的方法论路径，本书选择的是一种总体性思考而非细节性"深描"。借用罗奇（Maurice Roche）的话而言，本书似乎过于宏大，但为避免只见树木不见森林，这种总体把握是必要的。当然，在实践中，为实现这种总体把握而需要作出何种抉择在原则上可以不断进行讨论（罗奇，2010：5）。

人类是在生平情境中通过类型化与关联认识世界的，任何试图消解二元对立的努力最终可能只是在两者之间增加了一个中介变量，甚至制造出新的对立的分类，类型化是社会科学研究的一个必要的策略。分类学能够起作用的是它们制定了标准。即使没有任何固定的方法论支撑着关于分类的理论建构，即使承认进行分类比较是一个难题，但这项工作仍然值得我们去做，去寻求更好的、更深入的阐述国家、市场和社会之间平衡的路径（格雷夫，2006：3）。本书并不试图，也不可能跨越宏观与微观等二元分类的鸿沟，只是选择了个体的福利态度作为本书的研究对象，用以联结结构与行动、宏观与微观、社会与个体、客观与主观。它延续的是阿尔蒙德与维巴、英格尔哈特等人以个体层次资料来反映作为"特定社会中共享的态度、价值、知识"的文化状况这一研究传统（汪卫华，2008）。更多的是一种调和，而非消解。这种路径，尽管在方法论上存在争议，但仍是当下研究最优的选择。而且，现代人的问题也不是如"结构—能动"等二元分类绝对互斥对彰的相互调适问题，而是"在以人为本位的前提下，如何挪用既有结构理路去解构'命运'的问题"（叶启政，2013）。因而，在分析政策起源时强调行动与分析政策实施时强调结构功能，两者之间并没有逻辑上的不一致（金斯伯格，2010：19）。

近几十年来，在社会制度分析领域，比较研究的方法占了统治地位，特别对福利国家体制的研究。应用比较研究的重要性在于它提供了绘制国家制度与历史传统在组成或稀释不同冲突路线的机会（Svallfors，1997）。只有采取比较方法及分析，才能区分社会政策里的一些真正选择和优先次序的特性；说到底，社会政策要处理的都是关于选择与变迁、个体自由与集体责任的两难问题（蒂特马斯，2011：73）。埃斯平—安德森的福利体制的研究可谓是这一取向的代表，本书延续同样的路径。除了横向的中西方的福利制度比较、纵向的现实与历史的比较，本书更侧重于在理想与现实间进行比较，强调站在未来解析现在，这契合社会福利的研究取向：向前看而不是向后看。正如蒂特马斯阐述工党国民年老退休金法案之所以具有革命性的理由时指出：它采取了向前看而不是向后看的方式（蒂特马斯，2011：86）。而王卓祺、周健林也秉持同样的观点：负责任的政策制定应是向前看（forward looking），而不是陷于无休止的选择中（Wong & Chau, 2003）。

从研究的目的来看，本书试图勾勒的是事件发生的因果关系。从统计的角度来讲，因果关系的两个变量应具有明确的前后时间关系，理论上，这种 X 先于 Y 发生的资料仅存在于追踪（Longitudinal）研究，但多数的社会与行为科学研究却是以同时性（Concurrent）测量来收集各观察变量的数据，也就是变量的数据的发生时间相同。因此，因果关系的假设，有赖于研究者提出清楚、合理、明确的逻辑与推理程序说明假设存在的基础，或征引理论与文献之支持确立假设的合宜性与合理性（邱皓政、林碧芳，2012：204）。

对于绝大多数研究者而言，社会科学研究受制于现有的数据来源，一是问题的设计无法完全满足研究的需要，因而现有的研究主要是数据驱动型（data-driven）的，即有何种类型数据就遴选出何种类型变量并分析何种类型问题；二是缺乏相关主题模块数据的历时性的积累，而且也很难做到追踪调查，因而因果机制难以揭示，这是绝大多数社会科学研究所面临的困境。正如谢立中所言，在社会科学研究中，由于因果关系判断难、命题有条件、解释非唯一，对社会现象的因果解释很难具有唯一的"正确性"。这并非由于社会研究中量化分析手段运用不够所致。我们应该正视这一点，并据此调整我们对社会科学性质和目标的看法（谢立中，2013）。在阿伦特（Hannah Arendt）看来，统计学的齐一律绝非一种无害的科学理想；对于这个完全淹没在程式化的日常生活，并与内在于其本质的科学外观达成一致的社会来说，统计学已经成了这个社会不再隐秘的政治理想（阿伦特，2009：28）。社会统计学成为制定世界秩序的工具，为人的行动立法。为了可测量，它借助"以空间性质的肤浅现实为基础的几何化表现"（巴什拉，2006：1），将无形的现象有形化，定序的指标定距化，其结果就是模型越来越精致，而现实离我们却越来越远。胡塞尔坚称，任何一种非常有效地运用数学语言的所谓严格的科学，都不能导致我们对我们关于这个世界的经验的理解——它们不加任何批判地预先假定这个世界存在，并且自称根据它们的仪器的比例，用码尺和指针就能测量这个世界。所有各种经验科学都把这个世界指涉成预先给定的，但是，它们以及它们的仪器本身都是这个世界的成分（许茨，2001：151）。

本书的对象是福利态度，其可测量性就受到深深的质疑。柏格森（Henri Louis Bergson）认为，物与物具有不可入性，二物不能同时占着两地，因为它们占据着空间；而情感、感觉、观念都互相渗透，就其力量而言，每个都占着整个心灵，它们并不占据空间，然而一旦要测量，则要用空间来象征（柏格森，2007：66）。因而，为了测量，我们将无形的态度视为占据空间有序列的点，并将点与点之间的距离视为可以计算的数字纳入高级统计中，丝毫不考虑态度是否存在序列，序列是否可以比较的基本问题，更不会回答作为测量工具的客观能否反映作为态度的主观这一根本性问题①。然而，出于可预测行动的好处，或者说，囿于秩序的情结，我们选择待在社会统计学的"铁笼"之中，将态度视为可测量的，从中抽象出所谓行动逻辑并将其当作行动本身。

实际上，从技术层面追求一个稳定的、具有统计检验力的参数估计程序的路径分析达成真相的发掘，其效果实属有限。根本的解决之道仍是建立在适切的理论基础之上与严谨的假设建构过程之中，并时时注意统计技术本身的限制与问题（邱皓政、林碧芳，2012：204）。深度的文献检阅、扎实的理论内涵与结实的逻辑推论是提出假设模型必要的前提条件，这些研究执行的重要工作落实是研究成败的关键（邱皓政、林碧

---

① 如果将主观与客观进行组合，可以有四组问题：（1）主观能否反映客观？（2）主观能否反映主观？（3）客观能否反映客观？（4）客观能否反映主观？（1）在哲学上反映为可知论与不可知论的问题；（2）在社会学上集中为理解何以可能的问题；（3）在物理学上被视为"测不准问题"，即由于工具本身的误差，因而不可能准确测量被测量对象；（4）在心理学上聚焦于客观的测量工具能否反映主观的心理状态，进一步思考的是客观为什么要反映主观的喜好，如大自然为什么要反映人类的喜好。四个问题其实都难以回答，前三个问题尚可接受，但最后一个问题却需要受到强烈质疑，当然测量工具的客观背后隐藏的是主体的主观，最终又回到了主观—主观之间的理解何以可能之上。然而，如果将社会科学之"科学"理解为仅仅是一种共识，仅仅是在为社会立法，那么一切问题似乎都将迎刃而解。为了获得共识，我们不得不走向公共领域求助于哈贝马斯的言语有效性，而言语的有效性又离不开人的交往资质，而这种交往资质此时已经成为多亚尔、高夫笔下的人的基本需要。

芳，2012：204—205）。马歇尔在受聘于伦敦经济学院社会学系讲师时曾经说过，"在霍布豪斯传统中，广泛的比较研究务必建立在二手材料的基础上，而我可能把收集事实资料的基本任务留给别人"（Marshall，1973；里斯，2008：142）。对于本书而言，研究也同样建立在二手材料之上，因此最重要的工作就是寻找别人收集的事实资料作为证据。

收集筛选证据的过程可称为系统评价（systematic review），而这是循证政策（Evidence-Based Policy，EBP）运动的"黄金标准"（Young，Ashby，Boaz & Grayson，2002）。在英国，"新"循证政策的兴起是与现代政治中所谓实用主义的、反意识形态的转向是紧密相连的；与专业实践及权力从神坛上走下相关；与"知识管理体系"的发展相关（Pawson，2006：3）。循证政策需要考虑到研究的结果与重要的实践或决策，需要与客户（clients）分享所发现的东西（包括什么也没有）（Gambrill，2006）。循证决策集中关注的是决策的正当性（justification of decisions）（Dobrow，Goel & Upshur，2004），与本书关于处于何种状态中的行动者的福利态度有助于福利制度的合法性生成的主旨保持了一致。在中国，我们同样需要摒弃社会政策设计中的错误的倾向，而以提升人民的福祉为终极目标；反对不正当的话语权力，而倡导不同行动者的共同参与；大力发展知识管理体系，建立基于证据的社会政策制定的新路径。然而，将中国社会制度的变革寄托在普通公众、政策精英或政治精英的福利态度上，那只是一场危险的游戏。福利态度的研究成果仅仅构成社会政策设计与评估的一项证据。我们的期望是，福利制度的制定应该遵循证据，而非偶然事件、专业权威、相关人士或政治需要。如此宣称，似乎意味着社会政策的设计不再是基于经验的态度，而是基于科学的证据。事实上，态度研究始终是证据的重要来源，证据为本只是从程序上避免了政策设计只反映某类人群的态度，而无法取代对态度本身的测量。循证政策（Evidence-based Polciy）的研究还只是刚刚起步，但"发展一个自下而上的证据为本的政策制定路径"（Carpenter，Freda & Speeden，2007：1）却是未来的发展方向。福利态度的研究设计或许在一开始就需要遵循系统评价这一循证研究的"黄金标准"，以便成为政策设计与评估所依赖的高质量的证据。

什么构成了证据？这既是一个哲学问题，也是一个实践问题，它们的关系反映在证据与情境（context）的根本差异上。前者是哲学—规范取向；后者是实践—操作取向。前者开始时关注证据的质量，后期关注证据的分级；后者关注当下的情境，认为证据的界定受到当下与情境的变化的严重影响，更多关注的是它与特定主题的相关性、应用性或归纳能力（Dobrow, Goel & Upshur, 2004）。前者认为证据是分等级的，1963年，美国两位社会学家唐纳德·坎贝尔（Donald T. Campbell）与斯坦利（Julian C. Stanley）首次提出了证据分级的理念，在对教育领域的部分原始研究的设计进行评价时，将随机控制实验（randomised controlled trial, RCT）的质量定为最高，并引入内部真实性和外部真实性的概念（Campbell & Stanley, 1963：3—6）。其后在医学领域迅速发展，称为循证医学，现在又反哺社会科学领域，主要是在公共卫生服务、社会福利、教育、司法和犯罪等领域。这一进程与新公共管理主义对效率与效能的强调是一致的（Head, 2008）。后者包括两种类型：一是内部决策情境，是可控的，与目的紧密相关；一是外部决策情境，是固定的、不可控的。两者都影响着证据的组成部分以及证据的利用（Dobrow, Goel & Upshur, 2004）。对于本书而言，不同等级、不同情境下的证据将影响结果的选择。

在循证政策研究中，主流分析的方法有元分析（meta-analysis，也称荟萃分析）与叙事评价（narrative review），而波森（Ray Pawson）提出写实综合（realist synthesis）的方法。元分析假设因果关系是一个连续的概念，项目自身被假设具有因果解释力，倡导对项目仔细分类，勾勒一个清晰的因果效应图，它通过计算去揭示一个"最好的买卖"（best buys）；叙事评价利用了因果关系的"构型"（configurational）路径，结果被视为来自属性的丰富组合的排列，它通过传递文本理解一个"典型的案例"（exemplary cases）；而写实综合利用了"生成"（generative）路径，它认为不是项目在起作用，而是项目所提供的理由与资源使主体自我生成了改变，通过探究不一致去建立"项目理论"（programme theories）（Pawson, 2002）。

以元分析为例，元分析代表着一个总的分析；一个所有以前分析的分析（Pawson, 2006：39），它将证据分为九个等级（表3-1），不同等级的证据划分的标准遵循的是内部真实性与外部真实性（Campbell &

Stanley, 1963: 3—6）。

表 3 - 1 元分析中证据等级的典型结构

等级1	随机控制实验（分配是隐藏的）
等级2	准实验研究（使用匹配）
等级3	前后测比较研究
等级4	跨地区、随机样本研究
等级5	过程评估、生成研究（formative studies）与行为研究
等级6	定性个案研究与人种志研究
等级7	成功实践的分类指导与案例
等级8	专业人士与权威的观点
等级9	使用者的观点

资料来源：Pawson（2006：49）。

这种祈求黄金标准（随机控制实验）与方法论裁决的做法不可避免地在社会科学范式争论的中心引起巨大的骚动。但任何类型好的研究必定是包括在好的综合中，为了实现真正的综合，证据的基础应该包括从比较研究、历史研究、对话分析、法律咨询、行动研究，以及解放研究等中获得的数据（Pawson，2006：49—50）。

对照以上等级，我们会发现社会科学的研究在证据使用的等级上并不理想，我们更多的是从等级6—9攫取自己所需要的证据，而达到等级1、2的程度难以实现。从现有的文献回顾来看，社会科学的研究很难达到循证研究的要求，目前也仅停留在系统评价的第一阶段，即便如此也不能算成功。尽管许多社会科学的研究发表在顶级期刊上，但并不意味着作为证据它们就可位列首位，因为它们本身存在诸多问题。尹海洁通过对1999年年初至2001年年底发表于《社会学研究》上的以定量分析方法为主的论文的分析，发现在我国社会学定量分析方法应用中存在着下述问题：不注意统计分析方法应用的前提条件；不能正确地选择和使用描述统计和推论统计的统计指标；用非随机样本的调查结果推论总体；用无效模型进行分析；不能正确地解释计算机统计的结果；不能正确地选择与变量的测量层次相适合的统计分析方法；对计算机统计结果不能进行很好的取舍。这些问题都不同程度地影响了研究结果的正确性（尹海洁，2003）。风笑天对1990年至2001年之间，发表在国内社会学界最重要期刊《社会学研究》，以及国内社会科学界最重要期刊《中国社会科学》上的、以调查研究的方式进行的全部研究报告和论文共 141 项（前者 113 篇，后者 28 篇）调查研究中的抽样、测量、资料收集以及统计分析这几个有关方法环节进行解析，发现绝大多数研究者忽视了他们使用的研究方法的介绍，以至于结果呈现中无法达到社会学经验研究的标准（风笑天，2003）。而郭志刚指出六普结果表明以往人口估计和预测严重失误，而人口统计迷茫的根本原因既不是数据质量问题，也不是技术方法问题，而是研究背后的思想认识出了问题。对统计数据所做的缺乏科学根据的过分调整甚至比不调整的问题更大，而且这种过分调整导致更大的思想混乱，更加误导人口形势的判断和应对决策的制定（郭志刚，2011）。因而，这些研究结论的证据等级也就会非常低。桑德伯格与泰勒 - 古比遵循循证（Evidence-based）研究的系统评价（System Review）原则，审视了 1994—2009 年发表在科学网（Web of Science，WoS）与社会科学国际目录（the International Bibliography of the Social Science，IBSS）上关于福利态度的研究文献，也仅筛选出少量较高质量可视为高等级证据的态度研究（Sundberg & Taylor-Gooby，2013）。然而，在社会科学中，关于评估证据质量的共识标准是相差甚远的。概念角逐与理论分歧被视为学术财富的一个标志而备受欢迎。专业认同对于社会科学的实践而言是陌生的（Young，Ashby，Boaz & Grayson，2002）。因而，"专业人士与权威的观点"仍是较为常见的质量较高的证据。诚然，元分析的证据标准存在疑问，低估了其他视角研究（如质性研究）结论的证据价值，但作为目前应用比较广泛的分类标准，仍然值得参照。本书在对证据筛选后取其等级上位，试图发现解释福利制度合法性危机的理论。但严格意义上讲，本书仅仅是追求循证理念，尚不能称为循证研究。

　　总体而言，社会科学研究的证据可证性与可及性的总体状况并不容乐观。根据循证研究的要求，为了进一步区分证据的等级，我们必须能够获取原始数据，其本身追求的是全民参与、数据共享，以证据为准绳，可以说，循证政策研究的前提是数据库的开放与共享，而公民参与的本质应是证据的参与。然而，在现实情况下，原始数据成为学术霸权的象征，我们无法共享；也成为遮蔽问题的手段，我们无法窥知。更多时候数据的获得成为恩赐，成为可以赠予也可以剥夺的资源，公众获取数据的权利因此而丧失。国内目前已经出现了基于循证理念的中国循证实践和政策数据库（Chinese Clearinghouse for Evidence-based Practice and Policy，CCE）[1] 等数据库网站，但数据的积累少得可怜；而国外两大循证数据库：科克伦（Cochrane）协作网[2]与坎贝尔（Campbell）协作网[3]，它们都旨在促进广泛参与，提供高质量、可靠的证据，并且是完全开放的。在循证政策对决策的正当性诉求之下，公民参与或社区参与扮演着重要的角色，因而社会在研究优先权（research priorities）的设置上占据至关重要（vital）的角色，然而迄今为止被我们忽视了（Choi et al. , 2005）。

　　数据的权威性十分不足，其根源之一正是开放性与共享性程度不高，许多数据是"犹抱琵琶半遮面"，这在本书收集部门资料时能够深切体会到。必须严格遵循科学原则，统计调整的根据必须经过严格的论证，统计调整的过程要公开化和透明化（郭志刚，2011）。

　　福利态度的研究需要大型数据库的支撑，国际社会调查项目（ISSP）拥有政府责任（the role of government）的轮换模块，欧洲社会调查（ESS）拥有福利态度的轮换模块，这是福利态度研究的重要数据来源。遗憾的是中国综合社会调查（CGSS）尚未有类似的模块，中国福利态度的研究尚缺乏坚实的专业数据依托。因而在数据引用上，本书只能大量引用二手资料数据，其中位于首位的是基于大型专业数据库而发表的高质量的文献；其次是官方发布的宏观数据，包括国内与国际层面；还有媒体报道中的数据。然而，即使是有效数据也会存在很大的局限性，比如数据不足，用于比较目的的定义之间自相矛盾，缺少用于阶级、程度、性别分化的批判性数据，以及其他许多由于既定的社会科学和政府规范造成的偏见（金斯伯格，2010：31）。需要说明的是，对于媒体报道，

---

① 中国循证实践和政策数据库，是位于中国四川成都的中国科克伦（Cochrane）协作网中心的一个分支。数据库由位于美国加州洛杉矶市的南加州大学社会工作学院的汉莫维奇（Hamovitch）人类服务科学中心联合开发和维护。参见 http：//www. chichildwelfareclearinghouse. org/.

② 1993 年成立，由加拿大麦克马斯特大学（McMaster University）临床流行病学及统计学系首任主任、循证医学先驱萨克特（David Sackett）创建。参见 http：//www. cochrane. org/.

③ 1999 年成立，以美国著名心理学院和思想家坎贝尔（Donald Campbell）姓氏命名。参见 http：//www. campbellcollaboration. org/.

本书主要是引用数据而非观点，并尽可能追踪到数据的原始出处。引用策略上，除出于叙事及论证的修辞需要，针对观点，尽可能直接引用，减少间接引用，以免扭曲、歪曲被引观点，并尽可能独立注明引文来源，但出于行文流畅性的需要，直接引用较少加上引号；文本组织上，主要是文献回顾部分，遵循不同作者文本间的叙事逻辑，辅之以时间顺序；在译名上，若引用外文文献，统一采用专业翻译网站提供的译名，若引用的是翻译版，则采用著作译名，涉及多个译名的，则择其之一使用。限于篇幅，本书删除了原稿中主要用于索引的参考文献。

　　承担理论检验重要职责的数据库是 2012 年 10—12 月开展的中国社会福利调查（Chinese Social Welfare Survey，CSWS）。问卷的结构包括通用模块与专业模块，其中福利态度的调查部分属于通用模块，即不同类型人群都会被调查同样的问题。借鉴了中国综合社会调查中的社会人口属性项目、国际社会调查项目（International Social Survey Programme，IS-SP）中的 "政府责任"（the role of government）模块、王卓祺主持的公民身份与社会发展研究中 "民众对社会福利看法" 的模块。调查对象是适度普惠型社会福利制度所覆盖的四类对象：儿童、老年人、残疾人与流动人口。调查的城市为南京、天津、成都、兰州。数据采集与分析的过程遵守了相关的伦理价值。本书主要研究老年人、残疾人与流动人口的福利态度差异，并试图在国际视野下比较不同国家或地区的福利态度差异，考察制度与文化等宏观因素、个人资源等微观因素与福利态度的相互影响，通过实证研究支撑理论探讨。由于问卷设计的目的主要是了解四类群体的社会福利拥有状况，而非专门针对本书关于福利态度的研究，因而问卷的项目设置并不能完全满足研究的需要。在此限制下，福利态度的讨论只能是数据驱动型的，其结论仅供参考。在未来，可以在已有理论回顾的基础上单独设计福利态度的专业问卷或轮换模块，如中国综合社会调查数据库的未来建设可考虑增加专业的福利态度模块。

　　无论是定性研究，还是定量研究仍然只是停留在技术上的争论而缺乏人文关怀，而这本是任何社会科学研究的前提。在社会福利体系之内，人们无法逃避各种价值选择（蒂特马斯，2011：99），因而，在价值取向上，需要手执权利之耳，胸怀慈善之心；而在论据的选用与论证的方法上，则追随韦伯式的价值中立。

第三节　结构安排

研究主要分为三大部分，第一部分为导论、文献回顾与研究设计，包括 3 章；第二部分为主体，分析了福利制度的生成过程，包括 6 章，从第四章到第九章，分为三个环节：从需要到态度，从态度到行动、从行动到结构；第三部分为总结，展望了未来并指出了不足。

第一章导论，介绍了研究的时代背景。第二章为文献回顾，检视福利态度研究的文本，包括概念界定、历史分期、解释路径与分析维度，绘制了福利态度研究的热点、前沿与知识基础，并从中总结出影响福利态度的因素以及福利态度测量的维度。第三章为研究设计，包括研究思路、分析框架与研究方法，研究思路以需要—态度—行动—结构为逻辑顺序；分析框架以基本需要、公民身份、社会团结为理论基础；研究方法采用全景视角、类型法与比较法，追随循证研究的理念，彰显了社会政策研究的"向前看"与"价值有涉"的特性。

福利制度存在的唯一理由是人之为人的条件需要保障，因而第四章从人之为人的基本条件出发，考察构成人的基本条件的几种理论纷争，确立衡量基本条件的理论路径，并以此为圭臬，综观当代中国人之为人的现实处境，试图说明当代中国人基本需要的满足情况尚不能达到理想标准，行动者的福利态度并非在公平的原初状态下形成，这种差异是形成福利态度差异的诱因，也是福利态度生成的逻辑起点。

政治计算是形成政策选择的基础，因而，福利制度的生成应体现行动者的福利态度，这是福利制度合法性的保证。然而，受到遮蔽的福利态度并不能保证合法性的生成，从这个角度出发，我们需要考察遮蔽福利态度的现实状态。根据文献回顾，可以从制度与文化的结构化背景、个体的初始化资源出发。在此逻辑下，第五章在结构—能动的视角下从宏观上考察了福利制度生成的路径，指出其在中国的不适用性。在此基础上，分析当代中国的制度与文化，因为它们有可能预先结构化了行动者的福利态度。前者从国家与社会的关系入手，后者分析了福利文化与公民文化，试图说明既有的制度与文化未能提供福利态度生成的原初状态。第六章首先在需要与权利之间建立了理论联结，然后在公民身份的视角下从微观上考察了行动者福利态度差异生成的原因，试图说明福利态度的差异并非由社会人口学特征的差异导致，而是隐藏在背后的公民身份的差异，即初始化资源是不平等的，无法达到一致所需要的平等基础，而只有满足了健康与自主的基本需要方能实现。上述论证采用的皆为二手资料，主要是定性分析为主，并不直接相关于福利态度，需要可供定量分析的一手资料，从整体角度来检验已获得的结论，以作为更高等级的证据。因而，第七章通过与研究密切相关的中国社会福利调查数据库，从定量层面综合检验制度、文化、社会人口学变量，以及从社会人口学变量中独立出来的作为公民身份测量指标的收入、教育、阶层变量对福利态度的影响，试图说明行动者的福利态度受到多重规制，从而进一步支持前述的观点，并从理想与现实的对比中指出从"环境中的个人困扰"到"社会结构中的公众论题"的动力。这三章完成了从需要到态度的研究转变。

在福利制度生成的理想逻辑下，态度只有转化为行动才能推动福利制度的生成，因而从第八章开始研究由态度转向行动。第一节以社会服务为例探讨了行动者的几种不同的价值取向，其实质也是几种不同的福利态度。在此基础上，第二节以案例考察的方式讨论了受制于不同的制度、文化和/或身份，从个人困扰上升到政策议程的可能性及其结果是不同的。同时，也论述了不同行动者在个人困扰到政策议程中的角色，并与国家的行动能力相比较，试图回答自下而上的福利制度生成路径的现实障碍。这一章完成了从态度到行动的研究转变。

在重重障碍面前，福利中国何去何从？第九章主要从理论上进行了总结与提升。第一节试图说明只有寻找到福利行动者一致同意的福利中轴，理想的福利制度才能建成。在此基础上，第二节展望了理想的福利制度。这一章完成了从行动到结构的研究转变。

第三部分为总结。勾勒了福利中国演进的逻辑，回答了处于何种状态中的行动者的福利态度有助于福利制度合法性生成的问题，指出福利制度变迁的动力以及制度合法性危机产生的根源，提出福利制度演进的未来方向是以需要为本，以公民身份为规范性机制，以社会团结为纽带的福利共同体，最后指出研究的不足。

第四章　福利态度生成的逻辑化起点

人类的需要是理解福利制度的关键，是社会资源分配和福利制度运作的价值基础（刘继同，2004b），态度的形成改变、态度的确立及态度的层次性都离不开"需要"的作用（刘宗粤，2000）。而福利态度的生成是基于生命存在的前提之下，生命不在，态度也无以依附。这是一切福利态度生成的基础。当然，人类的生存不只是填饱肚子那么简单，还需要考虑到住房、医疗、教育等满足人类健康与自主的需要。劳动、工作与行动是谋取生存的手段，福利则是为了人类共存于社会之上而设置的社会制度。因而，福利态度首先围绕人之为人的条件而萌生。在此种思路之下，我们的研究首先应从人之为人的条件展开。

第一节　劳动、工作与行动

我们的存在是注定死亡的存在，我们的日常生活存在于"生"与"死"之间（海德格尔：1987：280）。因而，人的条件首先是生的条件，最后是死的条件，而间杂其中的是日常生活的条件。人向死而生，但存在是有条件的，包括生命本身，诞生性（natality）和有死性（mortality），世界性（worldliness）、复数性（plurality）以及地球（阿伦特，2009：4），这是人之为人的最基本的条件，它能够让我们的生命自由行走于这个蓝色的星球上。

人的存在必须通过其活动来实现，美国著名的政治哲学家阿伦特首次区分了劳动（labor）、工作（work）与行动（action）的人类三种根本性的活动，统一为积极活动（vita activa）。劳动、工作以及行动，它们都承担着为作为陌生人来到这个世界上的、源源不断的新来者，提供和维护世界，为他们作规划和考虑的责任（阿伦特，2009：1—2），也将成为新来者的责任。

劳动是与人的身体的生物过程相应的活动，因身体的需要而成为必需，因而呈现出奴性，其成果被及时消费，几无痕迹，劳动的过程正是消费的过程，一切劳动的特点正是留不下任何东西。工作是与人存在的非自然性相应的活动，它提供了一个"人造"事物世界，为有死者赋予了一个持久长存的尺度。行动，是唯一不需要以物或事为中介的，直接在人们之间进行的活动，复数性——是人们而非单个的人——是人类行动的境况。劳动的生产性生成了一个令人不可抗拒的倾向，就是把所有劳动都视为工作，再往前跨一步，则是彻底消除劳动和必需性；复数性则成为一切政治生活特有的条件——不仅是必要条件，而且是充分条件（阿伦特，2009：1—2）。在其中，必需性成了阐明积极生活内所有活动的共同标尺（阿伦特，2009：63）。不仅劳动是必需的，工作是必需的，行动同样也是必需的。

当自然资源可无限汲取时，人无须为他人工作，只需要为自己劳动，更不必通过行动来争取自己的权利与利益；劳动指向自己，虽可能与他人产生关联，却无关他人；工作必定是指向自己，关涉他人；行动不仅指向自己，也必须指向他人，否则就无法达成共识。然而，自然资源是有限的，有自然的限制，但更多的却是社会的限制，劳动因而无法自由。继财产权出现之后，劳动所需要的资源可能正是别人的私有财产，你必须付费才可能获得，此时"作为解围之神"的货币成为衡量一切的标准，它抹平了货币两端主体的一切初始差异。在现代社会，生存所需要的一切自然资源，甚至社会资源都可能成为受法律保护的他人的私有财产，而唯有嵌入在劳动者身体中的劳动力被视为可以由主体自由支配，他人不可剥夺的自然权利。但为了获取生存的资源，劳动力不得不被商品化，自然权利由此而被让渡给他人支配，工作成了谋生的手段。正是在工作中，人的劳动才被异化，工作成了现代社会一切矛盾的开端，劳资冲突也就成了最激烈的冲突，行动也就不可避免。它是人们既不受必然性的约束也不受功利考虑的制约而进行直接交往的真正自律的人类活动（杨仁忠，2010），摆脱了物役（工具和制度的限制）而在自由个体之间进行的相互交流、相互接触和相互理解的互动活动，它展现的是人的独特性本质（杨仁忠，2009）。而消除分配不平等的药方是：福利平等或资源平等。前者要求在人们中间分配或转移资源，直到再也无法使他们在福利方面更平等，从而实现平等待人；后者要求在人们中间分配或转移资源，直到再也无法使他们在总体资源份额上更加平等，从而实现平等待人（德沃金，2003：4）。而资源平等意味着社会只提供正常生活所需要的资源，个人应该对这种资源转化为个人福利负责（胡敏洁，2008：49）。

在没有资源的情况下，工作和家庭是福利国家的大厦得以建构的两个支柱（安桑斯，2007：77），工作被视为最好的福利。在经济领域，工作的权利是基本的公民权利，即除了服从初级技术培训这一合法要求之外，根据自己的意愿选择职业的权利（马歇尔，2008a：14）。那么追求工作，或曰个人能够自由行走于市场之上是否存在无法或不可能逾越的限制？一个人需要工作，则必须行走于市场之上。但这一想法本身是秉持一种自由主义的思想，潜在地认为工作是最好的福利，市场是最好的资源配置方式。然而，人是被处境规定的存在者，因为任何东西一经他们接触，就立刻变成了他们下一步存在的处境（阿伦特，2009：3）。行走于市场之上的工作者并非原子化的、无差异的个体，他们被置于各种处境，在初始资源上存在很大差异，包括自然限制与社会限制。自然的限制与人的生物性过程相关系，涉及性别、年龄、健康、生育、生态环境等，但自然的限制已经深深打上了社会的烙印，自然已不能承受社会之重。社会的限制与人的社会性过程相联系，受制于潜在的制度与文化的结构性背景，涉及阶层/阶级、社会地位、户籍、社会性别、社会年龄、教育、工作、医疗、住房、收入、婚姻、家庭等。不得不思考的是，我们是否需要以及能否通过福利制度的设计突破自然的限制？我们是否需要以及能否通过福利制度的设计突破社会的限制？自然界遵循物竞天择适者生存的法则，而人类社会是在保护弱者的前提下前进的，因而答案是我们存在需要，然而能否突破，这涉及人之为人的条件界定，涉及社会正义与社会团结的价值目标选择，涉及福利制度与政策设计的合法性。

1935 年，富兰克林·罗斯福在一次演讲中，面对大危机提出，一个政府如果对老者和病人不能照顾，不能为壮者提供工作，不能把年轻人注入工业体系之中，听任无保障的阴影笼罩每个家庭，那就不是一个能够存在下去，或是应该存在下去的政府（笑蜀，2008）。同年，《社会保障法》颁布，为美国现行社会保障制度提供了基石。普京曾在《真理报》发表讲话指出：一个把老百姓的居住权、健康权和受教育权拿来作为筹码，拉动经济的政府，一定是个没有良心的政府，真正执政为民的政权，一定要把这三种东西当作阳光、空气和水，给予人民。一个国家不能变成弱肉强食的动物世界，有人占几十套房，有的人住不起房——真要那样，执政当局没有任何脸面赖在台上，因为民生问题，就是政治问题，就是执政者的责任。一个国家的执政文明，就表现在对弱势群体的关怀上，而不是表现富人有多富，也不表现经济增长的数据（许锡良，2013）。联合国开发计划署（UNDP）在 1990 年首份人类发展报告的第一章开篇就宣称：人是国家真正的财富。发展的基本目标是创造一个能够让人过上一个长寿、健康与富有创造力的生活。这或许是一个很简单的真理。但在关注商品与国民财富积累的当下，它却常常被忘记（Alkire，2010）。

对此，我们需要秉持一种社会批判的理论立场，根据社会已被利用的、尚未被利用的或被滥用的改善人类条件的能力来分析社会。批判的标准基于两点价值判断：一是人类的生活是有价值的，值得人类追求；二是在既定的社会历史条件下，人类生活的改善是可能的。这种"可能性"必须处在社会能力可及之处；必须是实践可以确定的目标。因此，制度变革的出发点与立足点必须是公众的实际需要（马尔库塞，2008：2—3）。尽管中西方都意识到满足公众的基本需要的重要性，然而，西方国家的福利制度在民生建设上并未能实现他们领导人的政治承诺，中国却已经全面建成小康社会，消灭了绝对贫困，正在向共同富裕的目标阔步前进。

第二节　为人之基本条件

究竟什么可以构成人的条件？这关系到个人的权利与政府的责任。马克思认为，需要是人的本质属性，人之所以为人是因为他们的需要存在且在社会中能得到满足，需要是人成为人的根本（马克思，1982：

514；彭华民，2008：12）。因而，我们可以从人的需要，特别是人之为人的需要加以界定。这种需要不依人的意志为转移，因而可视为一种"客观的"需要。一种是维持生命过程的需要，这是生物性的自然需要；二是维持社会存在的需要，这是社会性的社会需要，而所谓精神需要只是生物性与社会性相互作用的结果，并非需要本身。人之所以为人，就在于他的社会性（sociality），自古以来，社会性就被视为人类存在的基本条件，亚里士多德就曾说过人是社会的或政治的动物（Klein，2011：1），因而社会需要也同样构成他存在的条件。人是自然属性与社会属性的统一体，因而，人也是自然需要与社会需要的统一体，前者关涉生存，后者关涉发展。问题是，社会先于陌生的新来者而在，因而常常不依个人的意志为转移，而社会对需要的定义，不可避免地涉及价值观的主观选择。

对人之为人的条件的探索其实是一种维度的分析，它必须是有价值的，是自己或他人行动的一种理由；必须将特殊性整合进来，以便不同文化的人都可以找到相似性；必须是"关键的"（critical）与完整的（complete），包容任何人类价值观；不从属于好生活的某种观点，无关于美德或个人品性（Alkire，2002）。基于不同的学科背景，不同的学者提出不同的人的存在条件，或曰人的存在维度，或以生活质量、生活水平（经济统计学视角）、生活方式（社会人类学—社会学视角）、生活满意度、人的基本需要、福祉的要素的形式出现，或以人类发展指数、普遍的人类价值的形式出现。

关于人的存在条件的研究，可归为以下几条路径：一是价值路径。罗克奇（Milton Rokeach）认为研究个体价值结构或许远比熟悉的态度测量史有成效，1973 年他将价值观分为"行为方式"与"终极状态"两大类，得到 18 个终极性价值观（terminal values）和 18 个工具性价值观（instrumental values），开始了价值调查之旅（Tanenbaum & Sutherland，1975）。格里斯（Germain Grisez）、博伊尔（Joseph Boyle）与芬尼斯（John Finnis）提出基本人类价值，包括两类，一是生命、知识与对美的欣赏、在工作与娱乐上卓越的程度，属于本质性善（substantive goods）；二是友谊、自我整合、清晰的自我决定或实践理性、宗教或与一些超越意义与价值的源泉的和谐一致，属于反身性善（reflexive goods），它们构成了人的两个维度，前者为行动提供了理由，后者则提供了选择的能力（Grisez, Blyle & Finnis, 1987；Alkire, 2002）。施瓦茨（Shalom H. Schwartz）根据 44 个国家 97 个样本的调查，将人类基本价值区分为权力、成就、享乐主义、激励、自我取向（self-direction）、普遍主义、慈善、传统、遵从与安全（Schwartz, 1994）。他们共同的取向是，人之为人是因为具有价值观，更多的是基于人与其他生物的差异性而言的，而格里斯、博伊尔、芬尼斯还强调了作为行动者的人的理性选择能力。

二是资源路径。在欧洲传统中，作为人之为人条件的福利或生活水平，一是以需要为中心，关注的焦点是"需要满足程度"；二是以资源为中心，关注的焦点是"满足需要的能力"。以资源为中心的解释更具优势，无须决定个体需要什么，但不得不决定什么是最重要的资源。这与其他路径类似，同样不可避免地陷入列举法的窠臼中。"对资源的掌控"这一核心要素来自蒂特马斯关于福利的研究，而对福利不同要素的强调还来自联合国的专家团队。个体掌控着资源，包括金钱、所有权、知识、精神的生理的能量、社会关系、保障等，通过它可以控制并有意识地引导生活条件的改善（Nussbaum & Sen, 1993：72）。作为人类生存必需的资源总是有限，甚至稀缺的，因先赋或后致的原因，个体掌控的资源存在差异。适当的差异在追求平等的体系中是可以容忍的，但差异过大，则会导致行动者无法自由行走在市场之上。而福利是平衡资源差异、实现条件平等的重要政策工具，通过政策改变行动者对资源掌控的能力，进而满足人之为人的条件。从这个意义上来讲，此处的资源接近森的能力概念。

三是权利路径。1949 年，马歇尔在剑桥大学的两次讲座中提出公民身份（citizenship，又译公民资格）的概念，认为公民身份包括，一是法律公民身份，由个人自由所必需的权利组成，与此最直接相关的机构是法院；二是政治公民身份，是公民作为政治权力实体的成员或这个实体的选举者，参与行使政治权力的权利，对应的机构是国会和地方议会；三是社会公民身份，指的是从某种程度的经济福利与安全到充分享有社会遗产并依据社会通行标准享受文明生活的权利等一系列权利，与此对应的机构是教育体制和社会公共服务体系（马歇尔，2008a：10—11）。马歇尔所区分的三种公民身份权利仅仅代表了自由主义的公民身份传统，是建立在民族国家的框架之下，并不具有普适性。公民身份既是权利和责任的统一体（自由主义的遗产），也是认同和美德的统一体（共和主义的遗产）。不论是权利、责任还是情感，在当代背景下都需要得到扩展，都必须通过公民的参与才能得到体现或者实现（郭忠华，2008）。因而，权利应由消极转向积极，为公民的政治参与提供保障，这种保障必须满足人之为人的条件。2019 年 11 月，习近平同志在上海考察时指出，人民民主是一种全过程的民主。它是全链条、全方位、全覆盖的民主，保障了公民在民主选举、民主协商、民主决策、民主管理、民主监督所有环节中的权利（时和兴，2021）。与西方相比，它是更广泛、更真实、更管用的权利。

　　四是需要路径（Basic Needs Approach，BNA）。需要是许多西方社会福利供给的核心概念，它与权利共同构成了资源分配，特别是公共资源分配的一般原则（Tao & Drover，1997）。经典的社会政策具有很强的社会问题和人类需要导向。贝弗里奇报告宣称要解决社会生活中的"五大恶"：匮乏（want）、疾病（disease）、无知（ignorance）、肮脏（squalor）和懒惰（idleness）（Beveridge，2000），在政策上对应的是保障、医疗、住房、教育与就业五大需要。马斯洛（Maslow，1943）针对人类行为的动机提出需要层次理论，将需要分为生理的需要、安全的需要、爱的需要、自尊的需要与自我实现的需要。相类似的是，拉姆齐（Maureen Ramsay）强调客观的、基本的生理与精神需要优先于经验指标，认为人类的需要包括身体存在（physical survival）、性、安全、爱及相关的需要、尊重与认同以及自我实现（Ramsay，1992：152；转引自 Alkire，2002）。弗拉特曼（Richard Flathman）将生命、健康与和平视为人类的需要，其全认为正义（justice）是位于生存与健康之前的第一需要，而拜（Christian Bay）将和平视为权利的第一要义，而生命、健康与自由是另一个序列（Bay，1980）。加尔通（Norwegian Johan Galtung）提出人有生存需要（避免暴力）、福利需要与认同需要。而阿勒德（Erik Allardt）认为拥有（Having）、爱（Loving）与存在（Being）是人类发展与存在（existence）的必需条件的核心，没有它们人类就不能生存、避免痛苦、联系他人与避免疏离，将关注的焦点从资源转向了需要的满足水平上，而资源路径最终将人的条件集中于物质资源。"拥有"主要是针对物质资源，还涉及生物环境与物理环境；"爱"指与他人联系及形成社会认同的需要；"存在"指整合进社会，与自然和谐共处的需要（Allardt，1972；Nussbaum & Sen，1993：88—90）。然而，它缺少了行动（acting）（Kristensen，1977）。布拉德肖（Jonathan Bradshaw）则提出了需要的四种类型：规范性需要、感觉到的需要、表达出来的需要与比较的需要（Bradshaw，1972）。施居登（Paul Streeten）与布尔基（Shahid Javed Burki）针对贫困问题，开创了基本需要的研究路径，目标是满足世界上最穷人的基本需要，建立一个可持续与可信赖的国家与国际发展框架，指出存在的三个问题：标准的变化性；社会目标的差异性；基本商品与服务排序中引发的问题（Streeten & Burki，1978）。在对已有理论批判的基础上，多亚尔与高夫做出了更具价值的贡献，提出了人类需要理论（A Theory of Human Need，THN），认为需要是人类行为与互动的前提，而健康与自主是人类的基本需要（最优化水平的）。健康和自主的标准是个人可以在自己的文化中选择他们会参与的活动，具备这样做所必需的认知、情感和社会能力，并且有资格享有获取这些能力的途径。而最优的健康和自主的标准是，个人能够形成必要的目标和信念以质疑其生活方式、参与旨在实现这个目标的政治过程、和/或完全加入另一种文化。从负面定义，健康可以分解为两个成分：生存机会与身体非健康状况；个人自主包括三个主要成分：精神病、认知剥夺与受到限制的参与具有社会意义的活动的机会。它是通过中间需要（最低限度的最优效果水平的）来满足的，包括充足的营养食品和洁净的水、充足的具有保护功能的住房、无害的工作环境、无害的自然环境、适当的保健、童年期安全、有意义的初级关系、人身安全、经济安全、生育控制与分娩安全、基础教育。而生产、繁衍、文化传播、政治权利则构成普遍性社会前提条件。而自主包括能动性自主与批判性自主，本身就是行动，包含对权利的积极争取（Doyal & Gough，1984；多亚尔、高夫，2008：202，215—241）。

　　五是能力路径（Capability Approach，CA），理论来源于森。路线之一是，由努斯鲍姆发展，提出了"人类核心功能性能力"（Central Human Functional Capabilities），包括生命；身体健康；人身安全；理智、想象和思想；情感；实践理性；社会交往（affiliation）；关注生命（other species）；玩乐嬉戏（play）；环境控制（Nussbaum，1999；Nussbaum，

2001：78—80）。其核心指标是实践理性、社会交往与人身安全。相对于森，努斯鲍姆的贡献在于，为"能力"列出了具体的清单。她的目的是，为所有国家的政府都应尊重与执行的基本的宪法原则提供哲学基础结构，这份清单是作为人类尊严所需要的最小值（Nussbaum，2001：5）。路线之二是，以世界银行专家阿尔基雷为代表，日臻完善的人类发展维度（Dimensions of Human Development）的研究。1990 年，联合国开发计划署（UNDP）发布了首份人类发展报告，提出了人类发展指数（Human Development Index，HDI），阿尔基雷沿着森的能力路径，提出了三个维度：（1）包括福祉在内的，特定时间特定的人可以获得的其他要素；（2）行为方面——做那些他们能够为之献身的事业，诸如太空探索或海豹拯救；（3）社会生活中最重要的非个人方面（Alkire，2002）。1993 年联合国开发计划署在世界范围内使用了人类能力的概念，或做的能力，以及去做被视为有价值的特定事情的能力，主要通过人类发展指标（Human Development Index，HDI）测量生活质量（Nussbaum，1997）。在分析了自 1990 年到 2009 年以来的人类发展报告中人类发展概念的演变，完善与发展了人类发展的研究，对人类发展的概念给出了最新的定义：人类发展的目标是在一个共享的星球上，扩展人类的自由——这是人类视为普世价值的能力，与增强人类在发展进程中的积极参与的能力。它同时包容发展中国家与发达国家中的其他与人类福祉相关的有价值自由；它是一个民治、民有与民享的发展；同时使用多条原则，包括平等、效率、责任与可持续性等，设置优先的目标；它是多维的，它的要素是内在联系的。它聚焦于扩展人类的真正自由，即他们的能力，这是享用功能的机会或真正的自由（Alkire，2010）。

能力路径与由施居登等（1981）与斯图尔特（Frances Stewart）（1985）开创的基本需要路径存在很大的共同之处，能力路径试图将基本需要理论整合进一个清晰的哲学框架；超越了对贫困与剥夺的分析，关注的是福利总体；与基本需要理论相比，能力路径唯一重要的功能是清晰地阐明了基本需要理论中关于选择与参与的价值（与强制的无价值）的含混不清的假设（Clark，2008）。无论是森还是努斯鲍姆都强调权利对能力路径的重要性，前者指出其在发展能力路径时，权利作为公共政策的中心目标贯穿整个研究的过程；在后者的诸多关于能力路径的研究中大量引用了权利，或与权利相关的自由、自主的概念表述，对能力与功能的研究可追溯至亚里士多德（Nussbaum，1997）。

针对能力路径，高夫将需要理论与努斯鲍姆的"人类核心功能性能力"、森的能力理论进行了比较。认为努斯鲍姆关于人类能力的强路径（thick approach）包含了广泛的人类活动，高度赞扬了人类繁荣的广阔远景，但其基础是不牢固的，寻求跨文化认同的潜能是无法证明的，同时可能是虚弱的。而森关于能力的弱理论（thin theory）在识别优先能力上拥有更大的潜能，为支持人类发展的国际认同提供了可供验证的记录，但其为人类功能或福利的成分提供了很少的系统或综合的引导。森宁愿将基本能力的解释保持在一种含蓄的陈述状态，而努斯鲍姆则提供了关于最核心能力的清晰描述，它们理应成为公共政策的目标（Nussbaum，1997），需要理论则综合了两者的优点。通过扩展一个弱的推导（derivation），以及从批判性自主中仔细地识别出行动者的自主，它意识到在统一的框架中的文化差异，但是通过定位普遍满足物的特征与识别出我们对它们的集体认知，它为想象、测量与——令人信服地——改善人类福利提供了一个更为丰富的框架（图 4-1）（Gough，2003）。

从需要的最本质、可操作性研究的角度来看，需要是社会中生活的人在其生命过程中的一种缺乏状态。在个体社会成员的需要聚焦成为在同一社会文化背景的社会群体成员都具有的需要时，个体的需要就变成了社会需要。需求，或称为想要，是对某一具体需要满足物的指向（彭华民，2008：14）。市场照顾想要，而它们的满足要依附收入；它们根源于个人的心理，是主观的，并根据冲动而变化（巴里，2005：154）。社会权利如何实现被认为是社会成员需要满足的关键（彭华民，2008：75），然而，个人的需要如何转译为社会权利却是令人难以回答的问题。自休谟以后，权利的二分法——应然权利与实然权利——成了一种经典（郝铁川，2002），需要同样有应然也有实然。但无论是否赋予社会成员以某种法律意义上的社会权利，需要仍是一种客观存在。有权利却没有实现权利的行动能力，权利也只是空中楼阁；有行动能力，却没有保障能力自由行动的权利，那么英雄也将无用武之地。高夫所言的健康与自主作为人类的基本需要是权利所要保护的目标，本身就存在对权利与能力的追求，而权利本身也成为需要的一部分，它是人之为人的真正的条件。相对其他路径而言，人类需要理论在跨文化、跨制度中具有较高的普适性，更具有可操作性与可验证性，本书也正是沿此思路前进。

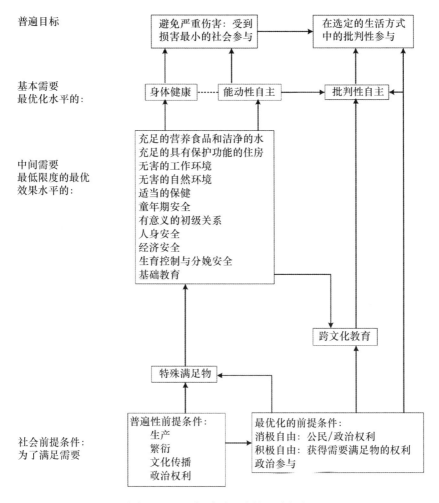

图 4-1 人类需要理论的理论框架

资料来源：Gough，with Thomas（1994）；多亚尔、高夫（2008：215）。

第三节 为人之现实处境

我们活在一个什么样的当下？健康与自主的基本需要是否获得了满足？而在回答需要是否获得满足之前，研究者和社会福利管理者不得不严肃面对与回答盖兹（B. L. Gates）的问题：其一，能不能有效地假设独一无二的、可以被定义的需要或一组需要是社会成员的内在需要？其二，这些需要如何以特别的方式被定义？其三，被定义的需要如何被研究者和管理者测量？测量的结果如何应用在现实的社会政策和社会服务中？（彭华民，2008：10）这是一个永久性的难题。什么是需要？如何衡量需要？如果同意主观偏好和职业/官僚指令都可能是决定这些问题的因素，那么该由谁来决定适当的社会指标？如何决定？（Bradshaw，1972；转引自多亚尔、高夫，2008：212）对此的回答是：基本需要的满足可以通过中间需要（最低限度的最优效果水平的）满足情况来回答，包括充足的营养食品和洁净的水、充足的具有保护功能的住房、无害的工作环境、无害的自然环境、适当的保健、童年期安全、有意义的初级关系、人身安全、经济安全、生育控制与分娩安全、基础教育（Doyal & Gough，1984；多亚尔、高夫，2008：215）。在每类指标下又有证据等级不同的子指标，第一类指标具有合理而可靠的普遍性或近乎普遍性数据；第二类指标是只有少数国家有的数据，但是已被清晰地操作化成了可测量的指标；第三类指标是推测性较强的建议；第四类指标则属于与特定普遍性满足物特征相关的健康或自主指标。为了便于指标的比较，所有指标均是从负面定义的，即衡量的是欠缺的或没有得到满足的中间需要（多亚尔、高夫，2008：276—279）。换句话说，对应指标描述的是问题而不是取得的成绩，本书仍遵循此标准。尽管多亚尔、高夫的中间需要标准所依据的证据等级存在差异，但相对于森的能力路径具有可操作性，能够提供一种直观的对比。在此分类的基础上，我们选择指标综观当代中国人之为人需要满足的现实处境，这也正是当代中国人生存与发展的现实条件，它是测量福利态度的维度，也是本书研究的出发点。

一　水与食物

生活饮用水质量直接关系到人的健康与发展，历来受到国家重视。2007 年 7 月 1 日，卫生部会同国家标准化管理委员会、原建设部、水利部、国土资源部、环保部联合发布了强制性国家标准——《生活饮用水卫生标准》（GB 5749—2006），将饮用水水质指标从原来的 35 项增加到

106 项，并要求不晚于 2012 年 7 月 1 日全面实施，新标准基本实现了与世界卫生组织、欧盟、美国、日本等国际组织和先进国家水质标准的接轨。但监测范围到 2015 年才覆盖所有地级以上城市，并不包括县乡。2018 年 3 月，原环保部与水利部联合发布《全国集中式饮用水水源地保护专项督查行动》，从专项行动的检查结果来看，饮用水水源地 2466 个，发现环境问题 6426 个。问题主要包括：生活面源污染占 27%、工业企业排污占 16%、农业面源污染占 16%、旅游餐饮污染占 14%、交通穿越占 13% 等项目，饮用水安全仍未得到完全保障（秦昌波等，2019）。因此，生活饮用水标准需要统一，饮用水水源地需要更加严格的保护。

民以食为天，食以安为先。最近几年，在食品药品监督管理部门的强力打击下，如红鸭蛋、人造蜂蜜、瘦肉精等大规模的食品安全事件基本不见踪影。现有的食品安全问题主要发生在个别企业或个别品牌的质量管控上面，但影响较大，涉及面也广，还存在假冒伪劣案件。从心理学作用机制来看，消费者一旦受到食品安全事件的伤害，其重建对企业及其产品信任的难度就会很大。作为满足人类基本需要的普遍性满足物，其质量如果单纯通过市场自身力量加以制约，存在问题发生与解决的时间滞后性、负面效应难以预测性与社会信任重建成本的高昂性等特征，需要政府提前干预。

二　住房

住房是否应该成为福利提供的内容，基于不同的价值取向会有不同的福利制度安排，但拥有"更舒适的居住条件"是人民对美好生活的向往之一。衡量住房状况的指标通常可以按照住房的可获性（房屋的数量、家庭户的数量）、叮支付性（房屋的成本、家庭户的收入），以及居住环境来定义，受土地利用与建筑管制、经济与政治因素、社会—人口学因素以及品质与数量因素的影响（Lawrence，1995；蒋耒文、庞丽华、张志明，2005）。2000—2010 年，我国城市家庭住房自有率下降了 2.2 个百分点，城市人均住房间数仅为 0.88，相对"户均一套、人均一间"的标准，居住空间仍有提升的潜力（邹湘江，2013）。中国家庭金融调查（CHFS）统计，中国 2010 年、2012 年、2013 年、2015 年、2017 年的住房拥有率分别为 87.6%、89.68%、93.5%、95.4% 和 92.8%，逐年提升，目前远高于世界 60% 的平均水平（况伟大、余家玮，2019）。《2020 年农民工监测调查报告》显示，在不同规模城市的农民工人均居住面积均有增加，人均居住面积 21.5 平方米，比上年提高 1.1 平方米，居住设施也继续改善（国家统计局，2021）。住建部《2020 年中国居民居住目标预测研究报告》提出，2020 年我国城镇人均住房建筑面积的小康标准预计达 35 平方米，每套住宅平均面积达到 120 平方米。相应地，厨房面积不低于 6 平方米、卫生间不低于 4 平方米、主卧室面积不低于 12 平方米（董锐、王忠彬、韩清华，2004）。但房价长期在高位徘徊，大城市房租也在不断提高，抱团炒房，二手房一夜暴涨等现象时有发生，导致买房难、租房难。针对此问题，习近平同志在十九大报告中指出，坚持"房子是用来住的、不是用来炒的"定位，加快建立多主体供给、多渠道保障、租购并举的住房制度，让全体人民住有所居（张国、刘世昕，2017），而 2021 年十三届全国人民代表大会常务委员会授权国务院在部分地区开展房产税改革试点工作已经给市场带来了降温效应。

三　工作

工作是最好的福利，工作环境权是劳动者享有的能够保障其安全和健康的权利。权利内容包括获得基本劳动安全卫生条件的权利，劳动安全卫生参与决策权、知情权、避险权、拒绝权、培训权、职业灾害补偿权等权利体系（义海忠、谢德成，2012）。2013 年，国家卫生和计划生育委员会发布《关于 2012 年职业病防治工作情况的通报》，数据显示，2012 年共报告职业病 27420 例。其中尘肺病 24206 例，占报告总例数的 88.28%（国家卫生和计划生育委员会，2013）。2016 年共报告职业病 31789 例。其中，职业性尘肺病及其他呼吸系统疾病 28088 例，占报告总例数的 88.36%（应急管理部，2017）。与 2012 年相比，患职业病人数显著上升。而根据国家统计局历年《农民工监测调查报告》，从 2013 到 2016 年，农民工整体（外出＋本地）劳动合同签订率分别为 38.1%、38%、36.2%、35.1%，呈逐年下降趋势（歆远，2017）。

2011 年的《中华人民共和国社会保险法》，明确规定进城务工的农村居民须参加社会保险。但由于农民工的流动性强，养老保险呈现碎片化，他们更多的时间是没有养老保险的，因而无法满足缴费满 15 年的要求，导致无法领取退休金，若提取也只能是一次性领取个人账户积累额和一次性生活费，终结养老保险关系。因而，对于现职的农民工而言，最佳的选择就是将个人与单位应缴部分折算成工资发放而不参加养老保险，其他项目参保率面临同样的困境，因而总体参与率较低（表4-1）。因此，在劳动者的工作环境方面还有很大的改善空间。

表4-1　　　　　　　　外出农民工参加社会保障的比例　　　　　　单位：%

	2008 年 （N = 22542 万人）	2009 年 （N = 22978 万人）	2010 年 （N = 24223 万人）	2011 年 （N = 25278 万人）	2012 年 （N = 26261 万人）	2013 年 （N = 26894 万人）
养老保险	9.8	7.6	9.5	13.9	14.3	15.7
工伤保险	24.1	21.8	24.1	23.6	24.0	28.5
医疗保险	13.1	12.2	14.3	16.7	16.9	17.6
失业保险	3.7	3.9	4.9	8.0	8.4	9.1
生育保险	2.0	2.4	2.9	5.6	6.1	6.6

数据来源：徐济益、许诺（2015）。

四　自然环境

自然环境可以增进健康，也可以损害健康（多亚尔、高夫，2008：253）。2013 年 11 月 4 日，中国社会科学院、中国气象局联合发布的《气候变化绿皮书：应对气候变化报告（2013）》指出，近 50 年来中国雾霾天气总体呈增加趋势。中国环境监测总站发布的《74 城市空气质量状况报告》显示，2013 年 5 月，京津冀地区 13 个城市空气质量达标天数比例为 27.4%，低于全国 32.7 个百分点。长三角地区 25 个城市空气质量达标天数比例为 60.7%，高于全国 0.6 个百分点。珠三角地区 9 个城市空气质量达标天数比例为 89.5%，高于全国 29.4 个百分点（中国环境监测总站，2013）。而 2018 年 5 月，京津冀区域 13 个城市平均空气质量优良天数比例为 50.7%，长三角区域 25 个城市平均空气质量优良天数比例为 74.4%，珠三角区域 9 个城市平均空气质量优良天数比例为 89.2%（中国环境监测总站，2018）。比较 2013 年与 2018 年，可以发现，空气质量总体有明显改善，这是我国生态文明建设的重要成果。

五 保健

2013 年，我国城镇职工基本医疗保险、城镇居民基本医疗保险、新农合参保人数分别为 2.65 亿、2.71 亿、8.05 亿，超过 13 亿人。即便考虑重复参保的因素，医保覆盖人群也十分庞大。无论从制度覆盖，还是从人口覆盖上说，"全民医保"都已基本实现（胡雅婷，2013）。但这种"全民医保"走的只是"低水平、广覆盖、保基本、逐步完善、逐步提高、逐步发展的道路"（高强，2007），城乡之间、区域之间、不同人群之间的医疗卫生服务差距仍然十分明显。

在中国，医疗保障总体水平较低，而农村相对城市则更低，医疗卫生资源的配置及服务的可及性存在明显的城乡差异，涉及专业技术人员数量、床位数、设施配置、实际利用率等[1]。根据研究，医院机构类型、交通方式、单程时间、是否可提供用药、感冒治疗费用对农村医疗卫生服务的可及性具有统计学意义（杨清红，2012）。对于许多穷人来说，如果由于地理或费用方面而无法享受健康服务，即使有这方面的服务也没有任何意义（多亚尔、高夫，2008：258）。城乡居民在医疗保健上的开支也存在较大差异，农村居民医疗保健支出占消费性支出比例更高（表 4-2）。而群体保健工作投入不足导致的机构、家庭以及个人在发展策略上重临床、轻保健的倾向仍未完全改变。

表 4-2 　　　　　　　　2010—2018 年城乡居民医疗保健支出表

年份	城镇居民			农村居民		
	人均年消费支出（元）	人均医疗保健支出（元）	医疗保健支出占消费性支出（%）	人均年消费支出（元）	人均医疗保健支出（元）	医疗保健支出占消费性支出（%）
2000	4998	318.1	6.4	1670.1	87.6	5.2
2005	7942.9	600.9	7.6	2555.4	168.1	6.6

---

① 医疗卫生服务的可及性指的是参保者寻求并且获得医疗服务的难易程度，反映了参保者的机会公平和条件公平。城乡医疗卫生服务的可及性可以用城乡卫生技术人员分布、城乡医疗机构及病床数分布、城乡医疗服务实际利用率、城乡医疗服务距离可及性等指标来衡量。参见郑功成《中国社会保障改革与发展战略——医疗保障卷》，转引自《城乡医疗卫生服务的可及性比较》，《中国医疗保险》2011 年第 8 期。

续表

年份	城镇居民			农村居民		
	人均年消费支出（元）	人均医疗保健支出（元）	医疗保健支出占消费性支出（%）	人均年消费支出（元）	人均医疗保健支出（元）	医疗保健支出占消费性支出（%）
2010	13471.5	871.8	6.5	4381.8	326.0	7.4
2015	21392.4	1443.4	6.7	9222.6	846.0	9.2
2016	23078.9	1630.8	7.1	10129.8	929.2	9.2
2017	24445.0	1777.4	7.3	10954.5	1058.7	9.7
2018	26112.3	2045.7	7.8	12124.3	1240.1	10.2

数据来源：《中国卫生统计年鉴》（2019）—城乡居民医疗保健支出（电子版）。

在此背景下，保健利用率的直接指标就显得非常重要，主要是传染性疾病的免疫人数（多亚尔、高夫，2008：258）。从 1978 年开始，我们国家实行了免疫规划，麻疹、脊髓灰质炎、百日咳、白喉、结核和破伤风 6 种有疫苗预防的传染病，至少减少发病 3 亿人次，至少减少死亡人数 400 万以上（潘莹，2012）。自国家免疫规划实施以来，我国麻疹、流脑、乙脑、甲肝等发病率到 2010 年已降到历史最低水平。我国每年预防接种约 10 亿剂次，成为世界上国家免疫规划疫苗覆盖病种最多的国家之一（中国疾病预防控制中心，2013）。

妇女儿童健康是人类持续发展的前提和基础，妇女儿童健康指标不仅是国际上公认最基础的健康指标，更是衡量社会经济发展和人类发展的重要综合性指标。1949 年以来，妇幼保健服务从个别专项服务，逐步扩展到覆盖妇女儿童整个生命周期的全面服务。尤其是近年来，服务内容逐步拓展，服务数量日益增加，服务质量持续提高，越来越多的妇女儿童享受到优质的妇幼保健服务。自 1991 年起，中国婴儿死亡率（IMR）大幅降低。根据中国妇幼卫生监测系统的数据，2018 年，新生儿死亡率、婴儿死亡率和 5 岁以下儿童死亡率分别从 1991 年的 33.1‰、50.2‰和 61.0‰，下降至 2018 年的 3.9‰、6.1‰和 8.4‰，分别下降了 88.2%、87.8%和 86.2%（赵星宇，等，2021）。其中，农村和城市 5 岁以下儿童死亡率从 1991 年的 1∶3.4 缩小到 2018 年的 1∶2.3，但城乡差异仍很明显（妇幼健康司，2019）。而在生育保健上，1990 年全国孕产妇死亡率为 88.8/10 万，2018 年下降至 18.3/10 万，较 1990 年下

降了 79.4%，孕产妇死亡率稳步下降；1990 年城市与农村孕产妇死亡率
之比为 1∶2.2，2018 年降至 1∶1.3，城乡差距明显缩小（妇幼健康司，
2019）。

六　儿童期的安全

童年期的安全感是形成有自主意识的成年个性的中心要素，这个观
点是所有心理学流派的核心特征。而确保每位儿童的自主意识有机会得
到最优化的成长所必需的最低限度的需要是安全、激励、认可和责任。
然而，在实践中我们几乎无法得到任何这些方面的信息，不只能依靠能
够获得的粗略的替代性指标信息来说明（多亚尔、高夫，2008：261）。
2013 年关于中国的调查显示，在中国，每年有近 5 万名儿童因意外伤害
而失去生命，意外伤害成为 1—14 岁儿童的首要死因，最经常发生的伤害
依次为：跌倒/坠落（25%）、烧伤/电伤（16.7%）、锐器伤（9.1%）、
溺水（5%）、中毒（2.6%）。而 44.5% 的意外伤害是发生在家中（林
颖颖，2013）。国家食品药品监督管理局相关数据显示，我国 3500 多种
化学药品制剂中，供儿童专用的不足 60 种，90% 的药品没有儿童剂型
（孙铁翔、王昆、李亚红，2012）。学校是儿童期安全感形成的重要阵
地，但校园欺凌影响了学生的安全感与归属感（程玮、关颖榆、罗瑜，
2020）。2016 年对全国 29 个县 104825 名中小学生的抽样调查发现，学
生欺凌发生率为 33.36%，其中经常被欺凌的比例为 4.7%，偶尔被欺凌
的比例为 28.66%（姚建龙，2017）。2021 年 1 月，教育部印发《防范
中小学生欺凌专项治理行动工作方案》，启动开展防范中小学生欺凌专
项治理行动，为中小学生的儿童期安全保驾护航。

在家庭伤害中，除意外伤害，还涉及父母虐待、遗弃等恶劣行为而
导致的儿童伤害。2013 年 6 月 27 日，民政部发出关于开展适度普惠型
儿童福利制度建设试点工作的通知，将儿童群体分为孤儿、困境儿童、
困境家庭儿童、普通儿童四个层次。其中困境家庭儿童分父母重度残疾
或重病的儿童、父母长期服刑在押或强制戒毒的儿童、父母一方死亡另
一方因其他情况无法履行抚养义务和监护职责的儿童、贫困家庭的儿童
4 类（唐述权，2013）。2019 年，联合国儿童基金会、北师大中国公益
研究院发布的《中国儿童福利与保护政策报告（2019）》指出，我国困

境儿童服务成效显著（顾磊，2019）。但与儿童相关的法律制度建设还很欠缺，我们期待类似儿童权利条例、法案的法律法规尽快出台。

七 支持群体

初级关系是一个由身边重要的人组成的网络，个人从与他们的互动中得到心理上的强化刺激。为了维护自主，不仅需要一个能够提供基本支持的社会背景，还需要一个亲密和值得信赖的关系（多亚尔、高夫，2008：262—264）。全国老龄办副主任朱勇介绍，到2050年，我国80岁及以上高龄老年人将达到1.08亿，临终无子女的老年人将达到7900万左右，失能老年人将达到1亿左右，独居和空巢老年人将占54%以上（李叶，2012）。2013年，农村留守儿童的数量已经超过6000万，0—17岁城乡流动儿童规模为3581万，两者总和达到9683万，近1亿人口（国家统计局，2013：4）①。这一数据还不包括夫妻不在同一城市工作而形成的城市留守儿童与流动儿童。导致这一结果的直接原因主要是经济的快速发展引发的劳动力的流动，青壮年农民在比较利益的驱动之下选择流向城市，留下自己的父母、配偶或子女；而所谓城市白领可能出于工作的需要不得不与父母、配偶或子女两地分居，但深层次的原因是城乡二元分割的结构化体制与并不完善的劳动力市场，而由此引发的社会问题是初级关系遭到破坏。统计数据显示，流动儿童从2010年的1167.17万增加到2017年的1897.45万（增加了730.28万），留守儿童则从2010年的2271.51万减少到了2017年的1550.56万（减少了720.95万）（城市化观察网，2017，2019）。总体趋势是留守儿童减少而流动儿童增加，背后的原因是更多外出务工人员希望为子女提供直接的支持，也受益于劳务输入地政府为流动儿童权利的获取提供了更多的政策保障。

《中华人民共和国老年人权益保障法》第十八条中规定：家庭成员应当关心老年人的精神需求，不得忽视、冷落老年人。与老年人分开居住的家庭成员，应当经常看望或者问候老年人。用人单位应当按照国家

---

① 国家统计局《中国儿童人口状况——事实与数据》（2013：4）报告中的数据为：2010年，全国0—17岁流动儿童规模3581万人，留守儿童规模6973万人，受人口流动影响的儿童总数过亿。

有关规定保障赡养人探亲休假的权利，但实际执行效果并不理想。一是让企业买单并不契合市场精神，因而企业容易阳奉阴违，在就业压力之下，政策的使用可能会给员工的职业生涯带来负面影响，进而限制了员工行使权利；二是在城乡户籍分割、福利分割的情况下，若不能保证父母随子女迁移的权利①，政策的期待就很难实现，特别是随迁到城市并因此享有城市的福利在现实中存在重重阻力。而留守妇女、留守儿童与流动儿童都存在类似的因城乡分割而带来的体制性障碍，因而初级关系的维系并不能靠个体责任入法来保障，还需要政府承担起应有的责任。

八　经济安全

摆脱贫困具有普遍性满足物特征，是人们能够参与其社会、挑战其价值的一个必要条件。如果个人的安全与满足其他基本需要所必需的主要财产的安全得不到保障，就可能带来严重的伤害，个人自主的维护与发展就会产生问题（多亚尔、高夫，2008：265—267）。

学者倾向于将贫困分为绝对贫困与相对贫困，前者包括生计贫困和基本需求，后者指相对剥夺（陈宗胜、沈扬扬、周云波，2013），上述贫困人口是指绝对贫困人口。绝对贫困是指收入不足以支撑维持基本生存消费水平的状态。绝对贫困线是指如果收入低于这个标准就不足以购买最小限度的食物和最基本的必需品。汤森（Peter Townsend）认为贫困是因为缺乏资源而被剥夺了享有常规社会生活水平和参与正常社会生活的权利，提出相对贫困测量方法（杨立雄、谢丹丹，2007）。汤森关于相对贫困的界定与多亚尔、高夫关于经济不安全的界定都涉及参与生活的能力，因而在本质上是一致的。但是森对相对贫困的定义提出了疑问，认为贫困在能力的范围内是绝对的，相对贫困只是绝对贫困的补充而不能替代绝对贫困，是一种绝对的相对贫困观（多亚尔、高夫，2008：268；池振合、杨宜勇，2012；杨立雄、谢丹丹，2007）。汤森的资源匮乏取向与森的能力贫困路径之间并不存在矛盾，只是需要把相对论理解

---

① 《中华人民共和国老年人权益保障法》第二十七条规定：鼓励家庭成员与老年人共同生活或者就近居住，为老年人随配偶或者赡养人迁徙提供条件，为家庭成员照料老年人提供帮助。这并没有将老年人随赡养人迁徙视为权利，因而赡养人不能因此而提起行政诉讼要求相关部门执行，背后更多的是涉及与户籍捆绑的福利。

为针对商品和财力，二者对"相对贫困"的理解都具有合理性（杨立雄、谢丹丹，2007）。概念的争论并不影响反贫困的实践。2020 年 5 月，李克强总理指出，"有 6 亿人每个月的收入也就 1000 元"，这反映了我国仍然是世界上最大的发展中国家的基本国情（国家统计局，2021）[①]。2020 年 11 月，随着贵州省最后九个贫困县"摘帽"，中国全面建成小康社会，开始进入"后扶贫时代"，如何消除相对贫困，实现共同富裕成为时代的新主题。

九　基础教育

教育部《2019 年全国教育事业发展统计公报》数据显示，全国共有义务教育阶段学校 21.26 万所，招生 3507.89 万人，在校生 1.54 亿人，专任教师 1001.65 万人，九年义务教育巩固率 94.8%。全国高中阶段教育共有学校 2.44 万所，比上年增加 55 所，增长 0.23%；招生 1439.86万人，比上年增加 90.11 万人，增长 6.68%；在校学生 3994.90 万人，比上年增加 60.23 万人，增长 1.53%。高中阶段毛入学率 89.5%，比上年提高 0.7 个百分点（教育部，2020）。与其他国家、与中国的过去相比，中国在教育的不同层次取得了显著的成绩，在硬件投资上也显著增加，但教育资源分布不均衡仍很明显，主要是在师资水平、家庭教育、学习机会等软件方面存在城乡、区域差异。在财政性教育经费投入上，国家财政性教育经费支出占国内生产总值 4% 的指标是世界衡量教育水平的基础线。中共中央、国务院在 1993 年的《中国教育改革和发展纲要》中就提出，国家财政性教育经费支出占 GDP 比例要达到 4%，然而直到 2012 年，我国财政性教育经费支出占 GDP 比例才首次实现 4%（崔清新、周英峰，2012）。2019 年首次突破 4 万亿元，年均增长 8.2%；占GDP 比例为 4.04%，连续 8 年高于 4%（教育部，2020）。但其比例并未随着国民经济的发展和财政收入的增长有显著提升。

获得适当正式教育的机会是提高个人自主的普遍性先决条件。如果从批判性自主的角度来看，目前这种水平的教育权利是远远不够的（多亚尔、高夫，2008：272—273）。我们的初等与中等教育仍然停留在应

[①]　参见国家统计局网站，http://www.stats.gov.cn/tjsj/sjjd/202006/t20200615_ 1760268. html。

试教育的层面，无论是初等、中等还是高等教育倡导、遵循的都是工业主义逻辑；无论教师还是学生都普遍缺乏反思性，更多的是沿着技术性实践而非反思性实践的教学模式来培养学生，然而这又是后发国家出于规模教学的需要而"不得不进去的铁的牢笼"。

十　生育

1966 年《联合国人口宣言》指出，有机会决定孩子的数量和生孩子的间隔是一项基本人权（多亚尔、高夫，2008：274）。1974 年联合国《世界人口行动计划》对生育权作了经典性的定义："所有夫妇和个人享有自由负责地决定其子女数量和间隔以及为此目的而获得信息、教育与方法的基本权利；夫妇和个人在行使这种权利的责任时，应考虑他们现在子女和未来子女的需要以及他们对社会的责任。"（郝林娜，2006）2007 年《国家人口发展战略研究报告》指出，全国总和生育率在未来 30 年应保持在 1.8 左右，过高或过低都不利于人口与经济社会的协调发展（国家人口发展战略研究课题组，2007）。从对自主的影响来看，生育既可以是有益的，也可以是具有破坏性的（多亚尔、高夫，2008：274）。

总和生育率（total fertility rate，TFR），也称总生育率，是指该国家或地区的妇女在育龄期间，每个妇女平均的生育子女数。如果低于 2.1 更替水平，则意味着代际更替存在危险。世界银行 WDI 数据库提供了 1994 年到 2019 年的全国总和生育率数据（表 4-3），其趋势为先降低升高。在生育政策上，为提高总和生育率，政府在 2013 年、2015 年与后

表 4-3　　　　　　　　　　　1994—2019 年中国总和生育率

时间	1994	1995	1996	1997	1998	1999	2000	2001	2002
总和生育率	1.87	1.75	1.66	1.59	1.55	1.52	1.51	1.51	1.53
时间	2003	2004	2005	2006	2007	2008	2009	2010	2011
总和生育率	1.55	1.57	1.59	1.60	1.62	1.63	1.64	1.65	1.66
时间	2012	2013	2014	2015	2016	2017	2018	2019	2020
总和生育率	1.64	1.65	1.66	1.67	1.68	1.69	1.69	1.70	—

数据来源：世界银行 WDI 数据库（2021 年 7 月 30 日更新）。

注：总和生育率世界平均水平，1990 年为 3.2，2000 年 2.7，2011—2015 年为 2.5，2016—现在为 2.4。1994—2011 年为 2014 年统计数据，2012—2019 年为 2021 年统计数据。

2021 年，相继实施"单独二孩""一对夫妇二孩""一对夫妇三孩"的人口政策。由于生育与收入、家庭照顾、就业、住房等问题息息相关，对个人及家庭的生活质量影响较大，如果不能满足相应的需要，公众的生育意愿很难提高。

党的十九大报告指出，中国社会的主要矛盾是人民日益增长的美好生活需要和不平衡不充分的发展之间的矛盾。美好生活是一种在共同体中具有自主性、多样性的生活（霍普，2010：133），是人的现实生活需要、理想价值期待与未来生活样式的统一体（项久雨，2019；付文军，2020），与美好生活需要的内在结构基本一致（王俊秀、刘晓柳、刘洋洋，2020）。2012 年 11 月，习近平总书记在十八届中共中央政治局常委同中外记者见面时指出，我们的人民热爱生活，期盼有更好的教育、更稳定的工作、更满意的收入、更可靠的社会保障、更高水平的医疗卫生服务、更舒适的居住条件、更优美的环境，期盼孩子们能成长得更好、工作得更好、生活得更好。人民对美好生活的向往，就是我们的奋斗目标。2017 年 7 月，习近平总书记在省部级主要领导干部专题研讨班上将人民对美好生活的需要从"七个更"丰富为"八个更"，增加了"更丰富的精神文化生活"。从理念上看，多亚尔、高夫的人类需要理论在中间需要层面的论述与美好生活的需要具有一致性。因此，在多亚尔、高夫的人类需要理论指引下，通过实证方法来检验公众基本需要的满足程度及影响因素，对于消除人民日益增长的美好生活需要与不平衡不充分的发展之间的矛盾具有重要的方法论意义。

总体而言，改革开放以来，在作为基本需要满足物的中间需要的指标满足水平上，我们取得了巨大的成就，如自然环境、基础教育，也出现过政策上的起伏，如住房、生育制度，与公众对美好生活需要的期待还存在一定差距。在指标的满足程度上，不同制度、文化与身份规制下的社会行动者的性别、年龄、职业、区域等维度分布上存在何种差异，需要深入的研究。而在福利态度的表达上，社会行动者会优先关注未能满足的作为"投入"的中间需要，则应成为改革的重点与发展的方向。问题的关键不在于需要能否在当下满足，而是在未来如何满足上，即如何改变不平衡不充分发展的社会结构，即制度与文化以及行动者如何作出回应。

第五章 福利态度生成的结构化背景

理解福利国家多样性的因果关系是当代富裕民主国家比较政治研究的当务之急（Pierson，2000）。美国社会福利史学家莱比（James Leiby）曾言："社会福利制度的出现与发展必然是回应了某种社会、文化、政治与经济环境，且被此环境所模塑。"（张军，2013）但社会行动者的身份（identities）与利益（interests）并非由他们的结构位置预先决定（pre-determined）的。他们是在制度框架与历史传统具有决定性影响的进程中被创造出来（Svallfors，1997）。换句话说，福利的制度与文化可能共同预先结构化了公众对福利政策的认知、情感与行为意向，但人的能动性也同时参与到制度与文化建构的进程之中。需要思考的问题是：西方福利制度的诞生及其政策设计更多是置于市民社会背景之下，现行的福利文化扎根于公民文化，那么中国公众福利态度生成的制度与文化语境是什么？进一步思考的是：福利制度的生成轨迹是不是福利态度的折射？文化的偏好如何在社会福利政策的文本中留下它们的踪迹？（Schram，2000：1）

第一节 福利制度生成的路径

关于福利国家的社会—历史分析存在两种流派[①]。一种关注"结构"并认为"工业化逻辑"具有重要的作用。强调福利国家的功能和适应性与资本主义工业经济和社会的维系及发展之间的密切相关。一种关注"能动"的作用，认为工人阶级的政治运动和阶级间的妥协具有重要的

[①] 被一些学者概括为工业制度论、社会民主论、新马克思主义论、新多元论和国家中心主义。参见 Williamson & Pampel（1993：viii）；郑秉文、史寒冰（2002）。

地位（罗奇，2010：译序：18）。前者是一种结构—功能主义路径，后者是一种行动者路径。

（一）结构—功能主义路径

结构—功能主义的路径有三个版本：一是威伦斯基（Harold L. Wilensky）与勒博（Charles N. Lebeaux）的"工业主义逻辑"（the logic of industrialism），参照帕森斯等人的功能主义观点，认为技术发展、城市化与工业化改变了社会结构，从而产生了新问题，政府需要承担起相应责任以保证社会的平衡功能，换句话说，"强经济产生强福利国家"（Pierson，1996）。二是弗洛拉（Peter Flora）与海登海默（Arnold J. Heidenheimer）以及阿尔伯（Jens Alber）所称的涂尔干式（Durkheimian）路径，认为工业化是现代化的一个主要部分，弱化了社会整合，增加了失范，初级群体与次级群体的自助功能萎缩，政府成为有效帮助的唯一源泉（Uusitalo，1984）。三是以奥康纳（James O'Connor）为代表的部分（新）马克思主义者的观点。认为福利国家是功能性的，并非来自社会整体的共识而是来自资本的共同利益，为了后者，国家承担起一些劳动力市场再生产的责任（Uusitalo，1984）。奥康纳认为福利国家的扩张是受强加于资本主义国家的双重需要驱动：一方面，要为资本主义积累创造条件；另一方面，要为生产方式（mode of production）的社会合法性创造条件（Myles & Quadagno，2002），即积累与合法性（O'Connor，2002：6）。为了确保公众的忠诚与维持生产方式的合法性，国家必须满足承担了经济增长"成本"的人的不同需要（O'Connor，2002：9）。

帕森斯认为，在前工业社会情感性、扩散性、特殊主义与先赋性特征占据主导地位；工业社会需要的则是情感中立、专一性、普遍主义与自致性特征。根据"工业主义逻辑"理论，在前工业经济中老年人的社会特征由家庭、社区与劳动力市场型构。工业化通过侵蚀亲属纽带与农耕社会的传统习俗，增加对工资劳动的依赖，瓦解了这些传统关系。随着死亡率的下降，人们面临预期寿命的提高与人口老龄化的加剧，乡土制度（local institutions）已经失去照顾日益增长的老人、病人与失能者的能力。与此同时，工业化也推动了经济的迅速增长，为政府创造了更多富余的资金，这使得政府有可能提供家庭与地方社区不再能够提供的支持，而像官僚主义与社会分层则成了对新的社会目标实现的功能性回应

（Settersten & Angel，2011：322；Skinner，1976）。但工业主义逻辑的解释存在致命的缺陷。它假设不同的工业社会存在共同的目标，受共同的技术决定，公共政策被视为巨大的、客观的经济力量的产物，支持趋同论（convergence theory），而未能认识到其他因素的重要性；它无法解释围绕趋势线的变化，无法回答不同国家的公共退休金在慷慨程度与结构上为什么会存在显著的变化，甚至在经济发展水平相似的国家间（Myles & Quadagno，2002）。

（二）行动者路径

无论是马克思、涂尔干还是韦伯，在研究资本主义经济与福利制度时，都认为阶级是一个关键的概念。但"第二次世界大战"后的三十年期间，阶级与政党政治成为背景，工业主义逻辑成为解释社会发展的最好的样板。20 世纪 70 年代末，社会科学家开始寻找一个能够考虑人类行动的替代性解释。新路径的中心假设认为是政治力量而非发展水平为福利国家的多样性负责（Korpi，2006；Settersten & Angel，2011：322）。这是以行动者为中心的路径，包括雇员、雇主、国家，以及女性主义视角下的女性行动者。

首先诞生的是权力资源路径（power resource approach，PRA），它基于再分配理论，以一种不同于以往的阶级分析的新面貌出现，取代了长期占主导地位的工业主义范式。在伦斯基（Gerhardt Lenski）的《权力与特权》一书首次表达了它的基本思想：民主政体为"多数人"反对"少数人"（精英），并借助国家获取更大部分的社会红利提供了可能。科尔皮（Walter Korpi）将此类思想概念化为"权力资源理论"，并迅速获得主导性地位。它认为福利国家制度在规模与原则上的变化取决于劳工运动以及它与正在上升的中产阶级结盟的能力。反映了与阶级相关的分配的冲突与政党政治，在利益的博弈中产生了马歇尔所称的社会公民资格。这大致可以视为一种以雇员为中心的视角，已成为最为广泛接受的一种解释，它的概念操作性强且数据充分，能够给出比工业主义逻辑更为精致的解释（Myles & Quadagno，2002；Korpi，2006；Larsen，2006：1）。但它很难解释欧洲社会项目的起源，忽视了政治生态的作用，假设过于简单化，并且研究对象仅限于处于福利扩张阶段的经济合作与发展组织（Organization for Economic Co-operation and Development，OECD）国家

（刘军强，2010），因而在信度与效度上面临很大的挑战。

20 世纪 80 年代，针对权力资源理论对战前社会政策发展解释上的软弱无力等缺陷，斯考切波（Theda Skocpol）与她的同事采取了一个"政治事务"（politics matters）的视角，阐述了一个政体中心或制度主义的路径，强调国家制度的组织与结构。例如，决定选举与政策结果的并不仅仅是来自阶级力量的平衡，也可能是政府的制度特征与选举竞争的规则（Myles & Quadagno，2002）。这是一个国家中心的视角，不同于上述强调选举与整合了来自下层利益的政党的社会中心路径，强调找回国家但并不踢开社会，最终形成的标志是 1985 年由斯考切波主编的《把国家找回来》一书的出版。一方面，国家作为行动者，具有自主性，涉及国家行动的能力，研究的问题可始于疆域管理、财政方式与人员配置，但更多地集中于特定的政策领域；另一方面，国家作为制度结构，形塑着政治文化、群体形成、集体政治行动与政治主题议程（Skocpol，1985：9—22）。但从理论上看，国家能否成为一个独立的行动者，是否具备自主性，国家与社会的界限如何区分仍然备受质疑；从实证研究来看，行动者的界定，国家能力的测量都尚无定论，这限制了该视角的进一步发展与应用（刘军强，2010；朱天飚，2006：85—100）。

20 世纪 90 年代，权力资源理论受到雇主中心路径的挑战。一是来自鲍德温（Peter Baldwin）。从经验上来看，将社会民主力量与明显的团结联结起来是一个时代错误，而实际上其他因素在发挥作用；从理论上来看，劳动者并非对福利国家扩张感兴趣的唯一的政治行动者。遗憾的是，他并没有深入探讨雇主的社会政策的偏好（Baldwin，1990：62；Mares，2003：6）。二是来自斯文森（Peter A. Swenson）。根据对丹麦与瑞典雇主组织的研究，他指出权力资源理论忽视了雇主作为一个组织的行动者在福利国家发展中所处的中心的、积极主动的作用，在施密特（Philippe Schmitter）合作主义的框架中也仅有工会组织，而无雇主组织。现有的福利国家的主要项目都是由雇主推动的，特别是与那些在相同的经济部门的雇员存在跨阶级联盟的雇主（Swenson，1991；Korpi，2006）。三是来自霍尔（Peter Hall）与索斯基（David Soskice）。他们提出了资本主义多样性（varieties of capitalism，VoC）的路径以超越基于制度视角的"现代化"、20 世纪 70 年代的"新合作主义"（neo-corporatism）与 20 世纪 80—90 年代的"生产方式的社会体系"（social system of production）三种路径（Hall & Soskice，2001：2）。他们将公司作为分析的中心，认为公司是资本主义经济中的关键的行动者，产品类型对工人的技能需求存在的差异对雇主关于福利国家发展的观念是决定性的。产品需要技能，但期望工人自己投资于人力资本，最终会使工人与雇主陷入囚徒困境。而解决困境的方法是（社会）保险由公共供给，这样可以避免由于技能投资而造成的未来收入减少的可能（Hall & Soskice，2001：145—183；Korpi，2006）。这一视角使得我们重新审视了权力资源理论中雇主反对社会政策的假设，丰富了福利国家何以可能发展的原因解释，但研究目前仅限于雇主能够参与的社会保险等领域，而无法解释其他社会福利项目的发展。埃德隆德与格林伦德（Anne Grönlund）围绕工人自治（工人在工作中自由裁量的程度），比较了资本主义多样性路径①与权力资源路径，认为自治与前者所强调的生产力对技能需求的差异没有多大关系，而与工人组织起来的力量有较大的关系（Edlund & Grönlund，2010；Korpi，2006）。而科尔皮则认为两者决定性的差异在于对因果进程的解释不同，权力资源理论认为生产方式与福利国家的发展存在关联是荒谬的；另一个相关的差异是雇主对社会公民身份扩张的偏好序列的假设不同（Korpi，2006）。

20 世纪 60 年代以来女权主义、性别视角开始在社会科学领域独树一帜，20 世纪 70 年代社会政策与福利国家的研究开始关注性别，20 世纪 90 年代后，性别关系与福利国家的关系成为研究的热点之一（刘军强，2010）。女性主义学者为此做出了两大贡献：第一个也是最重要的，解释了为什么研究福利国家的学者通过传统方法调查得来的结果需要重新概念化与扩展；第二，强调了性别议题与妇女的政治活动在福利国家形成与发展过程的贡献（Pierson，2000）。性别关系深刻影响福利国家的特征，福利国家也以不同方式影响性别关系（Orloff，1996），两者之间存在交互作用。女性作为行动者可以对社会政策的设计、决策与实施施加影响，而国家作为结构更多暗含男性主导模式，作为行动者通过社会政策有可能固化，也可能改变两性在政治参与、劳动力市场、家庭工资

---

① 强调生产力对技能需求上的国家差异。

系统、传统婚姻及伴生的性别道德上的双重标准，从而改变两性之间的
地位，继而反过来影响社会政策的设计。对研究者来说，重要的是，不
仅要理解福利体制及其发展的后果如何影响性别关系，还须进一步分析
性别关系与女性的社会及政治参与对福利体制和社会政策发展的影响这
一维度（Pierson，2000）。但女性视角将男性与女性视为零和博弈的关
系，忽视了性别之间与性别内部的差异，在强调平等的同时却又呼吁给
予女性特殊的待遇（刘军强，2010），诉求间的冲突使得社会政策难以
回应，这无助于问题的解决。

　　以上理论视角都是基于西方福利国家扩张与紧缩的历史，沿结构或
行动路径，通过比较研究，考察何种因素对国家福利制度的变化产生了
影响。对于发展中国家而言，存在经济水平、政治制度与文化传统方面
的差异，因而不可以机械地套用某些视角来解释中国社会福利制度的变
化，但这不能成为我们选择性地评价的理由，也不应成为我们拒绝借鉴
的借口。

　　林卡指出中国学者在评价斯堪的纳维亚国家的社会政策模型时，忽
视社会团结与社会公民身份，这是"缺失的成分"（missing elements）；
重视中国的情境，这是"增加的成分"（added elements）。中国与斯堪的
纳维亚国家对斯堪的纳维亚模式兴趣焦点存在许多共同之处：都谈论普
遍主义、社会政策的综合覆盖、社会保障补贴的慷慨程度以及公共服务
的质量。在中国学者看来，斯堪的纳维亚模式的成功在于"工业化逻
辑"，所有的发展都是植根于工业化与经济的发展，然而这种解释是不
充分的，随之，结构解释与体制分析成为解释的主线。中国学者同时沿
着另一条路径解释社会政策的发展，认为它不只是工业化的"拉力"，
也是社会民主的"推力"作用的结果，将其视为阶级斗争的结果，但并
未改变资本主义的本质。职是之故，一个矛盾的现象出现：在纲领性
（programmatic）层面上，中国人意识到斯堪的纳维亚模式原则的普遍性；
但在意识形态—理论层面上，他们继续坚持这是阶级冲突的结果（Lin，
2001）。

　　沿着西方工业主义逻辑，工业化是现代化进程的一个部分，除此之
外还包括政治与文化现代化，经济的发展决定着福利国家的扩张。工业
化社会具有以下特征：第一，工业化社会技术发展水平比早期社会更为

先进；第二，工业体系需要有更大范围的专业技能的劳动力；第三，工业主义与大规模的组织相联系；第四，工业社会，为了生存，必须发展出一种共识：能将个体与群体彼此联系起来；能够提供思想、信念与价值判断的共通体（a common body）。工业化的中心问题不是资本对劳动力，而是劳动力的结构化——如何获得雇佣、发展与维系（Kerr，Harbison，Dunlop & Myers，1996）。因而，工业化对社会政策、福利制度发展的影响最主要体现在对劳动力市场的影响。中国的工业化同样是现代化进程的一个部分。1954 年 9 月 23 日，周恩来在第一届全国人民代表大会第一次会议上做《政府工作报告》时，正式明确提出，我们要"建设起强大的现代化的工业、现代化的农业、现代化的交通运输业和现代化的国防"。1964 年 12 月 21 日在第三届全国人民代表大会第一次会议的《政府工作报告》中，正式提出沿袭至今的"现代农业、现代工业、现代国防和现代科学技术"的四个现代化（韩亚光，2006）。

　　昔日的西方处于以下困境：（1）农村停滞；（2）城市底层的迅速增加；（3）教育的贫困无法满足发展的需要；（4）官僚政治组织"力量的失败"；（5）人口与劳动力的过度增长（Kerr，Dunlop & Harbison，1971）。与第四点不同的是，中国政府强而有力，党的领导是中国特色社会主义制度的最大优势，正稳步迈向社会主义现代化强国。但其他几点较为相似，其典型表现是大规模人口流动现象的出现，特别是城乡二元户籍制度分割下的农民工现象。这主要是多年来我国农村劳动力加速转移和经济快速发展促进了流动人口大量增加。然而，就业流动人口，特别是农民工，在流入地的养老保险、医疗保险、工伤保险、失业保险、生育保险和住房公积金（"五险一金"）的参加比重仍然较低，流动人口的工作时间普遍较长，劳动合同签订率普遍较低。对农村而言，农村劳动力的流出还带来消极的后果，即农村经济与社会发展的停滞，表现为儿童教育缺失、老人赡养不足、家庭关系破裂等。国家卫生健康委员会的《中国流动人口发展报告 2018》① 显示，2010—2015 年起，流动人口增长速度明显下降，2015 年流动人口规模开始下降，原因主要是本地就业机会增加，这将有利于家庭关系的维护与乡村振兴战略目标的实现。

---

① 参见中国政府网，http：//www.gov.cn/xinwen/2018-12/25/content_ 5352172. htm。

对城市而言，工业化尽管推动了经济的发展，但对技能的需求也迅速提高。部分城市居民，特别是在体制转型过程中被迫进入劳动力市场的城市居民，由于年龄偏高，缺乏技能，无力为自己的人力资本投资，也缺乏其他途径，因而，常常沦为社会的底层。同时，城市在获得经济与社会发展时，并未试图与外来流动人口共享成果，相对城市居民而言，外来流动人口属于工作地城市的"陌生人"，他们没有过去，流动性很强，无法构成互惠的历史，因而城市通常奉行"无历史，则无互惠"的原则；与户籍捆绑的福利制度则将农村流动人口排斥在外，在此城市又奉行"无户籍，即无权利；无权利，即无福利"的原则。因而，在户籍制度的分割的中国特色之下，工业化并不必然意味着福利的扩张，它还受其他因素的影响，工业主义逻辑并不能完全解释中国的社会现象。

权力资源理论强调阶级联盟的力量，但在中国，一个庞大的群体——农民工曾经被长期忽视。根据《中华人民共和国工会法》第六条的规定：维护职工合法权益是工会的基本职责。工会通过平等协商和集体合同制度，协调劳动关系，维护企业职工劳动权益。但在实际的运作过程中，由于农民工加入工会的比例偏低，工会难以承担起维护农民工合法权益的职责。而受国民生产总值（GDP）利益的驱动，地方政府常常是默许了资方在用工上的某些违规行为，如996的加班制。因而，依靠工会形成组织化的体系，改变自身的弱势地位，影响社会政策，还需要制度的进一步完善。在存在户籍壁垒、用人单位内部缺少组织化的支持时，权力资源理论难以解释中国社会福利制度的发展。

综上所述，工业主义与国家中心主义试图通过经济发展与政治稳定获得福利体制的合法性的策略，不足以解释以民为本的适度普惠型福利体制的中国特色。习近平同志在党的十九大报告中提出，提高保障和改善民生水平，加强和创新社会治理。让人民群众分享改革开放的成果是中国社会建设的一个重要转折点，表现在具体的社会政策中增加社会支出的比例。从宏观层面来看，社会支出作为一个重要的再分配的工具，其占国民生产总值的比重可以反映一个国家的总体福利态度（Jakobsen，2011）。雇主为中心的视角在西方本身尚处于发展阶段，不够成熟，其假设也缺乏经验证据难以验证。中国与西方政治、经济与文化体制存在差异，很难有经验的证据来检验此假设。性别视角内部的冲突使得理论本身尚需明晰，其解释力尚待提升。总体而言，国家中心主义的视角相对接近中国社会的实际。这一视角将国家从工业主义发展的政治背景拉回为社会发展的舞台演员。它有两大宣称：一是强国家可能产生强福利国家；二是制度争论的中心是政策的合法性，或反馈，即先前引入的福利国家项目的效果（Pierson，1996）。在关系到国计民生的问题上，国家仍然要发挥其主导作用，"国家回归"成为新的转向。但回归不是回到过去，而是走向以政府为主导，家庭、市场、社会组织等多元主体参与的福利多元主义。

长期以来，中国的社会福利主要是通过举办社会福利机构，为"无劳动能力、无法定抚养人、无生活来源的"老年人、残疾人和未成年人"三无"对象提供基本的生活保障和服务保障，是一种补缺型的社会福利（窦玉沛，2006）。改革开放初期，政府在社会福利中的责任经历了一个逐步缩小和退出的过程。在"社会福利社会化"的口号下，将国家福利的观念和责任全部甩掉并加以批判，将"社会化"理解为"政府不再管"，将社会福利的主体责任推向"社会"，从国家包揽的极端走到了国家不管的极端。经过"社会福利社会化"改革、社区服务的推进、职业福利的分解等一系列改革与转型，在经验与教训的洗礼中，我们重新明确了政府在社会福利中的地位和作用（成海军，2011）。为了加快社会福利事业的发展，2007年民政部提出，中国将推进社会福利模式由"补缺型"向"适度普惠型"转变，这是国家责任的重新回归，但绝不是历史的重复。这一转向意味着，在福利的价值观方面，从过去单纯的恩赐观念转变为一种基本的福利权利（成海军，2011）。

从结构—功能主义路径忽视人的存在，到以行动者为中心的不同路径对人的权利尊重，西方社会福利制度生成的解释视角基本上是以市民社会为背景，而中国社会福利制度的改革进程显示，社会福利传递的理念正在从补缺型向适度普惠型、从古代恩赐到现代权利、从行政管理到专业服务的转变。然而，福利制度的生成无论基于何种视角的解释，其首先应是作为行动者的人的态度发生了变化。这是一种相互作用的过程，态度促成了制度的形成，制度的形成强化了既有的态度。问题的关键在于：谁的态度，谁的制度？需要思考的是，在东亚地区，历史上长期形成的儒家文化传统和宗法式（或家长式）的社会治理传统，深刻影响着当代政府的社会治理方式和民众的政治观念（郑秉文、史寒冰，2002），在这种背景下探讨中国社会的福利态度就不得不考虑中国的制度与文化。

第二节 国家与社会

从国家与社会的关系角度来分析社会福利政策的建构及其演变，具有十分重要的理论与实践价值。这主要体现在社会福利政策的诞生本身是一种"国家"主义的制度建构，但它却同时又必须具有"社会"主义的取向，能够回应社会大众的基本诉求和愿望（刘一飞、文军，2013）。在中国，党和政府的决策和管理部门对社会的认识、判断和态度，直接关系到制定什么样的政策法规（俞可平，2006）。

1993 年 7 月，费孝通先生在印度新德里举办的国际学术会议上发表了《对"美好社会"的思考》的演讲，提出"美好社会"的理想，后来总结为"各美其美，美人之美，美美与共，天下大同"的十六字箴言。它是每一位公民都能参与进来、享有幸福、实现价值的社会，其将呈现一幅中国历史上前所未有的社会图景（项久雨，2020）。习近平总书记强调，"人民对美好生活的向往，就是我们的奋斗目标"（习近平，2014：70）。而社会主义核心价值观则从国家、社会与公民三个层面为美好社会的实现提供了保障。同时，美好社会只是一个"可行的社会，而非完美无缺的社会"，要实现美好社会，制度层面"首要任务是实现真实的、包容性的民主"，要让公众尽可能充分表达意见（Galbraith，1996：3，139）。在当下，美好社会仍是一个理想愿景，但具有可行性，其生成有赖于制度对民意的根本回应与渐进实现（项久雨，2020）。政策法规本身就是对国家与社会关系的定位，它一旦形成就可能成为预设的结构固化公众的认知，从而影响到公众在社会政策的设计、实施与执行过程中的行动能力，而行动能力的不足则可能影响公众的福利态度及福利行动。因而，考察国家与社会关系就成为研究福利态度的重要任务。

国家与社会关系的研究由来已久，潘恩（Thomas Panie）最为明确地区分了国家与社会，而黑格尔是第一次真正地将市民社会作为与政治相对的概念，并进而将之与国家从学理上分开（黑格尔，1961：197；邓正来，1993）。黑格尔将国家视为解决问题的场所，而马克思在批判其观点的基础上明确指出，国家与社会关系的发展趋势，不是国家统摄市民社会，而是市民社会消解国家（张双利，2020）。在中国学术界，市民社会是英文术语 civil society 的中文译名，代表政治、经济领域以外的公共领域。对于美好社会的建构而言，市民社会的生长与发育是不可或缺的重要环节（项久雨，2020）。在扬弃西方社会的资本逻辑之后，市民社会可以成为反映人民美好生活需要诉求，实现主体地位的重要公共空间。基于此，本书采用市民社会的概念表述。

社会与国家的关系是市民社会理论研究的一项重要内容，理论视角存在五种分疏：以托克维尔（Alexis de Tocqueville）为代表的"社会制衡国家"理论；以美国学者潘恩为代表的"社会对抗国家"理论；以黑格尔为代表的"社会从属于国家"理论；以美国学者伯恩哈德（Michael Bernhard）为代表的"社会与国家共生共强"理论；以瑞典学者米切莱蒂（Michele Micheletti）为代表的"社会参与国家"理论，它强调市民社会中各种社团组织参与国家事务的必要性，形成了以美国为代表的多元主义与以瑞典为代表的社团主义两种不同的模式。"社会制衡国家"与"社会对抗国家"的理论观点皆源自洛克。洛克理论的实质是社会决定国家，社会对国家享有最高裁判权。而邓正来、景跃进则提出国家与社会的良性互动论，这是一种双向制衡的关系（周国文，2006；邓正来、景跃进，1992）。

国家与社会关系的典型形式是多元主义和法团主义，都是"以社团形式组织起来的市民社会的利益同国家的决策结构联系起来的制度安排"（Schmitter，1974：86；顾昕、王旭，2005）。从学理上来讲，根据权力配置，多元主义与精英主义相对；根据利益集团的组织化程度，以及它与政府的关系，多元主义与法团主义相对（景跃进，2003）。法团主义与多元主义都可以视为"一种利益体系与/或态度代表"（Schmitter，1974：86），在社会福利领域，它们也就成为福利态度的代表，观察福利态度自然可以从这组范畴出发，不同的制度安排自然呈现出不同的态度倾向及利益诉求，而最终指向的是国家与社会的关系。

多元主义盛行于 20 世纪 50—60 年代，主要在美国发展，至今依然有重要影响。20 世纪 70 年代，作为一个完整的理论体系的法团主义形成，它可以说是对多元主义的一个回应。多元主义与法团主义共享一些基本的假设：（1）正式的、相互联系的代表单位重要性日益增长；（2）功能分化与潜在的利益冲突的长期存在与扩张；（3）行政人员、专业信息、技术专家作用迅速提升，随之，垄断地位的确立也迅速增加；（4）区域与党派重要性下降；（5）公共政策的范围与私人、公共决策领域的相互渗透永远趋向扩张（Schmitter，1974：96）。尽管如此，两者之间仍然存在很大的差异。

多元主义可以被定义为一种利益代表制度，其中选民团体组织（constituent units）被组织成多元的、自愿的、竞争性、无等级秩序与自我决定（就利益的类型与范围而言）的类型，它的领导人选举或利益的诉求不是经由政府特别许可、承认、补助、创建或其他控制形式，它也不能垄断其代表领域内的代表活动（Schmitter，1974：96）。就古典意义上的多元主义而言，它的基本命题可概括为以下八个方面：利益集团的广泛性；私人性；中介性；动员性；活动的定向性；政府也是多元主义的复合体；社会均衡的保障（景跃进，2003）。多元主义假定权力的分布是分散的、非单一集团控制的；政治的基本场所是社会而非国家，是典型的"社会中心论"：它伸张社会权利而限制国家的干涉，主张个体权利而限制公共权威的侵扰。但多元主义在实践中也存在问题，它使社会不能适应新的组织环境，无法回答社会是否具有自主性，它促进了社会的分裂，因而需要另一种不同的结构促进整合（张静，1998：3，15—16）。

与多元主义相同的是，法团主义也是一种利益代表制度，但其中选民团体组织被组织成唯一的、强制性的、非竞争的、具有等级秩序并且功能分化的数量有限的类型。它们获得通过国家承认或许可（如果不是国家创立的话），并在各自的领域内经由国家特别授予的代表权的垄断地位，作为交换，其领导人的选择、要求和支持的表达，要受到国家的某种控制（Schmitter，1974：92—93）。具有六大特征：在某一社会类别中社团组织的数量有限；社团组织形成非竞争性的格局；社团一般以等级方式组织起来；社团机构具有功能分化的特征；社团要么由国家直接组建，要么获得国家认可而具有代表地位的垄断性；国家在利益表达、领袖选择、组织支持等方面对这些社团组织行使一定的控制（Schmitter，1974：93—94；顾昕、王旭，2005）。就国家卷入与社团自主之关系的问题而言，法团主义还可以进一步区分为"社会法团主义"和"国家法团主义"（表5-1）（Schmitter，1974：103；顾昕、王旭，2005）。差别在于形成这些特征的过程有所不同，在很大程度上体现出这两种利益聚集和表达模式嵌合于其中的政治体制的特征（顾昕、王旭，2005）。

表5-1　　　　　　　　　国家法团主义和社会法团主义的区别

特征	社会法团主义	国家法团主义
数量有限性	通过由当下的参与者为排斥新来者而设计的"政治卡特尔"的内部协作安排的进程实现	由政府故意限制
单一性	是谋求生存的社团自发性选举或竞争性淘汰的结果	由国家对多元或类似社团的强制取缔
强制性	通过社会压力、合同规定的会费支付、基本服务的供给和（或）私人执业能力的获得实现	通过劳工法或其他官方颁布的，特别是认可的权威
非竞争性	通过社团内部寡头倾向或外部自愿达成协议来实现	经由国家持续不断介入的调停、仲裁与压制实现
秩序等级化	通过官僚体系的扩张和/或整合的内在进程实现	经由国家明确颁布集中化与行政依附的法令实现
功能分化	针对各自的"势力范围"与非突袭性条款（nonraiding provisions）自愿达成一致	依据国家建立的职业—行业的分类框架而形成
国家许可	来自备受挫折的（below upon）政府官员的政治需要	基于社团形成与持续运作的条件
代表地位的垄断性	通过独立争取取胜	依赖于国家承认
领导选举与利益表达的控制	基于对程序与/或目标的共识	是独占合法性暴力的垄断者不对称强加的结果

资料来源：施密特（Schmitter，1974：103—104）。

1983年，倪志伟（Victor Nee）与蒙津戈（David Monzingo）编写了名为《当代中国的国家与社会》的论文集，标志着海外学者开始用国家—社会关系的框架来分析当代中国社会（刘鹏，2009）。新中国成立前中国国家与社会关系的研究，最具影响的两种解释模式是"士绅社会"和"东方专制主义"。前者认为士绅作为一个阶层平衡着国家与社会的利益，维持着国家与社会的协调，持这一观点的代表人物有萧公权、瞿同祖和张仲礼等人；后者认为国家是一种名副其实的"工具"国家，持这一观点的代表人物是魏特夫（Karl August Wittfogel），但无论何种解释都受到了后续研究者的质疑（罗兴佐，2006）。费孝通先生评论中国皇权时代的国家与社会关系时，就提出一个著名观点：自上而下的命令谁也不敢保证是人民乐于接受的，后来概括为"双轨政治"，如皇权不下县与绅权在基层（曹正汉，2018）。对改革前中国国家与社会的关系，海外中国研究当中有两种代表性的理论框架：极权主义（totalitarianism）理论和利益集团（interest group）理论。前者强调国家与社会关系中国家的主动性，后者则认为真正的政治活动是以利益集团为基础的（刘安，2009）。但都是以西方制度为范本，其话语体系本身就存在对非西方文明或制度的偏见。国内研究则以全能主义、新权威主义、总体性社会等解释模式影响较大（罗兴佐，2006），仍未摆脱以西方为中心的话语体系的影响。从学理上反思概念的适用性时，可以发现国家与社会互动互构模式是迄今最好的解释框架，但需要整合国家能力模式与其他国家理论（肖文明，2018）。而最近四十年（1978—2018年），国家与社会关系的弹性经历了先是逐渐增大、后又有所缩小的变化趋势，这是中央与地方关系的变化所导致的结果（曹正汉，2018）。也有学者以70年（1949—2019）为跨度，将中国的国家与社会关系概括为单边吸纳、弹性依附、共建共享三大阶段（胡颖廉，2019）。国家与市民社会范式在中国的兴起，可以说是在一定程度上反映了中国改革开放以来国家与社会关系的深刻变化以及相关论者对这些变化的认识和思考（邓正来，2006）。但如何突破西方的话语体系，建立中国的叙事框架，讲好中国故事，需要学界的持续努力。

　　丹麦学者奥斯特加德（Clemens Stubbe Ostergaard）用"市民社会反抗国家理论"解释20世纪80年代末的政治实践（顾昕，1994；康晓光、韩恒，2005；邓正来，2011）；1992年，邓正来、景跃进在《中国社会科学季刊》创刊号上提出有必要建立中国市民社会理论。这一理论的根本目标在于：从自下而上的角度，致力于营建健康的中国市民社会（邓正来、景跃进，1992）。在学界的推动下，"市民社会理论模式"逐渐成为中国的一种主流解释模式；2000年前后，"第三部门理论"开始出现（邓正来，2011）。无论是国家还是社会，其发展的目标都在相互的作用过程中不断变化的，但现有的研究仍习惯性地将两者视作各具逻辑的实体，假定了双方目标和行为模式的异质性（郁建兴、周俊，2006）。经典理论强调国家与社会之间是一种权力控制中的此消彼长的零和博弈关系，是一种单轴关系，认为社会主体性的提高会有损于国家的施政。但国家与社会之间既可能存在控制，也可能存在支持，并且支持可以独立于控制而单独地发挥作用，国家与社会可以协同发展、相得益彰，这构成一种双轴关系（陶传进，2008；顾昕、王旭、严洁，2006）。张紧跟、庄文嘉则认为，国家与社会关系既不是"国家中心的"，也不是"社会中心的"，而是"国家镶嵌在社会中"（张紧跟、庄文嘉，2008）。总体而言，无论何种解释模式，当代国家相对于社会仍然处于支配性地位，社会缺乏自主性，国家通过经济、政治与文化的手段形塑与宰制着社会，以此维持对社会的合法性。在中国，我们坚持的是以人民为中心的发展思想，共同富裕是社会主义的本质要求。因此，国家与社会的关系必然要走向共建共享共赢。

从人类社会发展的复杂性和多样性角度看，市民社会在不同的历史阶段以及不同的文化背景和国别，其含义、构成、作用和性质也会有所不同。中国的市民社会乃是指社会成员按照契约性规则，以自愿为前提和以自治为基础进行经济活动、社会活动的私域，以及进行议政参政活动的非官方公域（邓正来、景跃进，1992）。从其定义来看，包含四个重要因素：契约、自愿、自治、公共领域。契约是对人的基本权利及其资源的承认，无权利，无资源，则无以交换，自然也就产生不了契约关系；自愿尊重的是选择的自由，是一种能动性自主；而自治彰显的是市民社会相对国家的一种独立自主的行动能力；而公共领域则是市民社会与国家之间良性互动的平台。总体而言，20世纪80年代政治学的视野中是"有国家无社会"，90年代可归为"有社会无国家"，而进入新世纪以后，则大有"回归国家"之势。然而，国家的回归是指现代国家的建构，因为，正如没有一个以市场经济和公民权利为根基的现代市民社会，就难以建构一个现代国家一样，没有一个现代国家，现代市民社会也难以建构起来（徐勇，2006）。

判断国家与社会之间的关系，最重要的指标是看国家与社会组织之间的关系。在已有的国家与社会关系研究中，方法论上的一个共同特点是把政府管理社会组织的方式作为考察国家与社会关系的切入点（康晓光、韩恒，2005）。在中国，20世纪90年代中期以来学术界展开了争论：一派认为，应该用市民社会概念来研究中国团体；另一派认为，中国几乎所有团体的生活在本质上是国家组合主义（Unger，2009）。然而，需要警惕的是我们应该拒斥机械套用西方概念的"学术消费主义"与忽视本土思想框架及预设前提的"前反思性接受取向"，而应倡导将国家也视为分析单位的"关系性视角"（邓正来，2011）。同时期，国际学术界的主流是强调国家与社会的相互增权（mutual empowerment）、公私部门的伙伴关系（顾昕，2004）。然而，"社会"并非铁板一块，就中国的当下情势而言，"国家与市民社会"框架在根本上所透露出来的是一种"都市化"取向，遮蔽了中国"城乡二元"社会结构的复杂性（邓正来，2011），国家与社会在本质上成为国家与城市、国家与中产阶层的关系。同时，"国家"也并非西方学术文本意义上的"国家"，而是由政府（国务院）、政党（中国共产党）与军队（中国人民解放军）共同构成的"国家"，在国家与社会关系的演变中，政府变化最为显著，而政党与军队变化较小（Shambaugh，2000：168）。在中国，坚持党的领导是我国制度保持优势的根本保证。除此之外，按照层级，政府可区分为中央政府与地方政府，不同层级的政府与社会的关系并非完全一致。因而，对国家与社会关系的理解不仅要识别社会维度，也要识别国家维度。相对市民社会理论主流范式，"分类管理"与"行政吸纳社会"的模式对中国国家与社会关系作出了较有特色的解释。前者认为，当前中国的国家与社会关系呈现分类控制的基本特征。从整体上来看，政府管理社会组织的手段不是"单一的"，而是"多元的"，即对不同的社会组织采取不同的管理方式（康晓光、韩恒，2005）。在"行政吸纳社会"的体制中，国家与社会不是分离，更不是对立，而是相互融合（Kang & Han，2007）。然而，分类控制只是昔日分而治之策略在今日的现实应用，在国家对社会的远交近攻的策略中，国家的合法性由自身赋予，而社会的合法性必须通过国家赋予，而非自然存在，国家仍然是凌驾于社会之上，两者并不因为宣称融合就无障碍，因而并非国家与社会关系的"理想类型"。这种适应威权政体的分类控制的概括性结论如果被接受，那么则意味着这种制度体系将成为另一种终极性的制度安排。两种实证主义的取向，由于自身的缺陷，充其量只是把握了中国市民社会组织的发展现状，而对其应该"向何处去"的问题却缺乏社会哲学和政治哲学维度的严肃思考（邓正来，2011）。不同解释模型共同指向的问题其实是如何评价市民社会，但在这个问题上，国内学者的研究总体上存在欠缺，国外学者研究相对深入。萨拉蒙（Lester M. Salamon）、索洛洛夫斯基（S. Wojciech Sololowski）、里斯特（Regma A. List）从能力、可持续性与影响三个维度；安海尔从结构、空间、价值观和影响四个维度测量社会发展的程度，但两者共同指向的都是作为社会支柱的社会组织，相对而言，后者覆盖面更广，因而能够更好地反映社会的发展程度（萨拉蒙，2006：15；Anheier，2004：36；胡辉华，2005；陈坚，2008）。

无论是多元主义抑或是法团主义，在本质上是合法性由谁赋予的问题。在多元主义中，社会的合法性来自社会的自然权利，无须国家许可，社会是自身合法性的天然代表，这是一种社会合法性；而在法团主义中，无论是国家法团主义还是社会法团主义，社会的权利都是由国家让渡，国家则成为合法性的天然代表，这是一种国家合法性。前者中，国家与社会是并列的两个逻辑实体，因而并非严格意义的"社会中心论"，而应是"国家—社会中心论"，它仅仅是限制国家的干涉，纯粹的"社会中心论"应是国家存在与否的合法性由社会赋予；后者中，国家凌驾于社会之上，国家赋予社会的合法性，这是两种不同的路径。使用"镶嵌"而非"生成于"的修辞，潜在含义仍然将国家视为合法性的来源。为了突破国家与社会的二元对立，就需要重新思考合法性的来源。

合法性是指国家获得和执行政治权力的方式与公民关于法律、规则与传统（简而言之，规则）相一致。基于合法性的视角的解释力与基于政治共同体共同善的需要的公共偏好的地位是相一致的。合法性（legitimacy）可通过三个指标测量：合法观（views of legality）、正当观（views of justification）与同意的行动（acts of consent）。国家合法性是指一个国家，如果被公民视为正确持有与发挥政治权力的程度越高，那么越合法

（Gilley，2006）。政治的合法性总是有价值的，福利国家在民主资本主义社会里追求政治合法性时扮演一个很重要的角色。合法化的概念与个人机会的可获得性相关，国家传统对福利价值仍保留影响（Taylor-Gooby & Martin，2010）。相对于社会的天然合法性，国家为了获得合法性，常常陷入动员与团结的双重焦虑。动员代表着在社会等级制中向上流动的机会，而团结需要与其他参与者对利益和资源共享情感和合法性。动员鼓励行动者脱离他们共享资源和利益的社会圈子，以获得社会系统中更多更好的资源；团结依赖于对共享相似资源和利益的他人的认同；过分强调动员会破坏社会认同与群体凝聚力，过分强调团结会打破结构的格局，引起潜在的阶级认同与阶级冲突（林南，2005：141）。以社会组织的发展为例，政府动员社会组织发展，意味着社会组织在社会等级制中向上流动的机会，有利于社会福利供给的效率提高，满足扩大再生产的需要，有利于获得社会组织的支持，从而获取合法性；但出于控制的目的，政府又可能过多使用自由裁量的权力，通过资源分配有选择地发展与政府利益契合的组织，对社会组织进行分类控制，并常常以行政待遇或直接委任官员的方式渗透进社会组织，使得社会组织泛行政化。在政府作为资源供给的重要甚至唯一主体时，不同社会组织获得发展的资源是不同的，因而是制造差异的过程，它一方面推动了社会组织的迅速发展，另一方面却导致社会组织间因资源而纷争，导致对政府的依赖更加严重，这是政府分而治之策略的结果。而若要走向团结，政府就必须与社会组织对利益和资源共享情感和合法性，比如福利是权利而非可随时施予，又可随时剥夺的馈赠，无论政府还是社会组织都只是福利接受者的权利代理人，从而将政府与社会组织，或曰社会，置于平等地位，避免社会组织陷入单向依赖政府的困境。然而，现实的遭遇使得研究者只能将国家与社会视为存在不同逻辑的两个利益实体，短时间内很难想象两者如何对利益和资源共享情感和合法性。然而，政治的合法性永远是动态的过程，而非静态的结果；你无法维持它，而只能争取它。

从合法性来源来看，欧美国家的社会保障制度是在工人阶级争取劳工权利的社会主义运动直接推动下得以建立的，社会福利的发展在很大程度上受到工会力量的影响，选民和利益集团的意志对社会保障政策的制定产生重要影响（郑秉文、史寒冰，2002）。因而，西方国家的合法性是在国家与社会间的相互妥协与认同下获得保证的。然而直到 19 世纪，由于西方国家的入侵，中国作为传统国家的合理性和合法性受到极大的质疑和挑战，旧的国家体系被迫瓦解，从而产生了建构现代国家的可能（徐勇，2006）。国家始终处于争取合法性的社会进程中，其选择的策略则是试图通过它的行动能力确立其相对于社会的合法性。

现有关于国家能力的界定与操作化主要集中在军事能力、官僚行政能力与政治制度的品质与凝聚力（Hendrix，2010）。阿尔蒙德与鲍威尔（Jr. G. Bingham Powell）、奥格斯基（Abramo Fimo Kenneth Organski）与库格尔（Jacek Kugle）将汲取能力（extractive power）视为国家能力的最重要成分，但受到质疑：一是奥格斯基与库格尔忽视和平年代政治对政府无限征税能力的限制；二是未能解释为什么一个特定的状态没有能够比它应该的更好或更坏。杰克曼（Robert W. Jackman）提出政治能力依赖于组织的常规化（routinization of organizations）与政治合法性。但没有能够回答一个国家在不使用暴力的情况下如何产生同意与一致。合法性可以参照两个维度：法律或道德。斯奈德（Lewis W. Snider）认为更重要的是制度方面，制度可靠性的增长改善汲取能力，但反过来并非如此。霍尔斯蒂（Kalvei J. Holsti）也将国家力量与政治合法性关联在一起，他将合法性区分为垂直合法性与水平合法性，前者与统治者与被统治者之间的自愿服从相关；后者处理的是正式规则作用的政治共同体的边界。垂直合法性的一个根本性的前提是"在汲取的需要、服务传递者的期望与参与之间维系一个合理的平衡"（Lee，2000）。新合作主义通常是与国家能力（a nation's capacity, or ability of states）相关，这是一种与雇主、工会运动协商达成长期契约的一种能力，它依赖于中央集权（centralization）或工会运动的密度（concentration），追随的是奥尔森（Mancur Olson）的集体行动逻辑。那些将新合作主义契约视为"政治交换"的人强调国家提供诱导的能力与工会约束成员的能力实为同样的（Hall & Soskice，2001：3）。这种契约仍然是从合法性层面而言的。贝斯利（Timothy Besley）与佩尔森（Torsten Persson）的研究显示涉及共同利益的公共产品，如反对外部战争，以及政治稳定与包罗万象的政治制度，都有助于建立国家能力。他们发展出一个框架："政策选择"、市场与税收率的管制，受到"经济制度"的制约，它们轮流反映了过去在法律与财政上的国家能力上的投资。认为经济学家关于充足的制度存在有助于维持市场经济与向公民征税的假设，无论是从历史还是当代的发展中国家来看，都并非理所当然的（Besley & Persson，2009）。然而，李（Pak K. Lee）认为国家能力是与政治凝聚力，而不是同军事与经济能力存在密切的关联。增强政治凝聚力的前提是保护财产权，同时允许各个政党获得同等参与政策制定过程的相关权力，否则，任何试图汲取税收的行为都将破坏互信与政治凝聚力（Lee，2000）。对于现代国家而言，财政和赋税制度涉及政府和百姓的关系，涉及政权的经济政治运作基础以及合法性（周飞舟，2006）。而预算能力与汲取能力共同构成国家能力的财政维度（Ma，2009）。税收是国家能力生成的基础，对税收处置的汲取与预算能力则构成国家能力的最重要的财政维度；合法性是能力生成的前提，无合法性则无能力；而政治凝聚力是其能力生成的保证，缺乏凝聚力则外强中干。简言之，国家能力表现为汲取税收的能力，与合法性、政治凝聚力存在关联，军事与经济能力并非影响国家能力的重要因素。这与福利态度指向的国家维度具有高度相似性，后者同样考虑财政/征税能力、政府边界与社会团结，可以对应于前者的汲取能力、合法性与政治凝聚力三个维度。中国共产党也高度重视国家治理能力的建设。2013 年，党的十八届三中全会首次在中共中央文件中提出"推进国家治理体系和治理能力现代化"；2019 年，党的十九届四中全会颁布《关于坚持和完善中国特色社会主义制度推进国家治理体系和治理能力现代化若干重大问题的决定》，国家能力建设上升到一个新台阶。因而，研究中国公众的福利态度就不得不研究中国的国家能力。

沈大为（David Shambaugh）指出当代中国国家研究大量集中在"国家所及"（reach of the state）与"国家能力"（state capacity）之上，包括14 个方面（表 5 - 2）（Shambaugh，2000：165—166；刘鹏，2009）。前者涉及合法性的广度与深度，体现为政府的责任；后者涉及行动能力，体现为政策的选择与执行。无论"国家所及"还是"国家所能"，这些测量指标仍然是建立在国家与社会的二元对立的基础上，国家的历史传统、实践结构以及相对社会的行动能力决定了社会的发育程度，换句话说，决定了"社会所及"与"社会所能"。

表 5-2　　　　　　　　　当代中国国家研究的指标与对应问题

序号	指标	问题
1	国家的结构与组织	如何组织的？
2	国家的规范性程序	它是如何法律化、理性化、规则化（或相反）的？
3	精英政治的本质	领导者如何互动以及根据什么规则或程序互动？
4	精英的组成与招募	候选人名单是如何界定的，他们的社会代表性与包容性如何，选择的机制是什么？
5	政策制定与执行的本质	官僚化、规制或自组织（ad hoc）程度如何？
6	国家的功能	相对于社会，它的主要目的是什么？
7	国家介入社会的程度	渗透性与强制性如何？什么是国家与社会间的缓冲器？
8	国家汲取的能力	它从社会汲取资源与税收的能力是什么，这是如何做的，它被视为合法的吗？
9	国家管制的能力	效用如何？
10	国家的强制能力	它是如何控制内部与外部的安全力量？
11	国家合法性的源泉	基于什么？
12	国家的历史与文化的来源	多大程度上是自生自发，多大程度上是采借国外的模式？
13	维持社会秩序的能力	它是如何做的，多大程度上是强制必需的？
14	政治参与的包容或排斥	形式的民主化程度如何，市民社会到达什么样的程度？

资料来源：沈大伟（Shambaugh，2000：165—166）。

从单一的国家维度来看，在中央与地方层面上，王绍光（Wang Sha-oguang）、吕晓波与伯恩斯坦（Lu Xiaobo & Thomas Bernstein）指出中国政治转型中，中央对地方控制能力的减弱导致国家能力削弱。瑞典学者金山爱（Maria Edin）则持反对意见，认为中国的国家能力——监控低级行动者的能力增强了。隐藏在执行一些政策失败背后的原因，如农民减负，与其说是对地方领导者的控制不足，不如说是中央的偏好（经济增长为首要目标）与冲突的政策引起（Edin，2003）。而通过对税费改革过程中政府间财政关系的考察，发现基层政权从过去的汲取型变为与农民关系更为松散的"悬浮型"，从依赖农村税费到依赖上级财政的转移支付（周飞舟，2006）。基层政权更加依赖高级行动者，但国家与农民之间却产生了"真空"状态，国家所及与国家所能将止步于基层政权而无法渗透到农村的日常生活中。因而，相对于基层政权，税费改革强化了国家能力；相对于农村农民，税费改革弱化了国家能力，但农民的行动能力却并没有相应增强，村级基层组织也没能成为沟通农民与国家的有效桥梁。

从国家与社会组织的关系来看，根据"沟通与交往"和"财务和控制"，库恩勒（Stein Kuhnle）与塞勒（Per Selle）将非政府组织对政府的关系分为四种类型：整合依附型、分离依附型、整合自主型、分离自主型（张钟汝、范明林、王拓涵，2009），这是一种单向分析。根据"服务的融资和授权"（financing and authorizing of services）和"服务的实际提供"（actual delivery）两项指标，吉德罗（Benjamin Gidron）等人将政府与非政府组织的关系分为以政府支配模式、第三部门支配模式、双重模式（混合模式）与合作模式（包括"合作卖方"模式与"合作伙伴"模式）（田凯，2003），这是一种双向分析。无论前者还是后者，国家与社会组织都被视为存在异质性的各具逻辑的实体，都是以行动者之间的关系作为分类的基础，仍然停留在对现状的静态描述上，只是选择的互动类型存在差异，并未能指出国家与社会关系未来的发展方向。尽管伴随财政危机、意识形态的攻讦，西方政府的介入范围与能力已经下降，但是志愿主义取代下降的政府能力仍然是不现实的（Lindenberg，1999）。在康晓光、韩恒的"分类控制"体系中，国家是根据社会组织的行动能力与公共物品的供给内容来确定其行动的边界。这种行动能力既是一种挑战国家合法性的能力，又是一种辅助国家合法性的能力。针对前者，国家必须具备限制其超出合法性边界的能力；针对后者，国家必须具备挖掘其支持性作用的能力，而"中国政府恰恰具有这种能力"（康晓光、韩恒，2005）。反之，中国社会组织的行动能力是非常有限的。即便是专业性社团，自主性也尚未得到充分发展（顾昕、王旭，2005）。无论是草根组织还是专业性社团，若非官办或无官方背景，那么都不得不挣扎于寻求合法性与资源的生存困境之中。而官办或官方背景的社会组织更多是国家行动边界的延展，是政府对社会谋求"全景畅视"的需要，其行动所及与行动所能受到国家意志的束缚，同时受到草根社会组织的挤压。因而，尽管社会组织的数量急剧增加，但在既有的国家与社会关系的管制下，社会的发展很可能只是处于一种有增长而无发展的"内卷化/过密化"状态。

　　根据在结构中的合法性，社会组织与国家的关系可区分为独立与从属①。根据在行动中的能力，社会组织与国家的关系可区分为自主与依附①。独立与从属强调的是结构，是合法性问题；依附与自主强调的是能动性，是行动能力问题。依附意指由于能动性不足，不得不寄寓于某种结构以保持合法性；而自主则指能动性较强，但若缺乏合法性则仍然不得选择寄寓于某种结构。从自主的本义来看，应是一种"无条件地自足及自我主宰的理想"（阿伦特，2009：182），但现实生活中不存在无条件的自

图 5 - 1　社会组织与国家关系分类

主。因而，中国社会组织在总体上呈现的是一种"从属式依附"，部分具有"从属式自主"或"独立式依附"的特征，但似乎还不存在"独立式自主"（图5-1）。在当下的讨论中，合法性有两个来源：国家与社会，我们总是喜欢非此即彼地争论不休，或来自国家，或来自社会。行动能力有两个维度：汲取与服务，汲取针对的是资源，服务针对的是福利接受者。我们的社会组织常常尴尬地处于两端，要么汲取能力很强，但服务能力不足；要么服务能力很强，但汲取能力不足。

　　依据现实处境，相对于社会，国家仍具有强大的行动能力，控制着所有重要资源的再分配。如果政府要实现福利资源再分配效益的最大化，从新制度经济学的角度而言，它就不得不考虑交易成本与组织成本。如果通过购买社会组织的服务获得效益更大，那么意味着组织成本相对较高，政府应转移部分职能于社会；如果通过增设内部等级分层，直接提供服务，减少了市场交易间的摩擦，使得组织成本低于交易成本，那么政府应回归某些职能。但无论采用何种形式，其最终指向都应是满足行

---

　　① 王诗宗、宋程成认为中国社会组织在总体上呈现"依附式自主"特征，笔者认为其概念的区分仍然存在问题。参见王诗宗、宋程成（2013）。

动者的基本需要。

总体而言，无论是何种社会组织，其最终的落脚点必须是作为成员的行动者的能力，特别是参与能力，其能力正是社会组织获取合法性的重要保证，而这种能力是在满足健康与自主的基本前提之下获得。现实中，行动者初始化资源中的权利存在缺失。这种权利的缺失通常是由于既有制度的结构化，而将其默认为合法，从而表现为扭曲、歪曲或异化的福利态度。美好社会为"个体"意义上人的自由全面发展与"共同体"意义上的共同富裕奠定了全新的社会基础（项久雨，2020），福利态度的自然表达应生成于一个基于契约、自愿、自治、公共空间等要素建立的美好社会之上。但制度并非解释现象的唯一路径，我们还需要考察文化因素。

第三节　福利文化与公民文化

每个社会都有自己的福利制度，但每个社会的福利制度又不完全相同。在形成福利制度或福利模式差异的原因中，文化是一个重要的变量。那么，文化是怎样影响或形塑社会福利的呢？（毕天云，2004b）一个国家的社会政策多大程度上是文化的结果？传统观点认为战后福利国家是被设计出来用于改变大众文化的"现代"工程。结果，社会政策的分析忽视作为福利来源与背景的更广泛的文化（Baldock，1999）。历史上看，社会福利政策反映了文化规范，但事实证明，社会福利政策是一个围绕支撑社会秩序的基本文化范畴进行斗争的爆发点。实质上，20世纪的公共福利国家反映了它们运行于其中的更为广泛的文化意涵（Schram，2000：1；Baldock，1999）。中国社会政策的营养来自于它自己的文化传统，如已经内化为行为习惯的孝顺、福利供给的个人义务与互助的准则（Lin，2001）。然而，福利制度变迁的文化意涵必须通过行动者来实现，文化正是通过对行动者态度的形塑完成其对社会福利制度的渗透的。对于既存世界的陌生来客，他的态度在社会化的过程中会受到潜移默化的作用，特别是来自文化的预设的结构化作用。基于此，探讨中国社会的福利态度必须考察行动者所处的福利文化的中国背景。

一　福利文化

福利供给结构的转型是英国 19 世纪 70 年代到 20 世纪 40 年代的中心问题。维多利亚式的社会福利供给——主要通过在市民社会这一媒介内的面对面方式供给——转型为最"理性的"和科层制式的现代福利国家存在许多实践的、物质的与功能性的压力是毋庸置疑的，如经济组织规模的扩大、地方政府不能胜任的税收基础、家长制社团结构的侵蚀、人口结构转变的影响以及无法挣脱的特定的社会关键问题的"国民"特征（特别是失业）。某种程度上，自由市场自身也利用甚至强迫国家干预（Harris，1992）。尽管时代不同，但福利供给的转型同样是中国面临的核心问题。当下的中国存在与过去英国相似的实践、物质与功能性的压力，如企业规模的扩大、人口结构的转变以及从计划经济向市场经济的转型等。然而，东亚各国在进行社会福利制度设计时，事实上选择了不同的路径和道路（朴炳铉、高春兰，2007）。因为东亚国家依旧保持着以孝思想为基础的固有传统文化，如家长制度，家庭中心主义和共同体意识等。这些固有文化也反映在社会福利的制度方面。所以正是这些固有文化，使东亚的社会福利和西欧的有所区别（朴炳铉，2012）。

东亚的体验是与众不同的，在社会政策的论述上是绝对不同于欧美模式的（Kwon，1998：27；Holliday，2000）。社会政策分析对东亚例外论（exceptionalism）产生的原因采取了不同立场（Holliday，2000）。琼斯将文化视为福利制度发展的决定性变量，认为儒家主义是贯穿开始、现在以及未来的发展型意识形态与福利意识形态（Jones，1990；Jones，1993；Aspalter，2006），与此相反的是，怀特与古德曼认为文化的解释在说明东亚福利体制进化中是"无用的"变量（White & Goodman，1998：12，15）。而富有挑战的研究主要聚焦于国家的作用，认为国家是中心而否认文化的作用（Holliday，2000）。

从文化角度透视社会福利制度生成的理论观点可归纳为文化起源论、文化背景论、文化传播论、文化决定论和福利文化论五种。但前面四者存在一个共同的致命弱点——机械论的"外生化倾向"：它们都把社会文化看成社会福利体系的"外生变量"，文化仅仅从外部作用于社会福利。"福利文化论"则把文化与社会福利有机地结合起来，文化构成了人类福利实践活动中的"内生变量"，文化不再是脱离社会福利的文化，而是福利文化。因而"福利文化论"是目前从文化角度研究社会福利较为合理的理论视角和概念工具（毕天云，2004b）。

就其内涵而言，福利文化属于社会文化的一部分，是指在社会福利实践活动中存在和体现出来的各种思想、意识、心理、态度等观念要素的总和；就其外延而言，至少包括福利模式观念、贫困观念、救济观念、养老观念、生命价值观念、疾病观念、教育观念和宗教福利观念八个要素（毕天云，2005）。从布尔迪厄的场域理论来看，福利文化属于社会福利场域的惯习，是存在于福利实践活动中的各种思想、意识、心理、态度等观念要素的总和；福利文化不仅具有维系福利制度的功能，而且是解释不同福利制度差异的一个关键变量（毕天云，2005）。福利场域所具有的独特逻辑体现为它所遵循的基本价值理念——社会公正，遵循社会公正的价值理念既是福利场域区别于其他社会亚场域的主要标志，也是福利场域相对独立性的集中表现（毕天云，2007）。因而，福利文化是在遵循社会公正的价值理念下对福利权利与义务的看法及行为习惯。但福利文化的定义并非没有争议，平克将其定义为价值观与行为习惯；为了弥补平克定义的难以操作化的缺陷，毕天云将福利文化限定在精神层面并描述了外延，张军将之扩展到制度层面，而杨蓉蓉附加了物质层面（张军，2009：50—51）。然而，一切皆是文化，那么文化将一无所用。制度与物质本身不能等同于文化，制度与物质只是文化得以呈现的载体，背后隐藏的各种观念要素才是文化。因而，将福利文化限定在精神层面是更为可取的策略。

中华民族是一个具有深厚福利文化传统的民族（毕天云，2013），也是一个背负巨大历史包袱的国家（Wong，1998：21）。儒家"仁爱"的道德观念，道家"积善"的善恶报应观，佛教"慈悲"的观念文化，逐渐积淀为中华民族的传统心态和心理定势（张军，2012）。在福利事务上，形成了一个国家与社会参与照顾穷人的脆弱传统。尽管经历了社会主义的革命，但这一文化合法性仍在形塑公众的价值与实践的道路上投下了长长的身影，它为社会主义国家提供了一个回顾过去、适应新的现实以及追求期望的起点（Wong，1998：21）。从文化的分析路径来看，中国传统的价值观与西方国家的保守社会福利模式在表面上有相似之处——双方都强调自力更生，以家庭和市场力量满足个人需要，强调互助和慈善的重要性，政府只担任辅助角色，提供最少量的和临时的公共福利措施（黄黎若莲，1995：18；转引自毕天云，2005；Wong，1998：34），具有民族共同性、历史共同性与濡化同向性（张军，2009：164—166）。但是，在表面相似的背后存在本质上的差异：一是中国社会强调群体取向而非个人主义；二是在中国社会中家庭和家族居于中心地位；三是中国的个人与国家之间不存在契约关系；个人缺乏公民权利观念（黄黎若莲，1995：18；转引自毕天云，2005）。除此之外，福利文化中，中国人强调家庭为本，家国同构，西方人强调社会为本，但注重个人权利；中国人倾向于信奉熟人社会中的"关系"原则，而西方人倾向于遵守陌生人社会中的制度原则等（张军，2009：176）。福利国家被视为一种欧洲的现象，因而社会政策的分析必定建基于欧洲的文化传统。而传统的中国文化则滋养了中国的社会政策，如孝顺、福利与相互照顾的个人义务，强化了他们对共同体而不是更广泛社会的社会义务。这些准则对社会保障发展的可能性施加了根本性的影响（Lin，2001；Lin，1999）。儒家的孝悌和"亲亲"，道家的自守自持形成了指导一般民众的基本的求—助哲学，而孟子的"穷则独善其身，达则兼善天下"则似乎在二者之间架起了通道（王思斌，2001）。黄黎若莲（Wong Linda）认为社会福利是社会的一个完整部分，它仅能从与之相关的"根"出发研究（Wong，1998：21）。而景天魁将中国社会和人文的基础—基本的社会结构、家庭结构、生活方式、人伦人情以及人文精神称为中国的"根"，它是中国福利制度的基础，是适合中国人的福利模式的精髓（景天魁，2011）。在中国，传统福利文化仍很重要，但福利价值与制度实践的持续与变迁已经给中国福利制度强加了一个独一无二的特征（Wong，1998：22）。

　　然而，文化是可变的，不是固定的、长期存在的，文化遗产可能被制度安排所腐蚀（Wong，Wang & Kaun，2009）。改革开放前，在强大的政治动员与实践效果的推动下，形成了一种高度政治化同时又高度同质化的社会心态；改革开放后，则经历了传统价值观的断裂、空白，现代价值观的萌生、顿挫、复苏与发展（周晓虹，2009）。以父母赡养为例，中国传统文化中有孝道之说，旧称奉养父母的准则。作为儒家伦理道德之首的孝道，它不仅仅是指服从和尊敬父母，而且是由文化界定的处理人际关系的样本与准则（张坤、张文新，2004）。除却封建糟粕，孝道之说也存有现代福利思想的追求，其中首要道德内涵是赡养父母。儒家强调对父母要做到"养则至其乐""居则至其敬""病则至其忧"，而立身行道，则"不遗父母恶名"（安云凤，2009）。然而，传统文化在现代制度的冲击下已经式微。黑龙江省人大代表翟玉和自费组织了三个调查组，从 2005 年 11 月初至 12 月底，历时 50 天，踏访全国 31 个省区，对其中 72 个村的 60 岁以上老人的养老现状进行了实地调查，行程达 5.2 万公里，调查涉及人员 10401 人，结果显示，老人与儿女分居的比例是 45.3%；三餐不保的占 5%；93% 的老人一年添不上一件新衣；69% 无替换衣服；小病吃不起药的占 67%；大病住不起医院的高达 86%；人均年收入（含粮、菜）650 元；种养业农活 85% 自己干，家务活 97% 自己做；对父母如同对儿女的视为孝，占 18%，对父母视同路人不管不问的为不孝，占 30%；52% 的儿女对父母感情"麻木"；精神状态好的老人占 8%；22% 的老人以看电视或聊天为唯一的精神文化生活。很多儿女们认为，父母没冻着，没饿着，就是自己尽孝的最高标准了（王新友，2006）。这与传统孝道文化的式微、农村人口流动、农村社会保障制度缺失存在关联（安云凤，2009）。尽管在"新农保"与"城居保"之间我们开启了福利改革的破冰之旅，但合并后在制度模式、筹资方式、待遇支付等方面与合并前仍保持基本一致，因而差距依然存在。我们面临的困境是：在新兴的市场经济的冲击下，基于家庭的传统福利文化已经岌岌可危。

既有的制度已经形塑了将来自他人，特别是来自政府的福利视为一种恩赐而非权利，一种人情而非契约的福利文化，而福利文化本应是一种行动指向福利的政治文化。它不仅是需要的文化还是应得的文化；是权利的文化还是责任的文化；是服从的文化还是参与的文化。作为分析路径的福利文化，我们长期以来更多的是将文化视为指挥行动的程序，将行动者视为帕森斯笔下的"判断的傀儡"，忽视了作为实践的文化。作为实践的文化，能够解蔽当下的社会福利制度的现实，有助于我们审视资源配置与权力运用中的行动者的利益诉求，透视制度背后潜藏的行动者之间权利与责任关系的分割，理解行动者福利行动的逻辑起点及其策略。在文化交流日益加深的今天，作为实践的文化的培育对中国福利态度的形成起着重要的作用。然而，作为实践的福利文化需要行动者积极参与到福利行动中，这端赖于行动者参与型政治文化的培育，换句话说，需要转向公民文化的培育。

二 公民文化

中国传统文化要求福利供给的家庭责任制，并寻求邻里的守助相望；当马克思主义社会生产理论及其基础上的社会主义计划经济理论在改革前占据主导地位时，家国同构实现了巧妙的过渡，它们一起影响了中国社会福利体系的建立和发展。改革后，市场经济的自由主义和传统保守的家族和社区责任的结合，在个人自利与社会团结①间纠缠徘徊，对当前中国社会福利体系的改革走向产生着基本的影响。翟学伟认为，近代以来，西方的公平正义观也在深刻地影响着中国，但他们似乎更多地停留于中国社会的表层与制度的设计方面，而积淀于中国文化的深层结构之中的，依然是自己的传统（翟学伟，2010）。我们无法否认，传统文化的深层积淀在市场经济的强劲扰动之下，已经不可能静若止水。在传统向现代的转型过程中，基本制度与文化的变迁正在深深地影响着中国人的价值观与日常行为规则，但昔日的文化传统仍在潜在地牵制着中国人的福利态度的转向。

现代中国学人最早接受"公民"概念是基于 20 世纪初救亡图存的压力。梁启超首发其端，作《新民说》，汲汲于"新民"，也即塑造具有"公德"的"国民"。公民文化是一种对社会对象的心理倾向，是一种内

---

① 王思斌认为在传统上中国社会是以自足的家庭（家族）为基础的社会，家庭（家族）对其成员有一种包容性支持的义务，家庭成员则有为家庭增加财富和资源的责任。共同的生活、时空的一致性使家庭（家族）内部的支持关系成为可能。这是中国社会基本的社会团结。参见王思斌（2001）。

化于居民的认知、情感与评价之中的政治系统（Almond & Verba, 1989：13）。公民文化既具传统文化的特征，又具现代文化的特征，是一种混合的、处于现代化进程中的传统文化，是一种基于沟通与说服的多元文化，是一种共识与分歧共存的文化，是一种允许变革又节制变革的文化（Almond & Verba, 1989：5—6）。公民文化的发展并不意味着与传统的决裂，而是一种沟通传统与现代的桥梁。公民文化表现在心理和智力两个方面。在心理上，它要求公民具备参与和自治的性格特征和思想行为习惯；在智力上，它要求公民具有政治和道德的评价能力，即处理信息、制定和运用规则、评判政策、选择代表，从而能成功地指导公民直接或间接参与公共事务的理性能力（申建林，2002）。因而，公民文化要求公民具备自主的行动能力，是一种参与型政治文化。

根据埃拉扎对美国早期三类政治文化的研究，每类文化都传达对政治行动与政府政策目的不同理解，这一理解中最关键的是与大众政治参与的合法性以及政府政策制定的范围的可接受性相关。道德文化鼓励公众参与，支持扩张的、积极的政府；个体文化将政策决策留给专家，强调市场机制；而传统文化更强调精英，反对公众参与，容忍执行与集体行动相关的基础性功能，特别是公共安全与秩序的维持。埃拉扎将政治文化对公共政策的影响视为通过从每种文化中生成的政治态度与期望的矩阵而完成传递的。隐藏着两个假设：一是每种文化的成员在大众参与和政府（责任）边界上存在泾渭分明的态度；二是与三种政治文化相匹配的大众政治态度是国家公共政策的驱动力。但实证研究表明，前者仅有微弱的经验支持，三种政治文化的区分并不清晰，以至于试图寻找出从大众态度转变为公共政策转变的机制是毫无意义的，然而这无法回答政策变化随文化的变化而变化，因此可能的解释是在政治文化与公共政策之间存在未被重视的缺失的联结：一是精英文化，精英更大地影响公共政策的制定；二是文化堕距（cultural lag），关键的政治制度或许继续反映的是早期的占优势地位的文化（Lowery & Sigelman, 1982）。

西方社会福利制度的变革遵循的是一条从慈悲正义到公民权利历史演进逻辑（张军，2013）；而中国经久不变的是国家为本的社会稳定逻辑（彭华民，2010）。总体来看，我国公民还没有完全形成经常性的社会参与。在这种背景下，要发现公民围绕社会权利而表达的行为倾向可能存在较大困难，因为前设的制度与文化或许已经预先结构化了他们诉求的方向与行动的策略。

第六章　福利态度生成的初始化资源

在计算机语言中，初始化本义是恢复系统于默认状态，借用此处，是想用来描述保证人在市场上自由行走时资源配置的最基本的状态。这一理想可以表达为，"给能工作的人工作，给不能工作的人保障"（米勒，2012：前言），这是福利国家的重要原则，也理应是以追求人民福祉提升为目标的任何制度国家的重要原则。工作是最好的福利，但前提是能工作的人应拥有在市场上自由行走时所需的平等资格，即进入市场之前拥有的初始化资源应是平等的。然而这种资源的配置总是先于世界的新来者而存在，因而其合法性就尤为重要，它的可认同程度直接关系到行动者在市场上自由行走的能力。从中间需要的满足情况来看，不同指标的满足程度在群体间的分布并非是均衡的。而若在个体特征，特别是先赋性特征上，呈现出差异意味着个体在市场上自由行走的资格并非同一，其背后隐藏的则是人的福利资格的保障程度存在差异。这种差异可能预先形塑了行动者的价值与态度，如果是非对抗性的，甚至可以作为一种激励，行动者的选择可能是可容忍的；如果是对抗性的，甚至是不相容的，行动者的态度则可能是倾向于反对。

第一节　马歇尔之问的逻辑

人的生命、自由与人身安全是人之为人的基本权利，但首先是人的需要，是人之为人的需要。当人的生命、自由和人身安全无法经由个体完全支配，那么需要的满足就不得转化为由社会确立的权利加以保障，这就由自然赋予的权利转向了由社会保障的权利。尽管在不同的社会背景、不同的制度环境下，权利的界定存在多重差异，但在社会福利、社会政策的讨论中无法回避权利却是一个不争的话题。

人类需要、人类权利与社会正义的关系是一个存在巨大争议的话题，有学者认为人类需要的概念是人类权利与社会正义的核心，而通常情况下，需要与权利是相互强化的（Dover & Joseph，2010：402）。但需要并不能直接声称权利，我需要什么并不意味着我有权利获得什么（Wetherly，1996）。威尔曼（Carl Wellman）认为经济人类权利（economic human rights）必须基于权利拥有者与义务承担者之间的关系，而不是人的基本需要（Wellman，1997：24）。然而，威尔曼仅仅是强调了福利权是一项公民权利，而没有论及福利权是否可以成为一项宪法的基本权利的问题（Held，1986；陈国刚，2009：44）。法布尔（Cécile Fabre）认为，每位公民应该得到的生活方式（life style）的社会权利是由需要界定的。社会权利所指的需要，是比较的需要——与其他公民看齐，而不是基本生存的需要（Fabre，1998；转引自王卓祺，2009）。但多亚尔、高夫认为作为消极自由的公民/政治权利、作为积极自由的获得需要满足物的权利及政治参与是人类基本需要满足的最优化的前提条件（多亚尔、高夫，2008：215）。需要之所以成为一项权利有两种解释路径：一是需要无法通过市场的运行获得保障，而且根据可预见的结果可以发现市场包含非正义；二是如果社会强加义务给它的成员，那么它就必须赋予成员需要满足的权利，这是迄今为止被视为拥有履行义务的能力的前提（Plant et al.，1980：51；转引自 Wehterly，1996）。义务的真实性显然包含权利的真实性——权利是一群个人为了履行自己和别人认为他们应该承担的义务需要享有的权利。然而，权利和义务之间的逻辑关系非常复杂（Wetherly，1996；多亚尔、高夫，2008：119）。权利与义务的关系格局显示的是行动者自由行走在市场上的基本政治与经济资格。但从阿伦特的观点来看，当资源被视为财产权加以保护时，劳动的自由已经不复存在，工作的不确定性就时刻出现，需要的满足就必须通过权利来加以保障。因而，讨论福利态度生成的初始化资源时，首先是从作为人所享有的权利出发，而这种权利的讨论可以从马歇尔的公民身份开始。

公民身份是一种共同体的所有成员都享有的地位，这一地位所赋予的权利和义务上都是平等的（马歇尔，2008a：23）。包括三种权利：法律公民身份、政治公民身份与社会公民身份。社会福利领域侧重关注社会公民身份，主张赋予公众以福利资格，指的是从某种程度的经济福利与安全到充分享有社会遗产并依据社会通行标准享受文明生活的权利等一系列权利，与此对应的机构是教育体制和社会公共服务体系。丹麦学者埃斯平—安德森正是以公民社会身份为基础将福利体制区分为自由主义、保守主义和社会民主主义三种类型（Esping-Andersen，1990：21）。

围绕经济学家阿尔弗雷德·马歇尔（Alfred Marshall）之问，以英国的社会福利制度为对象，马歇尔提出四个问题：首先，当基本的平等在内容上进一步丰富并表现为公民身份的正式权利时，它与社会阶级的不平等是否依然相容？其次，在不侵犯竞争性市场自由的前提下，基本的平等依然能够确立和维持吗？再次，强调的重点从义务转向权利，这一明显转变的影响是什么？这是现代公民身份不可避免、不可逆转的特征吗？最后，推动社会平等的现代动力是否存在无法或不可能逾越的限制？（马歇尔，2008a：10—11）他的答案是：由于公民身份之地位的拓展，保留经济不平等已经更加困难了，但目前仍需假定依然相容；权利已经成倍增加，并且是确定的，而工作义务却由于不确定，缺乏激励，存在"搭便车"现象，因而需要以一种新的方式复兴个人去工作的责任的意义；在不侵犯竞争性市场自由的前提下，基本的平等不可能依然能够确立和维持；实现平等的运动必然存在限度（马歇尔，2008：9—10，55—60）。简言之，个体在经济上保持适当的差异在当下是可以接受的；工作责任的履行需要激励；干预市场才能维护平等；不存在绝对的平等。相较于以政治平等为规范内涵的资产阶级平等权利观念，公民身份理论更接近以社会经济平等为规范内涵的无产阶级平等权利观念（李呸，2020）。

遵循马歇尔的逻辑（图6-1），社会阶级不平等体系有两类，第一类是建立在身份等级的基础之上，如同一个自成一体的制度，被作为一个自然秩序而接受；第二类表现为社会地位，阶级差异是与财产和教育制度、国家的经济结构等因素相互作用的结果，是其他制度的副产品。前者作为封建等级身份与公民身份是不相容的，以至于不能共生；后者的社会不平等被视为必要的，具有激励作用。在具体的论证中，马歇尔大致是从三个维度——社会地位[①]、财富与教育——展开，论述公民身份对社会不平等体系带来的影响。公民身份要求社会地位是平等的，地位的平等比收入的平等更为重要，但在英国，法律面前人人平等并不存在。公民拥有权利，救济却常常跟不上，障碍在于：一种源自阶级偏见和阶级派性；一种源自通过价格体系发挥作用的财富不平等分配的自发影响。阶级偏见只能通过社会教育和公正无私传统的建设来消除，而财富不平等引发的诉讼费用支付能力的差异可能通过廉价的司法服务（法律援

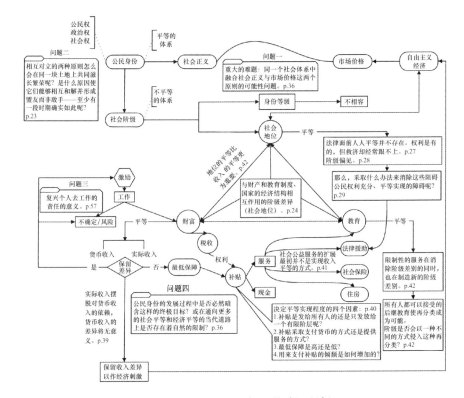

图 6-1　"马歇尔之问"的论证逻辑

资料来源：马歇尔（2008）。图形由笔者制作。

① 根据马歇尔的观点，借鉴韦伯的权力、财富与声望的分层标准，此处以社会地位作为衡量阶级差异的指标，它是在与财富、教育及国家经济结构相互作用下生成的。马歇尔特别强调地位与社会地位的差异。社会地位是指一个人在其他社会成员或某些社会领域进行比较时，所拥有的一般地位。地位概念的首要因素是作为成员资格，因而选用社会地位而不是地位的概念。参见马歇尔（2008：116、136）。

助）来实现（马歇尔，2008a：27—30，46—47）。

教育是公民自由的一个必要的先决条件，接受教育的权利是公民身份真正的社会权利之一（马歇尔，2008a：21）。罗尔斯（John Rawls）也认为，在社会的所有部分，对每个具有相似动机和禀赋的人来说，都应当有大致平等的教育和成就前景。那些具有同样能力和志向的人的期望，不应当受到他们的社会出身的影响（罗尔斯，1988：73）。然而，教育生产的是一种差异，在消除阶级差别同时又在制造新的阶级差别，这一观点在其后续论文《福利国家的社会选择》（马歇尔，2008c：84—105）中得到了进一步论述。在竞争形式的诉讼中，接受廉价的司法服务或政府购买司法服务就不可避免地要对获得援助者的资格进行审查（如财产收入）。如此一来，获得援助者将受到社会正义原则的保护，而未获得援助者将任由市场、契约规定的义务以及法院规则摆布，这种旨在减少阶级差别的措施由于采取了分裂的原则而可能导致新的阶级差别。为了避免此后果的产生，那么就不得不维持资产审查，降低收入限制，提高补贴的标准，但也控制了律师收取的服务价格，几乎意味着该职业的国有化，导致个人主义精神所激励的职业消失，讼费也因缺乏市场标准而无法确定。工作与福利是福利国家的中心维度，也为公民的社会地位提供了各种配套条件（安桑斯，2007：78）。作为财富的收入自然可以通过工作获得，但现状是有人无法获得工作，而有工作的人收入也是存在差异的。如果财富的分配通过税收调节提供补贴，或现金，或服务，以便提供最低保障，消除货币收入与实际收入的差异，使实际收入摆脱对货币收入的依赖，维护体现平等原则的公民身份，那么工作就可能失去激励，市场价格就失去调节作用，税收就会失去来源，补贴也就无法维系。职是之故，保留收入差异以作为经济刺激就显得必要；同时，复兴个人去工作的责任的意义就显而易见。需要提高警惕的是，补贴所需的资金来源于税收，获得补贴的权利来自于纳税的义务，这使得最低保障依赖于财富本身，依赖于是否工作，这可能导致无工作，无财富；无财富，无纳税；无纳税，无补贴；无补贴，无工作，从而陷入一种恶性循环。工作由此成了现代社会一切麻烦的根源。在鲍曼看来，马歇尔的权利三维体中的每一种权利都依赖于国家，把国家同时作为其出生地、执行者和庇护人（鲍曼，2008：237）。而如果公众的需要被作为权利认同，那就意味着国家保障需要满足就是强制性的（Wehterly，1996）。因而，在回归国家的语境下讨论公民身份的发展现状及其对社会阶级或阶层体系的重塑能力就对国家提出了更多的责任要求。

马歇尔的公民身份理论受到了广泛认同，但同时也受到了较多的批评，主要集中于他的关于公民身份发展的线性思维，公民身份的特性，以及公民身份的发展似乎是社会内部大范围的、显著进步的产物。吉登斯就批评其"没有强调公民权利实质上只有通过斗争（struggle）才能取得"（Giddens，1982：172），但公民身份仍然是分析跨文化、跨制度的社会现象的重要工具。因而，沿着马歇尔的逻辑解读中国社会就是一件值得尝试的工作。沿此思路，在当下中国，为了寻找影响公众福利态度的因素，我们需要考察不平衡不充分的发展的社会结构现状，这一差异性体系可能预先结构化了人们的福利态度。

第二节　成员资格与共同体

共同体是实现人的自由全面发展和人类解放所依存的前提条件（黄婷、王永贵，2017）。在剧烈的社会变迁中，面对不平衡不充分发展的社会结构，如何在推动社会"进步"的同时维持社会的"秩序"，这是"共同体"讨论的核心问题。

1887年，德国社会学家滕尼斯（Fernand Tonnes）出版了《共同体与社会》一书，将"共同体"（礼俗社会）视为基于共同价值观和传统而生活的社会，将"社会"（法理社会）视为基于契约与个人主义的社会。法国社会学家涂尔干（Emile Durkheim）的研究更为明确，他以社会团结为纽带，将共同体建立在机械团结基础之上，（现代）社会则建立在有机团结基础之上。马克思、恩格斯在《德意志意识形态》中指出，"只有在共同体中，个人才能获得全面发展其才能的手段，也就是说，只有在共同体中才可能有个人自由"（马克思、恩格斯，1995：119）。马克思、恩格斯关心的是，共同体能为个人的自由而全面的发展提供何种条件或手段，侧重于社会的进步；而滕尼斯、涂尔干关心的只是共同体是如何联结在一起，侧重于秩序的维护。并非所有的共同体都可为个人提供全面发展其才能的手段，如以私有制为基础的自然形成的、抽象的、虚假的、虚幻的共同体，而只有以公有制为基础的真正的共同体——"自由人联合体"才能提供。"在真正的共同体的条件下，各个人在自己的联合中并通过这种联合获得自己的自由。"（马克思、恩格斯，1995：119）

在英国，"社会权利的最初起源是地方性共同体和功能性组织的成员资格"（马歇尔，2008a：18）。这意味着，不具有地方性共同体和功能性组织成员资格，就无法享受他们赋予的社会权利。因而，受制于地理空间的区隔和福利资源提供的政治与经济的限制，社会权利最初是限定于地方性共同体和功能性组织的边界之内，这是基于个体生存与发展的需要，也是维护社会团结的需要。后来，它获得《济贫法》和国家设计、地方管理的工资管制体系的补充，使得成员资格从地方性共同体扩大至国家共同体。但国家共同体太大，无法把握成员对工作的忠诚，也无法使之成为持久的推动力量，难以形成有效的整合，所以许多人赞成发展地方性共同体（马歇尔，2008a：57）。在中国，党的十九大报告明确提出"坚持推动构建人类命运共同体"的重要思想，超越西方社会资本逻辑与殖民思维支配下的"虚假共同体"，这是中国奉献给人类的世界秩序理念范式（黄婷、王永贵，2017）。社会权利的享有者，或拥有资格的成员，不再局限于地方、民族—国家体系内，而是扩展到整个人类社会。中国提出并践行的"一带一路"倡议，倡导建立的亚洲基础设施投资银行，坚持的"共商""共建""共享""共赢"原则，最终构建的是人类的命运"共同体"，这是真正的共同体。在《关于费尔巴哈的提纲》第十条中，马克思提出，"旧唯物主义的立脚点是市民社会，新唯物主义的立脚点则是人类社会或社会的人类"，认为市民社会是与人的共同本质相分离的、利己的人的权利领域（望月清司，2009：208），而自由人联合体才是与人的共同本质相统一、利他的人的权利领域。

在人类社会进入自由人联合体之前，社会权利仍面临经济结构与文化的影响，共同体会因国家、民族、地域等的区隔而产生有限制的成员资格，如无能力或无意愿定居的移民，包括国内移民与国际移民。共同体需要考虑是否应赋予暂时寄居其内的人以同样的福利资格。此类移民在进入当下共同体之前，其与共同体成员之间没有互惠的历史；在进入共同体之后，他们却又随时准备离开，无法保证互惠的可持续性与稳健性。在国内移民中，农民工是城市的"陌生人"，行走在农村与城市之间。城市共同体常常会因其暂时性、流动性，以及互惠的不可持续性而拒绝赋予其福利获得的成员资格，而农民工不太关心也很少意识到自己的基本权利，对政府的福利责任态度自然不可能同于城市共同体成员。在国际移民中，因移民的女性化、照顾链的国际化，已经产生福利态度的移民化现象（Garand，Xu & Davis，2017），即基于移民的需要设计福利政策，背后折射的是公众对待国际移民福利权利的态度转变。以家政工人为例，女性移民认为其有替代母职提供儿童照顾的权利，照顾政策的设计不能将其排斥在外，其主张受到越来越多的人支持，进而影响政策设计。岳经纶、尤泽锋也提出国际移民在华能否享受社会福利的问题，发现中国公众对国际移民的福利资格持较为谨慎保守的态度（岳经纶、尤泽锋，2020）。"一带一路"倡议的中国将以更加开放包容的姿态吸引国际移民，如何在保障移民的合法权利同时避免福利移民的消极影响，是未来需要思考的重要议题。

人的生存状态是衡量社会发展状况的尺度，人的生存、发展与参与的社会权益是自由人联合体实现的重要保证，包括收入、健康、家庭关系、教育、闲暇、社会参与等（姜建成、于佳，2020）。党的十九大报告指出我国社会的主要矛盾已经转型为人民日益增长的美好生活需要和不平衡不充分的发展之间的矛盾，满足人民美好生活需要正是走向自由人联合体的重要保证。美好生活是一种在共同体中具有自主性、多样性的生活（霍普，2010：133），具有多重面向，需要是其基础。2017年，习近平总书记将人民对美好生活的需要归结为"八个更"：更好的教育、更稳定的工作、更满意的收入、更可靠的社会保障、更高水平的医疗卫生服务、更舒适的居住条件、更优美的环境、更丰富的精神文化生活。经济合作与发展组织（OECD）则构建了美好生活指标（Better Life In-dex）体系，包括住房、收入、工作、共同体、教育、环境、公民参与、健康、生活满意度、安全、工作—生活平衡。这与高夫列举的人的基本需要在项目指标上具有一致性，但中国已经从满足基本需要上升为满足美好生活需要。

如果一个人在捍卫社会权利时诉诸公民身份，那么就必须承担公民身份规定的相应的义务，特别是工作的责任与纳税的义务。权利与责任应该是对等的，不能只享有权利而不履行义务。权利是有成本的，获得补贴（货币或服务）的权利来自纳税的义务（马歇尔，2008a：41），"个人应该在一种真实的、强烈的、对共同体福利的责任感的激励下行事"（马歇尔，2008a：51）。当所有人都希望国家投入，但却没有人愿意多缴税或缴新税时，财政危机就会发生（O'Connor，2002：1）。对于社会权利的发展来说，过分重视它"早已存在"的社会权利而轻视它需要的财政的物质基础，就会导致20世纪70年代出现的"福利国家危机"问题（王卓祺，2009：53）。因此，在保障社会成员权利的同时，应当降低其自利倾向，提高其责任意识。

在福利资源获取受到不平衡不充分发展的社会结构约束下，资产审查（经济状况调查）是剩余型福利体制国家获得社会公共服务的必经程序。由于资源有限，共同体必须对申请福利支持的社会成员进行资格审查，以免资源浪费，但社会成员会因此被贴上"弱者"或其他类似的标签，从而带来耻辱烙印。在英国，通过济贫法的手段向工资结构注入社会保障要素调整实际收入，以适应社会需要与公民地位的尝试是失败的。直到19世纪公共基础教育成为社会责任，公民身份之社会权利才得以复兴（马歇尔，2008a：18—22）。在中国，民政部2007年宣布中国社会福利事业转向适度普惠型，福利体制开始从剩余型向适度普惠型转变。在社会成员基本需要的满足上，政府不再是家庭、市场失灵后的"救火员"，而是社会成员基本权利的"守门人"，资产审查只是部分项目的必经程序，福利的获得不再是基于成员资格，而是基于社会权利，这也是埃斯平—安德森划分福利体制三个类型的依据。

在人类进入自由人联合体之前，共同体成员资格的存在具有必然性，资产审查是其主要的政策工具。基于社会权利则突破了成员资格的时空、职业等限制，使得福利提供成为一项普惠性制度。当代中国发展的目标指向满足人民的美好生活，但人民的收入、教育、文化、医疗与社会保障等领域还存在发展的不平衡不充分，表现为覆盖广度与支持力度上的差异。若要从人民美好生活需要上升为福利权利，走向自由人联合体，福利制度的设计就必须直面不平衡不充分发展的结构性约束，破除体系间的隔离与排斥。

第三节　不平衡不充分发展

"马歇尔之问"是基于英国的福利制度与文化背景，从社会地位、财富与教育三个维度诠释了公民身份对社会结构带来的重大影响。国家的经济结构受制于历史传统、阶级力量对比以及国际竞争等因素的影响，路径依赖的惯性不易改变，财富的平等是社会地位平等的重要表现，教育的平等则是社会地位平等的重要保证，社会地位则是作为阶级阶层差异的综合表现，是与财富、教育以及国家的经济结构等因素相互作用的结果，可以间接测量不平衡不充分的发展对公众福利态度的结构性约束。基于此，我们可以从社会地位（阶级阶层）、财富（收入）与教育三个指标观察中国社会结构的发展现状。

沿袭马歇尔的观点，职业与收入是测量社会地位的重要指标；教育是改变社会地位的重要机制，是社会成员自由行走在市场上的先决条件。教育常常以职业为导向，与职业紧密相连；收入是财富的重要组成部分，而职业又与收入息息相关，它们共同织就了个体的社会地位。在中国，除性别、年龄、健康、户籍等传统的社会人口学特征的影响，身份、单位与行政级别三种中国特色的次级制度化结构的嵌入使得个体的社会地位更加复杂化，意味着作为行动者的我们所拥有的初始化资源会因先赋因素而存在差异。

阶级阶层结构的变化是社会结构变化的核心内容，是彰显社会地位的重要指标。在消灭剥削阶级之后，"阶层"成为适合我国国情的更具包容性、多样性的概念，阶层关系也成为社会主义事业发展中需要正确处理好的一个基本关系。2002年，陆学艺主编的《当代中国社会阶层研究报告》出版。同年，在党的十六大报告中第一次正式提出"新社会阶层"的概念。而在最近十几年的发展中，中产阶层、自由职业者快速增长，白领人数即将超过蓝领人数，但职业结构仍处于工业化时期，农民的数量和比例仍然偏大（李培林、崔岩，2020）。相应地，公众的福利权利依其所处的"社会分层"状况也存在较大差别（岳经纶、方珂、蒋卓余，2020）。2013年，党的十八届三中全会通过《中共中央关于全面深化改革若干重大问题的决定》，中央政策研究室原副主任施芝鸿认为，

它将"使社会底层青年群体从不能打破体制壁垒、扫除身份障碍的社会
阶层固化中解脱出来;使中等收入群体从对职业生涯和财富增长的不稳
定感中解脱出来"(施芝鸿,2013)。而扩大中等收入群体,"关系到全
面建成小康社会目标的实现,是转方式调结构的必然要求,是维护社会
和谐稳定、国家长治久安的必然要求"(习近平,2016)。因此,考察社
会阶层对公众福利态度的影响将有助于推动福利体制的改革。

　　基尼系数是定量考察一个国家(地区)居民内部收入分配差异状况
的一个重要分析指标。从国家统计局历年公布的基尼系数(图6-2)可
以看出,2003年为0.479,2008年到达顶峰,为0.491,之后逐年下降,
2015年为最低值,此后又开始上升,2018年达到0.468,2019年再次回
落。2020年,小康社会全面建成,绝对贫困已经消灭,中国开始进入减
少相对贫困的"后扶贫时代"。总体而言,贫富差距在缩小,但共同富
裕尚未全面实现,基尼系数仍超过0.4的国际警戒线。

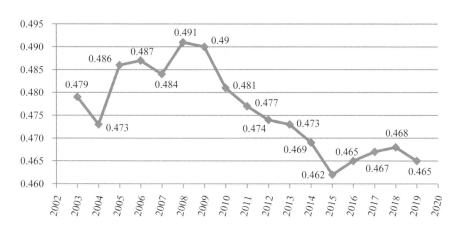

图6-2　2003—2019年中国基尼系数变化趋势

数据来源:国家统计局历年统计年鉴。

　　党的十八大报告提出城乡居民人均收入到2020年要实现倍增的目
标,但中国式财政分权形成了收入分配改善游离于经济增长系统之外的
发展模式,造成普通民众难以或较少从经济增长中获得更多的福利改善
(马万里、李齐云,2013)。而改革开放以来我国城镇居民家庭人均可支
配收入/农村居民家庭人均纯收入、购买力(人均消费现金支出)差距

呈现出明显的扩大趋势（表6-1）。2013年开始，统计口径发生变化，消费差距变化并不明显，但收入差距则在扩大（表6-2）。除此之外，城乡居民能够获取的转移性收入①也存在扩大趋势（图6-3），而教育、医疗卫生、社会保障资源的质量和数量在职业、户籍等社会人口学特征上的分布都存在多少不等的差异。总体上，城乡居民家庭资本存量的差距在扩大，城市居民的实际收入与货币收入的差异远比农村居民更大，获得福利资源更多。这意味着在为将来自由行走在市场上的行动者提供资源时，城市家庭能够提供更多的保障。

表6-1　　　　城乡居民收入与现金消费支出水平（2002—2012）

指标 年份	城镇居民家庭人均可支配收入（元）	农村居民家庭人均纯收入（元）	城镇居民家庭人均消费现金支出（元）	农村居民家庭平均每人现金消费支出（元）
2002 年	7702.80	2475.60	6029.90	1467.60
2003 年	8472.20	2622.20	6510.90	1576.60
2004 年	9421.60	2936.40	7182.10	1754.50
2005 年	10493.00	3254.90	7942.90	2134.60
2006 年	11759.50	3587.00	8696.60	2415.50
2007 年	13785.80	4140.40	9997.50	2767.10
2008 年	15780.80	4760.60	11242.90	3159.40
2009 年	17174.70	5153.20	12264.60	3504.80
2010 年	19109.40	5919.00	13471.50	3859.30
2011 年	21809.80	6977.30	15160.90	4733.40
2012 年	24564.70	7916.60	16674.30	5414.50

数据来源：国家统计局年度数据。

---

①　住户调查中的转移性收入是指国家、单位、社会团体对住户的各种经常性转移支付和住户之间的经常性收入转移。包括养老金或退休金、社会救济和补助、惠农补贴、政策性生活补贴、经常性捐赠和赔偿、报销医疗费、住户之间的赡养收入，以及本住户非常住成员寄回带回的收入等。转移净收入 = 转移性收入 - 转移性支出。参见国家统计局《十五、住户调查（21）》，2020年6月19日，http：//www. stats. gov. cn/tjzs/cjwtjd/201308/t20130829_74325. html；年度数据，https：//data. stats. gov. cn/easyquery. htm? cn = C01，2021年9月20日。

表6-2 城乡居民收入与现金消费支出水平（2013—2020）

指标 年份	城镇居民家庭人均 可支配收入（元）	农村居民家庭 人均纯收入（元）	城镇居民家庭人均 消费现金支出（元）	农村居民家庭平均 每人现金消费支出（元）
2013 年	18488	7485	26467	9430
2014 年	19968	8383	28844	10489
2015 年	21392	9223	31195	11422
2016 年	23079	10130	33616	12363
2017 年	24445	10955	36396	13432
2018 年	26112	12124	39251	14617
2019 年	28063	13328	42359	16021
2020 年	27007	13713	43834	17131

数据来源：国家统计局年度数据。

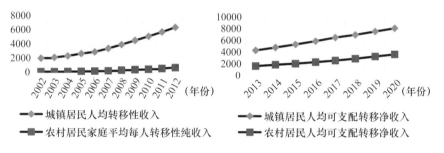

图6-3 城乡居民转移性收入差距（单位：元）

注：2013 年前城镇居民统计的是转移性收入，农村居民统计的是转移性纯收入；2013 年统计口径统一为可支配转移净收入（转移性收入－转移性支出）。

养老保险作为劳动力退出市场后的重要生活保障，是最为重要的转移性收入，也是家庭新生劳动力的重要发展资源。在 2009 年以前，中国的农民 90% 以上是没有养老金的。2009 年，新型农村养老保险制度开始实施。2014 年 2 月 7 日，国务院总理李克强主持召开国务院常务会议，决定合并新型农村社会养老保险和城镇居民社会养老保险，建立全国统一的城乡居民基本养老保险制度（国务院办公厅，2014）。合并后，全国城乡居民基本养老保险参保人数从 2012 年的 48369.5 万人增加到 2020 年的 54244 万人；基础养老金最低标准从开始的每月 70 元，调整到 2020 年的 93 元（鲁元珍，2021）。然而中国的养老保险制度并不只是"双轨"，中国社会科学院研究员唐钧认为大约有"七轨"，包括国家公务员、事业单位人员、军人、企业职工、农民、城市居民，还有农民工（朱开云，2013）。《城乡居民基本养老保险制度》已于 2014 年正式实施，但城镇居民基本医疗保险和新型农村合作医疗保险尚未实现全面整合；同时，相对城市职工养老保险，城乡居民基本养老保险支付标准偏低，社会福利体系发展的不平衡不充分仍然比较明显。因此，我们"不能想当然地认为福利制度会促进一个更均等的社会"，换句话说，社会保障"亦是一个分层化体系"（埃斯平—安德森：2003：25）。

提高和教育自我不仅仅是个人责任，也是一项社会责任，接受教育的权利是公民身份真正的社会权利之一，因为一个社会的健康取决于其成员的文明程度（马歇尔，2008a：21）。教育公平是受教育权利的普遍化问题，一种在"比例平等"原则下合理分配教育资源份额的理想和确保其实际操作的法律制度（解韬，2009）。归根结底是一个权利、机会等资源的分配和再分配问题（杜瑞军，2007）。在教育公平的前提下，由教育和职业体系造成的社会地位的差异通常是我们所能认可并得到巩固的，但前提是它们不能成为世袭的特权。就此而言，唯一仍然在发挥持久的分配作用——也就是通过经济等级分层而实现人力资源的分配——的要素是入学儿童勤奋学习，通过考试，并通过教育阶梯跻身上层的抱负（马歇尔，2008a：54—55）。如果接受教育的权利本身并不平等，教育的投入低于回报，那么教育的吸引力自然会下降，社会地位差异就无法容忍。

从区域分布来看，我国各省市的少儿（包括学前、小学与初中）教育福利供应在发展水平具有较强的区域分化，且当前的教育福利政策并没有能够有效地缩小区域之间的既有差异（万国威，2012）。从教育收益率来看，从 1988 年到 2013 年，教育收益率随时间推移呈现递减的趋势；以 2005 年为分界线，高等教育收益率此前随时间增长，此后出现下降。两者存在城乡差异和性别差异，即城镇高于农村，女性高于男性（刘泽云、刘佳璇，2020）。根据"中国居民收入调查项目（CHIP）"中农村住户调查数据分析，从 2002 年到 2007 年，全体打工者的工资性收入的教育收益率从 3.2% 下降到 2.6%，本地打工者的教育收益率从

3.5% 下降到 2.0%，外出打工者的教育收益率从不显著上升到 4.5%（刘泽云、邱牧远，2011）。一项关于珠三角农民工的实证调查数据显示，农民工包括大专和中专/技校/职高在内的专业教育的收益率远大于初中和普通高等基础教育的收益率（罗忠勇，2010）；另一项基于国务院发展研究中心农村经济研究部 2010 年开展的农民工调查数据的研究也显示，中等职业教育的个人收益率最高，教育层次与收入呈现倒 U 形（刘万霞，2011），这与市场对职业技能的需求存在很大的关联。但 2015 年之后，中等职业教育相对高中教育的优势开始下降，初中和中职群体的收入差异近年来也在趋向缩小（梁彦，2020）。从高等教育来看，家庭的城乡背景对毕业生的就业机会有明显影响，其中普通本科院校毕业生就业率的城乡差异最大（马婷婷，2013）。农村籍学生的高等教育投资收益仍十分明显，但呈现逐渐下降趋势，并且投资回收期从 10 年延长到了 14 年（李桂荣、谷晓霞，2012）。总体而言，区域、城乡教育发展水平仍然存在差距，但城乡间教育不公平程度已经明显下降。在收益基数日益增大的情况下，高等教育的收益率下降是一个自然趋势，而要提高高等教育的收益率，则需要更多的创新。

马歇尔认为，社会地位是在与财富、教育及国家经济结构相互作用下生成，因此其不仅受财富、教育影响，也受宏观的国家经济结构影响。中国实行的是社会主义市场经济体制，坚持社会主义制度与发展市场经济相结合，与受资本驱动的资本主义的市场经济存在本质上的区别。党的十八届三中全会提出，使市场在资源配置中起决定性作用，同时要更好发挥政府作用。市场的地位，从基础性作用，到关键性作用，再到决定性作用，表明中国对市场作用的认识越来越清晰。市场是资源配置的最优机制，但也是一种制造不平等的机制，政府必须通过提供公共服务对其限制才能保证公众社会地位的平等。我们走社会主义市场经济道路，能够更好地"解放生产力，发展生产力"，但要"消灭剥削，消除两极分化""最终达到共同富裕"。而允许一部分人先富起来，保留个体经济上的差异，打破平均主义，有助于激励工作责任的履行，使公众在社会地位上实现真正的平等。正如恩格斯所言，生活条件方面的"不平等可以减少到最低限度，但是永远不可能完全消除"（马克思，2018：40）。马克思也曾说过，要避免各种弊端，"权利就不应当是平等的，而应当是不平等的"（马克思，2018：16）。因此，为复兴工作的责任，生活条件上的不平等是可以容忍的，保留适当的差异也是必要的。但无论这种社会地位差异如何复杂，它都是当下不平衡不充分发展的产物。如果缺乏改变不平衡不充分发展的有效的机制，社会地位的差异就有可能通过代际传递累积成为一种固化的身份等级，这与社会主义核心价值观中"平等""公正"的理念是截然不能相容的，公众的福利态度被遮蔽、扭曲与异化的风险也随之上升。

马克思在《哥达纲领批判》中指出，权利决不能超出社会的经济结构以及由经济结构制约的社会的文化发展（马克思，2018：16）。中国坚持的是公有制为主体，多种所有制经济共同发展的基本经济制度，实行的是中国特色社会主义文化，与西方的私有制及其制约下的公民文化存在本质区别，公众的社会地位在中西方间也必然存在差异，其对政府福利责任与个人权利的期待也肯定会有所不同。因而，公众的福利态度有必要置于中国的制度与文化中进行检验。

第七章 福利态度生成的多重性规制

　　基本需要的满足是人之为人的基本条件，公民身份是人之为人的初始化资源，而制度与文化则是人之为人的结构化背景。在中国，作为基本需要的健康与自主的满足程度在总体上仍然偏低，在不同指标上存在身份的差异；制度与文化及其影响下的行动者的初始化资源尚无法保证福利态度的能动性表达。从现有研究来看，西方学者的研究主要考察福利体制、福利文化与个人自利对福利态度的影响，总体上更强调体制对福利态度的影响，结果呈现为在社会人口学特征的分布上存在的差异；而中国学者的研究则更多地强调了文化，主要是儒家文化的作用，试图推进东亚福利体制的共识，但仍处于争议之中。基于既有的研究成果，中国与西方社会行动者的福利态度因基本需要满足程度的不同、制度与文化的不同和/或初始化资源的不同而可能存在差异。遵循拉什的研究方案（Larsen，2006：2），本书在前面三章首先已经收集了我们实际拥有的经验证据，并能从中窥知追求平等的福利制度可能正是不平等问题的来源；其次寻找出了用以解释这些异常的需要理论、公民身份理论以及解释福利态度差异的制度与文化路径，接下来我们需要完成的工作是基于现存的与新的数据检验这个需要—权利理论。需要说明的是，本书不关注具体的政策等的内容设计，而是关注导致福利态度差异的原因，这也是影响福利制度合法性的原因。

第一节 福利态度的研究假设

一 数据来源

本书所用数据来源于教育部重大课题攻关项目"中国适度普惠型社

会福利理论和制度构建研究"课题组于 2012 年 10—12 月以城市为单位的全国性大样本随机抽样调查，命名为"中国社会福利调查"（China Social Welfare Survey，CSWS）。依据地域分布，调查采用目标抽样与分层抽样法选取了样本省与样本市，包括南京、天津、兰州、成都四个地区；根据课题要求，每个样本覆盖适度普惠型福利制度所需服务的四类特殊人群：流动人口、老年人、残疾人与儿童，本书仅选择了前三个群体进行考察。流动人口组在每个城市按照性别比与职业比两个指标抽取，并考虑职业分布的东西部差异，以国家统计局《2011 年我国农民工调查监测报告》为参照依据，调查对象为 18 岁及以上农民工，实际发放问卷1224 份，有效回收 1201 份，有效回收率为 93.5%；按照经济发展水平，老年组在每个城市抽取 3 个区，其中中等收入居住区 2 个，低收入区 1个，每个区以年龄比与性别比为指标采用简单随机抽样方式抽取，调查对象为 60 岁及以上但不超过 80 岁的老人，以第五次人口普查数据为参照依据，实际发放问卷 1240 份，有效回收 1225 份，有效回收率为98.8%；残疾人组因调查的难度较大，在每个城市仅限定性别比例，以《第二次全国残疾人抽样调查主要数据公报》为参照依据，抽样男女样本性别比例控制在 103∶97，实际发放问卷 861 份，有效回收 846 份，有效回收率为 98.3%。在具体调查中，由于各种偶然因素的难以控制，实际比例并不完全等同于参照的依据；在具体分析中，由于各个变量的缺失值数量不同，因而不同统计条件下的有效案例数可能小于该样本数。

　　问卷包括两大部分：通用部分与专题部分。通用部分包括个人家庭基本情况与社会价值观；专题部分包括与福利相关的问题，本书仅分析了通用部分。为了便于地区与国际比较，通用部分参照了中国综合社会调查（CGSS2011）的基本情况部分、王卓祺主持的 2005 年"中国台湾地区民众对社会福利看法"的调查问卷、国际社会调查项目（ISSP 2006）、中国台湾地区"政府责任"（the role of government）的 D7 项。本问卷从理想与现实两个层面考察福利态度，核心是对福利的国家责任（the role of government）的态度，与此相关的题目涉及问卷中的 B2—B7、B8 问题。相对于本书的目的而言，该数据库存在以下不足：（1）鉴于"适度普惠型社会福利理论与制度"的主题，其调查仅选择了四类特殊人群，并非全体公民，当用于地区与国际比较是存在风险的，特别是解释地区或国家间的差异时；（2）缺少测量制度、文化的总体性指标，难以测量制度的总体框架效应。因而，本书的结论必须审慎推论。但总体而言，作为中国大陆涉及福利态度的首次较大规模的调查，为研究特殊群体的福利态度差异及影响因素提供了较好的数据准备，也为未来的深入研究提供了前鉴之师。

二 研究假设

本章节以福利提供覆盖的流动人口（农民工）、老年人、残疾人三类特殊群体为研究对象，以人类需要理论、福利体制理论、福利文化理论与公民身份理论为指引，主要探讨现实处境下的公众福利态度的分布样态与结构特点，试图运用制度与文化的双重路径考察与解释影响公众福利态度的因素，为改进行动者福利态度生成状态提供建议，从而保证福利制度改革合法性的生成。

假设1：所有人在基本需要满足标准上或多或少会赋予同样的权重。

基本需要是福利态度生成的逻辑起点，基本需要的满足程度不同，其福利态度会存在差异。依据人类需要理论，健康与自主是人类的基本需要，人类在基本需要的满足上不存在偏好（多亚尔、高夫，2008：160）。换句话说，无论身处何种制度与文化，无论拥有何种身份与社会人口学特征，所有人在基本需要满足上的诉求应是一致的，但由谁来承担责任则存在偏好差异。即需要一致，供给选择存在偏好。然而，一旦焦点从偏好转向需要，选择的不可能性障碍就可能消失（多亚尔、高夫，2008：160）。因而，在需要一致的前提下考察政府福利责任的公共支持程度能够更好地识别出影响福利接受者福利态度的多重因素。态度研究始于需要，有研究将基本需要视为"应得"的一个标准，假设所有人在"应得"的不同标准上或多或少会给予同样的权重（Jeene，van Oorschot & Uunk，2013）。据此可以假设，所有人在基本需要的满足标准上也会或多或少赋予同样的权重。

假设2：不同福利体制下的福利态度是存在差异的。

结构化背景对福利态度的影响被聚焦于制度与文化。在社会福利领域，制度主要指福利体制。社会福利有两对重要的理念类型：补缺型和制度型；选择型和普惠型。前者以社会福利的政府责任为划分原则，后者以社会福利提供方式为划分原则。补缺型可对应于选择型，制度型可对应于普惠型，但都属于社会福利制度（彭华民，2011）。普惠型福利模式基于社会权利而无须设置其他资格；选择型福利模式基于成员的某种资格而提供福利，需要资格审查。中国当下仍是以广覆盖、低水平的剩余型福利模式为主，但也建立了制度型的福利体制，如"五险一金"，在福利体制的发展上具有较为明显的国家法团主义倾向。因而可以比较群体内部与群体之间在文化同源而制度分殊背景下的福利态度上的差异。

假设3：不同福利文化下的福利态度是存在差异的。

文化变量被分解为两类子指标，一是价值观，主要是不同福利文化背景下的权利观与责任观；二是非正式规则，主要指福利资源分配中的人情法则。人们常常假设东方社会具有独特的文化背景，并由此促成了福利观念和福利体制的独特性，但这种文化直观并不能为东亚福利体制的发展和变化提供令人信服的理论解释（林卡、赵宝娟，2010）。这种独特的文化背景通常指儒家文化，更强调个体的责任，如以孝道为首的儒家伦理道德更为强调成年子女对父母的照顾；然而文化是可变的，以权利为本的公民文化更为强调政府的责任，在公民文化的冲击之下，公民的权利意识可能增强，作为权利的福利诉求可能随之上升。因而，考察文化的影响可以从家庭伦理与工作伦理入手。若偏重个人责任，可视为具有儒家文化倾向；若偏重个人权利，可视为具有公民文化倾向。由于赡养父母被视为中国儒家文化中"孝"的最重要体现。若认为有权利要求政府协助则可以视为权利意识的增强。那么，在不同的文化背景下的福利态度是否存在差异？可以进一步扩展回答"为什么同样福利体制的国家/地区其经济发展水平不同"，或"为什么同样经济发展水平的国家/地区其福利体制不同"的问题。这也就成为我们需要考察的问题。而非正式规则由于缺乏相应的问题，因而此处不再讨论。

假设4：不同身份下的福利态度是存在差异的。

作为平等体系的公民身份是行动者自由行走在市场上的保证，它通过影响阶级/阶层差异这一不平等体系来重塑社会平等。根据马歇尔的观点，相对于收入，社会地位的平等是更重要的，而接受教育的权利是公民身份真正的社会权利之一。因而，作为初始化资源的公民身份可以通过社会地位、财富（包括收入、不动产等）与教育三个指标来衡量。阶级是福利态度研究中的最重要的变量，教育则处于阶级结构化进程中的中心位置，收入与福利态度的相关性是显而易见的（Svallfors，1991）。

假设5：社会人口学变量对福利态度的影响是通过身份变量实现的。

社会人口学变量包括性别、年龄、民族、婚姻、政治面貌等常用自变量。自利是福利态度研究中常用的框架，在这个框架中，人的态度是基于他们自我最佳利益而形成（Kumlin，2004：28；Jeene，van Oorschot & Uunk，2013），与此相对的则是他利。公众何时奉行自利，何时支持他利，原因可能不在于性别、年龄等常用自变量本身，而在于其背后隐藏的社会体系，而公民身份则是个体特征最集中的表现。换句话说，如果引入身份变量，社会人口学变量对福利态度的影响是否将显著减小甚或消失是值得思考的问题。

需要说明的是，假设1针对的是理想状态，类似于罗尔斯"无知之幕"（veil of ignorance）下作出的选择（罗尔斯，1988：12）。在这种状态下，一切自然天赋与社会环境中的偶然因素都将无效。而其余假设针对的是现实状态，在这种状态下，制度、文化与身份因素都会存在影响，因而存在理想与现实的分歧。假设1是我们应该追求的理想，即所有行动者在基本需要的满足上应该持有相同的态度，都将基本需要的满足视为政府的责任，而不应受到身份、制度与文化的遮蔽。从理论上而言，在基本需要的满足上行动者应该能够达成共识，即政府应当承担责任，而若发现制度、文化与身份遮蔽了行动者的福利态度，那么就应采取行动解除遮蔽。因而，研究的最终目标不在于揭示因何遮蔽，而在于如何解除遮蔽。

三　变量选择与测量

由于福利态度的主题在中国大陆尚属首次系统研究，缺乏可供借鉴的成熟的本土化的指标体系，因而，本书构想影响因素时采取了探索性的路径（exploratory approach）（Jeene，van Oorschot & Uunk，2013），数据处理采用了SPSS17。本书的核心议题是处于何种状态中的行动者的福利态度有助于福利制度合法性的生成，因而考察的重点是影响福利态度的因素，而非福利制度是否合法。其中，福利态度是因变量，制度、文化与公民身份（以下简称身份）是自变量，社会人口学变量作为控制变量。但实践中并没有理想的共变量存在于主观态度与客观指标之间，因为前者也受人们基本的价值系列影响（Jakobsen，2011），加上数据库的限制，因而，检验过程中指标遴选的数据驱动模式也就成为"不得不进去铁的牢笼"。

1. 因变量

福利态度是本书的因变量，不言而喻也是本书的核心变量。研究福利态度的影响因素，不可避免地需要研究福利态度的维度，以便在福利态度的不同维度上寻找出态度支持倾向的程度差异，从而回答社会政策的合法性来源。根据第二章第一节的文献回顾，态度是一种支持或不支持的倾向。西方学者在解释结果时，通常采用"支持"（support）来描述，但问卷中的选项一般采用"同意"（agree）或"应该"（should）一词，而非"支持"（support），从语气上来看，"同意"更为中性一点，当然也与问题的陈述形式有关。本书将"同意"视为一种具有支持倾向的态度，福利态度的差异也就体现在变量的取值上。根据第三章第一节的界定，福利态度是对幸福状态与社会福利制度以给予支持或不支持的方式作出回应的一种倾向。幸福状态与社会福利制度构成福利态度指向的对象。根据研究的目的，本书侧重于后者，仅将幸福感视为总体性指标简单说明。福利制度是一个动态的体系，因而态度指向的对象不只是限于静态的具体政策、项目或方案（制度执行的广度与深度），还应包括制度设计的理念（如公平正义）、制度执行的方式（如由政府、市场还是社会组织执行）以及制度执行效果的评估（如是否产生福利依赖）等；其行动主体也不只是政府。但受问卷的限制，可以考察的行动主体仅包括两类：一是政府，二是个体。以政府为对象，可以考察政府的责任，但我们只能考察政府在制度执行上的广度与深度，实质是再分配的广度与深度。前者涉及政府是否有责任；后者涉及政府尽到多大责任。以个体为对象，可以考察个体的权利与责任。分布在工作权利、基本生活保障、父母照顾子女、子女照顾老年父母、义务教育五个问题上。其中政府理想责任问题对应的选项为"完全同意""同意""不同意""完全不同意"，赋值为1—4分；政府现实责任对应的选项为"大部分有"

"一半一半""少部分有""几乎都没有"，赋值为 1—4 分，两类问题中的"不知道"选项均作为缺省值处理。B7 关于政府征税的问题则涉及财政约束问题，而对税收的态度反映对个人责任的看法。而 B8 完全考察的是政府在不同福利领域的责任，其对应的选项为"当然应该是""应该是""不太应该是""当然不应该是"，赋值为 1—4 分。研究将根据已有的问题生成两类变量：一是复合变量，测量总体性福利态度，使用 B8 问题；一是专项变量，测量在单一项目上的福利态度，使用 B2—B7，将在第二节与第三节分别讨论。

2. 自变量

自变量主要考察影响福利态度的各种因素，包括需要、结构化背景、初始化资源三大类。与以往研究不同的是，一是突出了基本需要对行动者关注何种社会政策领域的影响，依据多亚尔、高夫之路径，基本需要具有跨制度、跨文化的特性，即若基本需要（通过中间需要体现）尚未满足，不同制度、文化下的行动者将关注相同或相似的、与基本需要相关的政策领域，在评价上也会赋予相似的标准。二是认为，从根本上而言，并非社会人口学变量（广泛意义上）影响了行动者的福利态度，而是社会人口学特征背后隐藏的社会不平等导致了行动者的福利态度差异，社会人口学特征只是福利态度呈现的载体而非原因。但这仅仅是一种设想，尚需验证。

（1）需要变量

依据多亚尔、高夫的人类需要理论，将需要区分为基本需要与中间需要。基本需要包括健康与自主，中间需要包括：有营养的食物与清洁的水、保障性住房、安全的工作环境、安全的生活环境、适当的医疗照顾、安全的童年、重要的基本人际关系、身体的安全、经济的安全、适当的教育、安全的生育控制与儿童抚养。基本需要是否满足，一条路径是通过中间需要的每项指标是否同意的尺度累计来获得总体性变量进行测量；一条路径是通过受访者的个体主观综合判断来获得。问卷提供了中间需要的部分指标，但它也提供了两个总体性测量的问题：一是"您觉得目前的身体健康状况是……"共有五个选项，分别为"很不健康"—"不太健康"—"一般"—"比较健康"—"很健康"，赋值为 1—5 分；二是"在过去一个月中，健康问题是否影响到您的工作或日常生活"，共有 5 个选项，分别为"总是有影响"—"经常影响"—"有时影响"——"很少影响"与"没有影响"。前者对应基本需要中的健康，后者可对应自主。① 但这两个问题考察的是再分配的效果而非对权利与责任的态度，因而并不适合此处研究的目的，同时也会受到他人对从主观到主观的解释路径的质疑。鉴于第四章已经完成中间需要的宏观综合考察，同时也受数据库相关条目缺失的限制，本书在研究上采用第一条路径，并会结合具体项目作出进一步说明。

（2）制度变量与文化变量

与体制相关的问题包括三个："您是否参加了以下社会保障项目？""您和家人是否接受过以下资助？""您和您家人是否接受过如下的社会福利服务？"第一个问题对应的是一种普惠型社会福利，共有 6 项：城市基本医疗保险/新型农村合作医疗保险/公费医疗、城市/农村基本养老保险、住房公积金、失业保险、生育保险与工伤保险；第二个问题对应的是选择型社会福利，提供的主要是现金，共 5 项：城市低保/农村低保/五保、医疗救助、临时生活救助、教育救助、保障性住房；第三个问题对应的也是选择型社会福利，提供的主要是服务，共 5 项：老人服务、儿童服务、家庭服务、就业服务与法律服务。选项分为"参加了""没有参加"，分别赋值为 0、1，不适用被定义为"没有参加"。具体处理是将其视为制度指标，分为普惠型福利、选择型福利（合并第二个问题与第三个问题）。由于每个类别皆是问题集，因而设定只要有一项参加的都视为有相应的社会体验，获得复合变量，以此测量体制的影响。库姆林（Kumlin）认为在获得单项津贴与对政府和/或再分配的抽象的、负载着意识形态的议题的态度改变之间没有天然的联系（Hedegaard，2014），采用复合变量可以避免此项缺陷。

与文化相关的问题是："您同不同意：成年子女有权要求政府协助照顾老人？"其中选择"完全不同意"与"不同意"的可视为具有儒家文化倾向，选择"完全同意"与"同意"的视为具有公民文化倾向，分别赋值 0、1。西方学者的福利态度研究中，比较重视宗教文化，问卷相应的题目是："您的宗教信仰是什么？"共有 8 个选项，6 个具体宗教加上中国民间中的拜神，1 个是无宗教信仰，本书将其简单地区分为无宗教信仰

---

① 根据问题，此处的自主类似于需要理论中的能动性自主，尚不能说明批判性自主。

与有宗教信仰，分别赋值 0、1，据此考察宗教文化对福利态度的影响。

3. 控制变量

（1）身份变量

根据马歇尔公民身份的理论，本书将通常纳入社会人口学指标的阶层、收入与教育独立出来，统称为身份变量，尝试考察其对福利态度的独立影响。阶层（阶级）分为"下层阶级""中下阶级""中间阶级""中上阶级""上层阶级"五类，分别赋值为 0—4，视为定距变量。收入为个人全年的总收入，取自然对数，为定距变量。为考察收入是否与福利态度成线性关系，增加了收入对数平方。教育程度的赋值分别为：0 = 小学及以下，1 = 初中，2 = 高中（含中专），3 = 大专，4 = 本科及以上，视为定距变量。

（2）社会人口学变量

常见变量为性别（0 = 男，1 = 女）、民族（0 = 汉族，1 = 少数民族）、婚姻状况（0 = 已婚，1 = 未婚，2 = 同居，3 = 分居未离婚，4 = 离婚，5 = 丧偶）、政治面貌（0 = 中共党员，1 = 共青团员，2 = 群众，3 = 民主党派或无党派人士），皆为定类变量，按虚拟变量处理。年龄为统计年龄，[①] 范围在 16—79 岁，为定距变量。为考察年龄是否与福利态度呈线性关系，增加了年龄平方。除此之外，还应加上利益倾向变量，测量利己或利他倾向。西方学者对自利的测量主要是通过行动者在社会结构中的不同位置（部门）来实现，而不是依据受访者的主观判断，其理论依据是理性选择理论，认为福利的消费者（接受者）、纳税者（福利的承担者/受益者）或生产者（福利部门的雇佣者）的态度是存在差异的（Heien & Hofäcker，1999；Jeene，van Oorschot & Uunk，2013）。前者受数据库限制，无独立测量利己或利他倾向的问题，也就只能通过所在社会结构对利益的偏好来间接判断；对于本数据库而言，有单独测量利己倾向的问题，可以直接判断利己的倾向程度。对应的问题是：政府做社会福利是从我们纳税中支出，"您愿不愿意多交些税让政府做更多的社会福利"，共有 5 个选项，分别是"非常愿意""愿意""不愿意""非常不愿意""不知道"，其中"不知道"作为缺省项处理，其他赋值为 1—4 分。当选择"非常愿意"与"愿意"时，设定回答者具有利他

---

① 实际受访者要求均为 18 岁以上，但原始数据为具体的年月日，统一按照调查开始的时间 20121001 减去原始数据并取整数后获得现在的统计年龄。

倾向，而相反则认为其具有利己倾向。

第二节　福利态度的影响因素分析

　　福利态度的影响因素，从理论上而言，应覆盖各类人群，但由于数据库的限制，也无更好的数据库可供选择，该条件无法满足，本书选择了流动人口、老年人与残疾人三个独立的数据库比较研究。根据研究的假设1：所有人在基本需要满足标准上或多或少会赋予同样的权重，换句话说，是指变量特征不影响在基本需要满足的理想权利上的态度分布，实际上是将理想状态视为罗尔斯所言的原初状态，[①] 认为在此情境下，不论何种群体，不论是否流动、是否年老、是否残疾在关于基本需要满足的理想权利上应具有相类似的标准，持相类似的态度。因而，仅选择适度普惠型福利制度覆盖的三个特殊群体作为研究对象来检验前述假设也是可以接受的，但其结论的推论仍需审慎。

一　流动人口福利态度影响因素

　　健康与自主是人类的基本需要，那么流动人口基本需要的总体满足情况如何呢？统计结果显示，认为比较健康及以上的占63.1%（N = 1199）；而一般及以下的占36.9%。认为健康有时影响自主及以上的占28.3%，而很少影响与没有影响占71.7%（N = 1195）。总体上来看，流动人口基本需要的满足程度较好。但其幸福程度一般及以下的占了56.0%（N = 1199），而比较幸福与很幸福的占44%，相对而言，总体幸福程度较低。[②] Gamma（sig. = 0.001）相关分析显示健康、自主与幸福程度呈较强关系，分别为0.528、0.348，并通过了卡方检验。

---

　　① 根据罗尔斯观点，原初状态的基本特征是：没有一个人知道他在社会中的地位——无论是阶级地位还是社会出身，也没有人知道他在先天的资质、能力、智力、体力等方面的运气。正义的原则是在一种无知之幕后被选择的，所有人的处境都相似的，也是公平的。这一解释并没有否认不平等的存在，而只是不知道或装着不知道而已，这是一种理想状态。本书试图寻找的是一个福利态度不受社会地位，也不受其他因素影响的实际状态，即基本需要满足的状态。参见罗尔斯（1988：12）。
　　② 尽管幸福感被本书视为福利态度的一种类型，但正如前文所述，由于幸福感研究的成熟程度高，本书不再讨论此问题，而仅仅讨论对福利制度的态度。

　　基本需要的满足程度在一定程度上反映了福利制度的合法性程度，那么流动人口是如何看待基本需要的呢？哪些因素影响了他们的态度？根据假设1，所有人在基本需要满足标准上或多或少会赋予同样的权重。相关的问题是，"整体而言，您认为下面几项应该不应该是政府的责任？"这一问题模块来自国际社会调查项目（ISSP），包括10个问题。涉及就业、住房、环境、最低收入保障、养老、贫困大学生等，主要考察政府在不同领域上的责任，反映的是公民对福利国家干预范围的偏好程度，其除经济增长与环境保护外，选择的对象皆为特殊人群，设有"当然不应该是""不太应该是""应该是""当然应该是""无法选择"5个选项，其中"无法选择"在统计中作为缺省值处理。

　　为检验假设，需要遴选出与基本需要相关的指标，对照中间需要，从理论上可以剔除（2）稳定物价；（5）为工业增长提供条件；（7）缩减贫富之间的收入差距三项，而其他七项则可视为一种可用于实现基本需要的中间需要。其中，工作是与家庭并列的最好的福利之一，也是经济安全的保障；失业则是新风险，失业后的保障也就显得尤为重要；疾病与年老是每个人都会面临的风险，病有所医、老有所养是福利态度研究中的两大重要主题；教育是实现社会权利的重要前提，而高等教育也是适当教育中的一个子指标；保障性住房是健康与自主的一个重要保证；保护环境已构成社会福利的生态维度，这也是社会福利运动的主要议题。这7个项目的克伦巴赫 α 系数（Cronbach's alpha）为0.817。其选项为"当然应该是""应该是""不太应该是""当然不应该是"，赋值为1—4分，意味着分值越高，越是持反对意见，"无法选择"按照传统被设定为缺失值。本书将七个指标以其算术平均数加以合成作为测量福利态度的复合变量。从问题本身的目的来看，它是用来测量公众对政府在福利项目上的责任的态度，能够提取的因子也就是一个：政府责任，但提供的项目却主要是围绕基本需要而设计，其问题设计的标准本身也就是基本需要。因而，对政府责任福利态度的测量也就变成了对基本需要这一标准的测量。测量的思路是，在基本需要满足的标准上，所有人都会或多或少赋予同样的权重。换句话说，在基本需要满足标准上，行动者的选择不受其他因素影响，暗含着人类对基本需要存在跨制度、跨文化与跨身份的共识。

　　针对此假设，研究选择了多元线性回归分析，考察了社会人口学变量、身份变量、制度变量和文化变量对福利态度的影响（表 7 - 1）。社会人口学变量包括性别、年龄、民族、婚姻状况、政治面貌、利益倾向；身份变量包括个人年收入、教育水平、阶层认同；制度变量包括普惠型福利、选择型福利；文化变量包括文化倾向、宗教倾向。为考察年龄和收入是否与福利态度呈线性关系，增加了年龄平方和收入对数平方 2 个变量。模型 1 仅考察社会人口学变量的影响，模型 2 增加了身份变量，与模型 1 合并后，也就构成传统的社会人口学控制变量，模型 3 增加了制度变量，模型 4 则增加了文化变量（表 7 - 2）。根据假设 1，这些变量不应对以基本需要为对象的福利态度存在影响，如果存在影响，则需要进一步挖掘其原因。

表 7 - 1　　　　　　　流动人口福利态度影响因素的描述性统计

	均值	标准差	样本量
社会人口学变量			
性别[a]	0.33	0.472	1201
年龄	32.93	11.154	1193
年龄平方	1208.91	824.184	1193
民族[b]（汉族 = 0）	0.05	0.216	1201
婚姻状况[c]			
未婚	0.36	0.481	1201
同居	0.04	0.194	1201
分居未离婚、离婚与丧偶	0.02	0.143	1201
政治面貌[d]			
团员	0.20	0.393	1201
群众	0.68	0.465	1201
民主党派与无党派人士	0.05	0.222	1201
利益倾向[e]	0.38	0.483	1042
身份变量			
个人年收入自然对数	10.05	0.785	1135

续表

	均值	标准差	样本量
个人年收入自然对数平方	3.17	0.127	1135
教育水平	1.53	1.083	1199
阶层认同	2.20	0.910	1181
制度变量			
普惠型福利[f]	0.78	0.411	1201
选择型福利[g]	0.34	0.475	1201
文化变量			
文化倾向[h]	0.71	0.454	1095
宗教倾向[i]	0.19	0.393	1183

注：（1）a 参考类别为"女性"，b 参考类别为"汉族"，c 参考类别为"已婚"，d 参考类别为"中共党员"，e 参考类别为"利他主义倾向"，f 参考类别为"未体验"，g 参考类别为"未体验"，h 参考类别为"儒家文化倾向"，i 参考类别为"无宗教信仰"。

（2）受缺失值的影响，不同模型的描述性统计结果不同，此处提供的是总体的描述性统计结果。

表 7-2　　流动人口福利态度影响因素的多元回归分析（标准回归系数）

	模型1	模型2	模型3	模型4
社会人口学变量				
性别[a]	0.061[#]	0.034	0.035	0.035
年龄	-0.195	-0.122	-0.029	-0.013
年龄平方	0.131	0.060	-0.009	-0.007
民族[b]	-0.048	-0.051	-0.049	-0.061
婚姻状况[c]				
未婚	-0.092[#]	-0.042	-0.047	-0.030
同居	-0.002	0.000	-0.009	-0.013
分居未离婚、离婚与丧偶	-0.016	-0.020	-0.021	0.000
政治面貌[d]				
团员	-0.006	0.015	0.026	0.021
群众	0.018	0.013	0.009	0.014

续表

	模型 1	模型 2	模型 3	模型 4
民主党派与无党派人士	0.080#	0.064	0.057	0.050
利益倾向^e	0.053	0.066#	0.060#	0.051
身份变量				
阶层认同		0.084*	0.081*	0.069#
个人年收入自然对数		0.310	0.157	0.323
个人年收入自然对数平方		−0.341	−0.182	−0.351
教育水平		−0.051	−0.042	−0.016
制度变量				
普惠型福利^f			−0.072*	−0.069
选择型福利^g			0.126***	0.127***
文化变量				
文化倾向^h				−0.124***
宗教倾向^i				0.039
N	887	825	825	772
R	0.139	0.150	0.200	0.236
R^2	0.019	0.023	0.040	0.055
调整 R^2	0.007	0.004	0.020	0.032
F	1.570	1.241	1.975*	2.325***

注：（1）#$p<0.1$，*$p<0.05$，**$p<0.01$，***$p<0.001$。（2）a 参考类别为"女性"，b 参考类别为"汉族"，c 参考类别为"已婚"，d 参考类别为"中共党员"，e 参考类别为"利他主义倾向"，f 参考类别为"未体验"，g 参考类别为"未体验"，h 参考类别为"儒家文化倾向"，i 参考类别为"无宗教信仰"。

1. 社会人口学变量对福利态度的影响

从模型 1 可以看到，在 $p<0.1$ 水平下，性别、未婚与民主党派对福利态度有所影响。但民主党派的影响与西方学者研究中的政治立场的影响并不能同等看待，后者在福利态度的研究中通常以左与右为两端，即倾向于行政（国家）机制还是倾向于市场机制，而前者作为意识形态标签的成分更重一点。当引入制度变量后，模型 2 到模型 4，社会人口学变量的各类指标对福利态度影响消失，在有关基本需要的政府责任上流

动人口的福利态度表现出高度一致性，因而制度效应影响更大。而在$p < 0.05$ 水平之下，社会人口学特征在四个模型中都不存在影响。尽管自利被西方学者视为影响福利态度的重要因素，但仅在引入身份变量后才在$p < 0.1$ 水平下呈现影响，而当引入制度变量后影响则消失。同时，所有模型中，R 值都小于 0.4 的标准，因而线性回归关系非常弱（张文彤、董伟，2004：97）。尽管引进了常见的变量，但 R^2值①仍过小，模型解释力不强，这对试图建立模型的研究而言是非常不利的，而对本书而言，却在一定程度上支持了假设 1，这一假设潜在地否认了模型建立的可能。然而，模型 3、模型 4 的 F 检验是显著的，因而可能需要引入新的变量或增加样本量才能增强 R^2。

2. 身份变量对福利态度的影响

当引入身份变量时，情况发生变化，阶层认同越高，对政府在基本需要满足的责任上越是持反对意见。利益变量在 $p < 0.1$ 水平出现显著性，其他社会人口学变量的显著性则消失。这对假设 1 提出了挑战，但却支持了假设 4，不同身份下的福利态度是存在差异的。而收入与教育水平作为阶层重要的指标器并没有产生显著性影响。西方学者的研究也显示，在需要（need）的标准上，教育、工作状态（在业/失业）与政治立场并没有产生影响，但收入（低中及以下收入者）产生了一定的影响（Jeene, van Oorschot & Uunk, 2013），而本书的研究中收入始终没有产生影响。然而，身份变量的引入并没有提高模型的解释力，反而使得调整 R^2 从模型 1 的 0.7% 下降为模型 2 的 0.4%。若先引入制度变量，则性别、未婚与民主党派在 $p < 0.1$ 水平下是显著的；若先引入文化变量，则性别、民族类型与民主党派在 $p < 0.1$ 水平下也是显著的，在先引入身份变量时，除利益变量外，常见的社会人口学变量未能呈现显著性。这在一定程度上也能支持假设 5，社会人口学变量对福利态度的影响是通过身份变量实现的，但尚需进一步研究其交互作用。

———————————

① 学界通常认为 R^2 不能低于 0.1，过低通常会降低模型解释的精确度，但并不影响正确性，此时重要的是看模型总体的显著性（F 检验）、残差项是否自相关（Durbin-Watson 检验）。提高 R^2 值的途径，一是引入新的变量，二是增加样本量。针对前者，在文献回顾部分，本书专门对变量的选择进行了回顾，选择了学界常见的变量；出于比较的需要，在深度的文献检阅基础上增加了少量新的解释变量。针对后者，客观情况是已经无法增加样本量。

3. 制度变量对福利态度的影响

当引入制度变量后，阶层认同的影响略有下降，但仍具有显著性水平。而制度影响开始彰显，调整 R^2 从模型 2 的 0.4% 上升为 2%，解释力有所提升。对于拥有普惠型福利的流动人口而言，相对未参加的人，他们对政府在基本需要的保障责任扩大上的反对程度要低些。对于接受过选择型福利的流动人口而言，相对未接受过的人，他们对政府在基本需要保障的责任上的扩大反对程度要高，而且其显著性水平也非常高。这在一定程度上支持了假设 2：不同制度下的福利态度是存在差异的。从西方学者的研究来看，后者的差异被视为一种自利行为，即福利的消费者反对政府责任的扩大以避免自己利益的损失，这是一种资源竞争（resource competition）的视角。反过来说，未接受过选择型福利的人更支持政府在基本需要保障上的责任。这也支持了西方学者的一个假设：处于很少支持的社会结构地位的人将更多地强调"应得"（deservingness）标准。这一假设采用的仍是自利的分析框架（Jeene，van Oorschot & Uunk，2013）。但需要思考的是，在中国大陆，公众是否能够意识到福利资源是有限的？是否能够意识到对其他群体的支持有可能意味着对自己利益的损害？从社会人口学变量中自利变量的默默无闻来看，此种解释在中国语境下可能存在问题，需要进一步验证。而罗斯坦（Bo Rothstein）认为选择型福利项目涉及程序正义，接受者不得不同意地方行政官员行使自由裁量权，导致古丁（Robert E. Goodin）所言的不可避免的、不可克服的、无法解决的武断处理公民寻求帮助的申请的严重问题（Goodin，1988：219；Rothstein，1998）。这可能带来福利消费的消极体验，从而影响福利态度。赫德加德依据政策反馈理论提出公众与个体对政策的支持受到政策设计的影响，认为个人或公众"接近"受益于选择型社会政策的津贴接受者的态度受到的影响很大；"接近"受益于普惠型社会政策的津贴接受者的态度几乎不受影响，而"接近"受益基于贡献社会政策的津贴接受者的态度受到的影响介于两者之间（Hedegaard，2014）。但受制于数据库，无相关问题测量体验的积极性与消极性，未来的研究中需要进一步补充完善。

4. 文化变量对福利态度的影响

当引入文化变量时，未能发现宗教信仰对福利态度的影响，但却发现文化倾向对福利态度存在显著影响，相对于儒家文化倾向者，有公民文化倾向的流动人口更加支持政府在基本需要保障上的责任。从公民文化核心要义来看，其实这是一种权利的诉求，而前者则可能是更加强调个人或家庭的责任。因而，在流动人口中并不存在统一的福利态度模式。这一结论有效地支持了假设3：不同福利文化下的福利态度是存在差异的。此时，阶层在 $p < 0.1$ 水平仍存在影响，但在 $p < 0.05$ 水平下已消失，普惠型福利的制度影响也同样消失，而选择型福利的制度影响仍然存在，同样显著，并略有提升。尽管调查的对象不同，这一结论与中国香港地区学者的研究仍保持了一致，他们采用了同样的模块，认为就福利态度而言，中国香港地区居民的阶层之间并不存在显著的差异，在某些情况下特权阶层比非特权阶层更多地支持福利国家，这与瑞典为代表的西方国家没有特权的阶层比有特权的阶层更加显著地支持福利国家并不一致（Wong, Wan & Law, 2008；Wong, Wan & Law, 2009）。但这种一致，是通过引入文化变量实现的，因而文化变量对福利态度有着更为重要的影响。从文化变量引入，而阶层的影响降低或消失来看，阶层更像是一种文化的建构，而这种文化是权利与责任配置的文化。

总体而言，流动人口的福利态度受到制度与文化的双重管制，并受到个人身份的影响的假设能够获得支持，而所有人在基本需要满足标准上或多或少会赋予同样的权重的假设并未获得完全的支持。这可能与来自国际社会调查项目（ISSP）的问题模块本身并非建立在多亚尔、高夫的需要理论之上存有一定的关联，可能与缺乏可供比较的非基本需要问题有关，也可能与复合变量掩盖了不同类别项目上的差异有关。因而，此假设尚需进一步验证。然而，从制度影响来看，未获得过选择性福利资助与服务的人更支持政府在关于基本需要保障上的责任，这是当下唯一能够以道德权利的名义向国家提出的诉求。从文化影响来看，儒家文化与公民文化之分歧，其实质是国家与个人在权利与责任关系认同上的分歧。对于具有公民文化倾向的回答者而言，更可能强调个人的权利与政府的责任；而对于具有儒家文化倾向的回答者而言，更可能强调个人或家庭的责任，而不是受制于其他社会人口学特征。而作为公民身份指示器的收入、教育与阶层，在文化变量引入之后，并没有在基本需要的标准上产生分歧；未引入前，收入、教育也未呈现显著性影响。因而，文化相对于阶层才是更重要的影响因素，这种影响的产生是来自于文化中对权利与责任关系的定位，而阶层认同只是它的结果。换句话说，福利态度的差异是在权利与责任认同上的差异。

二 老年人福利态度影响因素

沿着同样的分析思路与技术策略，我们继续分析老年人福利态度的影响因素。健康与自主是人类的基本需要，那么老年人基本需要的总体满足情况如何呢？统计结果显示，认为比较健康及以上的占37.7%；而一般及以下的占62.3%（N=1223）。认为健康有时影响自主及以上的占44.6%，而很少影响与没有影响占55.4%（N=1219）。总体上来看，老年人基本需要的满足程度偏低。但与此不太一致的是，其幸福程度一般及以下的仅占39.1%，而比较幸福与很幸福的占60.9%（N=1224），相对而言，总体幸福程度较高。Gamma（sig.=0.000）相关分析显示健康、自主与幸福程度呈较强关系，分别为0.327、0.335，并通过了卡方检验。那么老年人是如何看待基本需要的呢？哪些因素影响了他们的态度？（表7-3、表7-4）根据假设1，这些变量不应对以基本需要为对象的福利态度存在影响，如果存在影响，则需要进一步挖掘其原因。

表7-3 老年人福利态度影响因素的描述性统计

	均值	标准差	样本量
社会人口学变量			
性别[a]	0.48	0.500	1225
年龄	66.2	4.677	1225
年龄平方	4407.49	629.549	1225
民族[b]	0.52	0.500	1225
婚姻状况[c]			
未婚	0.01	0.081	1225
同居	0.02	0.150	1225
分居未离婚、离婚与丧偶	0.97	0.182	1225
政治面貌[d]			
群众	0.71	0.458	1225

续表

	均值	标准差	样本量
民主党派与无党派人士	0.10	2.746	1225
利益倾向ᵉ	0.25	0.434	1082
身份变量			
阶层认同	1.38	0.861	1220
个人年收入自然对数	9.788	0.769	1176
个人年收入自然对数平方	96.393	13.693	1176
教育水平	2.18	0.503	1224
制度变量			
普惠型福利ᶠ	0.13	0.335	1225
选择型福利ᵍ	0.32	0.467	1225
文化变量			
文化倾向ʰ	0.72	0.450	1225
宗教倾向ⁱ	0.11	0.314	1220

注：（1）a 参考类别为"女性"，b 参考类别为"汉族"，c 参考类别为"已婚"，d 参考类别为"中共党员"，e 参考类别为"利他主义倾向"，f 参考类别为"未体验"，g 参考类别为"未体验"，h 参考类别为"儒家文化倾向"，i 参考类别为"无宗教信仰"。

（2）受缺失值的影响，不同模型的描述性统计结果不同，此处提供的是总体的描述性统计结果。

表 7-4　老年人福利态度影响因素的多元回归分析（标准回归系数）

	模型 1	模型 2	模型 3	模型 4
社会人口学变量				
性别ᵃ				
年龄	-0.042	-0.245	-0.260	-0.304
年龄平方	-0.011	0.186	0.206	0.247
民族ᵇ	0.062#	0.037	0.038	0.043
婚姻状况ᶜ				
未婚	-0.064	-0.060	-0.060	-0.066
同居	-0.138*	-0.131*	-0.134*	-0.127*

续表

	模型 1	模型 2	模型 3	模型 4
分居未离婚、离婚与丧偶	-0.101	-0.094	-0.100	-0.095
政治面貌[d]				
民主党派与无党派人士	-0.040	-0.019	-0.023	-0.001
群众	0.030	-0.010	-0.010	-0.009
利益倾向[e]	-0.059#	-0.046	-0.045	-0.043
身份变量				
阶层认同		0.090**	0.087*	0.076*
个人年收入自然对数		0.052	0.043	0.137
个人年收入自然对数平方		-0.027	-0.024	-0.116
教育水平		-0.144***	-0.147***	-0.146***
制度变量				
普惠型福利[f]			0.020	0.016
选择型福利[g]			-0.039	-0.032
文化变量				
文化倾向[h]				-0.145***
宗教倾向[i]				-0.003
N	962	924	924	921
R	0.137	0.204	209	0.254
R^2	0.019	0.042	0.044	0.065
调整 R^2	0.100	0.028	0.028	0.047
F	2.033**	3.051***	2.761***	3.672***

注：（1）#$p<0.1$，*$p<0.05$，**$p<0.01$，***$p<0.001$。

（2）a 参考类别为"女性"，b 参考类别为"汉族"，c 参考类别为"已婚"，d 参考类别为"中共党员"，e 参考类别为"利他主义倾向"，f 参考类别为"未体验"，g 参考类别为"未体验"，h 参考类别为"儒家文化倾向"，i 参考类别为"无宗教信仰"。

1. 社会人口学变量对福利态度的影响

从模型 1 可以看到，在 $p<0.1$ 水平下，少数民族相对于汉族而言较低程度支持政府在相关领域承担责任；同居状态对福利态度有所影响，

同居者更倾向于支持政府的责任；有利己主义倾向的老年人支持政府承担责任。在引入身份变量后，民族、利益倾向的影响消失，而同居状态仍然保持影响。而在 $p < 0.05$ 水平之下，社会人口学特征中同居状态在四个模型中都存在影响。尽管自利被西方学者视为影响福利态度的重要因素，但在后三个模型中都未能体现出影响。同时，所有模型中，R 值都小于 0.4 的标准，因而线性回归关系非常弱，在一定程度上支持了假设 1。

2. 身份变量对福利态度的影响

当引入身份变量时，情况发生变化，阶层认同越高，对政府在基本需要满足的责任上越是持反对意见。这对假设 1 提出了挑战，但却支持了假设 4，不同身份下的福利态度是存在差异的；也在一定程度上支持了假设 5，社会人口学变量对福利态度的影响是通过身份变量实现的。教育的影响则呈显著性水平，教育水平越高，越是支持政府承担相应的责任。本书的研究中收入是作为定距变量处理的，始终没有产生影响，教育水平则在三个模型中始终存在影响。然而，身份变量的引入提高了模型的解释力，使得调整 R^2 从模型 1 的 0.8% 提高为模型 2 的 2.7%，说明身份变量的引入具有显著的统计学意义。

3. 制度变量对福利态度的影响

当引入制度变量后，阶层认同的影响几乎没有变化，仍具有显著性；教育水平的影响有所提高，即身份变量仍然是解释福利态度差异的重要指标。总体而言，制度影响并未彰显，调整 R^2 维持不变，解释力未发生变化。统计结果显示，参加了普惠型福利制度中至少一个项目的仅有 155 人，而获得过选择型福利援助中至少一个项目的为 392 人（N = 1225）。但未能支持假设 2：不同制度下的福利态度是存在差异的。即不管是否参加了普惠型福利制度还是获得过福利援助，在关于基本需要满足的政府责任的福利态度上，都不存在显著性差异。

4. 文化变量对福利态度的影响

当引入文化变量时，未能发现宗教信仰对福利态度的影响，但却发现文化倾向对福利态度存在显著影响，相对于儒家文化倾向者，有公民文化倾向的老年人更加支持政府在基本需要保障上的责任。从公民文化核心要义来看，其实这是一种权利的诉求，而前者则可能是更加强调个人或家庭的责任。因而，在老年人中并不存在统一的福利态度模式。这一结论有效地支持了假设3：不同福利文化下的福利态度是存在差异的。此时，阶层、教育水平仍存在影响，但有较为明显的下降。这一结论与中国香港地区的情况存在一定差异，而实际上与西方国家的结论保持了一致，即不同阶层的老年人在福利态度上存在差异，阶层越高的人越是持反对意见。阶层、教育水平的影响并没有因引入文化变量而消失，因而，对老年人而言，身份变量与文化变量对福利态度都有着重要的影响。

总体而言，老年人的福利态度受到文化与身份的影响的假设能够获得支持。所有人在基本需要满足标准上或多或少会赋予同样的权重的假设并未获得完全的支持。制度变量的影响也未能获得支持。因而，这两个假设尚需进一步验证。作为公民身份指示器的收入，并没有对老年人的福利态度产生显著性影响，但教育与阶层始终存在影响。因而，对于老年人而言，身份与文化都是比较重要的影响因素，这种影响的产生可能是来自于个人初始化的资源的差异，以及文化中对权利与责任关系的定位。

三   残疾人福利态度影响因素

健康与自主是人类的基本需要，那么残疾人基本需要的总体满足情况如何呢？统计结果显示，认为比较健康及以上的仅占22.6%；而一般及以下的占77.4%（N = 844）。认为健康有时影响自主及以上的占72.3%，而很少影响与没有影响占27.7%（N = 844）。总体上来看，残疾人基本需要的满足程度较低。但其幸福程度一般及以下的占了63.6%（N = 843），而比较幸福与很幸福的占36.4%，相对而言，总体幸福程度较低。Gamma（sig. = 0.001）相关分析显示健康与幸福程度呈较强相关，为0.384，而自主与幸福程度呈较弱相关0.271，两者均通过了卡方检验。那么残疾人是如何看待基本需要的呢？哪些因素影响了他们的态度？（表7-5、表7-6）根据假设1，这些变量不应对以基本需要为对象的福利态度存在影响，如果存在影响，则需要进一步挖掘其原因。

表 7 - 5 残疾人福利态度影响因素的描述性统计

	均值	标准差	样本量
社会人口学变量			
性别[a]	0.54	0.499	846
年龄	46.84	0.205	841
年龄平方	2429.89	15.383	841
民族[b]	0.04	0.205	846
婚姻状况[c]			
未婚	0.244	0.430	846
同居	0.244	0.430	846
分居未离婚、离婚与丧偶	0.163	0.370	846
政治面貌[d]			
团员	0.110	0.313	846
群众	0.110	0.313	846
民主党派与无党派人士	0.037	0.188	846
利益倾向[e]	0.280	0.452	744
身份变量			
个人年收入自然对数	9.322	0.827	682
个人年收入自然对数平方	87.573	15.063	682
教育水平	1.681	1.295	844
阶层认同	0.870	0.877	845
制度变量			
普惠型福利[f]	0.080	0.265	846
选择型福利[g]	0.670	0.471	846
文化变量			
文化倾向[h]	0.280	0.449	805
宗教倾向[i]	0.130	0.342	846

注：（1）a 参考类别为"女性"，b 参考类别为"汉族"，c 参考类别为"已婚"，d 参考类别为"中共党员"，e 参考类别为"利他主义倾向"，f 参考类别为"未体验"，g 参考类别为"未体验"，h 参考类别为"儒家文化倾向"，i 参考类别为"无宗教信仰"。

（2）受缺失值的影响，不同模型的描述性统计结果不同，此处提供的是总体的描述性统计结果。

表 7 - 6　　　残疾人福利态度影响因素的多元回归分析（标准回归系数）

	模型 1	模型 2	模型 3	模型 4
社会人口学变量				
性别[a]	- 0.021	- 0.011	- 0.014	- 0.029
年龄	0.256	0.385	0.391	0.451[#]
年龄平方	- 0.166	- 0.384	- 0.384	- 0.447[#]
民族[b]	- 0.001	- 0.005	- 0.001	0.012
婚姻状况[c]				
同居	0.025	- 0.028	- 0.033	- 0.022
分居未离婚、离婚与丧偶	- 0.039	- 0.054	- 0.063	- 0.056
政治面貌[d]				
民主党派与无党派人士	- 0.057	- 0.052	- 0.051	- 0.050
群众	0.111[*]	0.084[#]	0.090[*]	0.088[*]
利益倾向[e]	- 0.007	- 0.005	0.001	0.020
身份变量				
阶层认同		0.150[***]	0.160[***]	0.150[***]
个人年收入自然对数		- 1.295[**]	- 1.323[**]	- 1.590[***]
个人年收入自然对数平方		1.211[**]	1.251[**]	1.508[**]
教育水平		- 0.057	- 0.038	- 0.023
制度变量				
普惠型福利[f]			0.016	0.025
选择型福利[g]			0.103[**]	0.113[**]
文化变量				
文化倾向[h]				0.050
宗教倾向[i]				- 0.054
N	735	601	601	584
R	0.122	0.238	0.256	0.277
R^2	0.015	0.057	0.066	0.077
调整 R^2	0.003	0.036	0.042	0.049
F	1.213	2.704[***]	2.741[***]	2.767[***]

注：（1）#$p < 0.1$，*$p < 0.05$，**$p < 0.01$，***$p < 0.001$。

（2）a 参考类别为"女性"，b 参考类别为"汉族"，c 参考类别为"已婚"，d 参考类别为"中共党员"，e 参考类别为"利他主义倾向"，f 参考类别为"未体验"，g 参考类别为"未体验"，h 参考类别为"儒家文化倾向"，i 参考类别为"无宗教信仰"。

1. 社会人口学变量对福利态度的影响

在 $p < 0.05$ 水平之下，性别、民族、婚姻状况在四个模型中都不存在影响；群众在模型 1、模型 3、模型 4 中存在影响，在 $p < 0.1$ 水平时，群众在模型中也呈现出影响，他们更反对政府的介入；年龄及年龄平方在引入制度变量后产生影响，年龄对因变量的标准回归系数为负值，而年龄的平方为正值，呈 U 形，即低年龄段和高年龄段对政府承担责任持反对态度，而中间年龄段则持支持态度；尽管自利被西方学者视为影响福利态度的重要因素，但在四个模型中都未出现显著影响。同时，所有模型中，R 值都小于 0.4 的标准，因而线性回归关系非常弱，在一定程度上支持了假设 1。

2. 身份变量对福利态度的影响

当引入身份变量时，情况发生变化，阶层认同越高，对政府在基本需要满足的责任上越是持反对意见。在 $p < 0.1$ 水平时，群众在模型中也呈现出影响。这对假设 1 提出了挑战，但却支持了假设 4，不同身份下的福利态度是存在差异的；也在一定程度上支持了假设 5，社会人口学变量对福利态度的影响是通过身份变量实现的。收入作为阶层重要的指标器产生了显著性影响，对因变量的标准回归系数为负值，而平方为正值，表明收入对福利态度的影响呈现 U 形，即低收入者和高收入者对政府责任的反对程度较高，而中间收入者对政府责任的反对程度较低，但教育水平始终没有产生影响。西方学者的研究也显示，在需要（need）的标准上，教育、工作状态（在业/失业）与政治立场并没有产生影响，但收入（低中及以下收入者）产生了一定的影响（Jeene, van Oorschot & Uunk, 2013），因而，研究的结论与此保持了一致。然而，身份变量的引入同时提高了模型的解释力，使得调整 R^2 从模型 1 的 0.3% 上升为模型 2 的 3.6%，说明身份变量的引入具有显著的统计学意义。

3. 制度变量对福利态度的影响

当引入制度变量后，阶层认同的影响略有提升，仍具有显著性水平。制度也显示出它的影响，调整 R^2 从模型 2 的 3.6% 上升为 4.2%，解释力有所提升。是否拥有普惠型福利未能呈现出对福利态度的影响，而对于接受过选择型福利的残疾人而言，相对未接受过的人，他们对政府在基本需要保障的责任上的扩大反对程度要高，而且其显著性水平也非常

高。这在一定程度上支持了假设2：不同制度下的福利态度是存在差异
的。而在选择型福利制度变量引入后，阶层的影响有所下降，而收入的
影响有所上升，意味着两者之间存在关联，从实际情况来看，各类福利
资助是残疾人收入的重要来源。

4. 文化变量对福利态度的影响

当引入文化变量时，既未能发现宗教信仰对福利态度的影响，也未
能发现文化倾向对福利态度存在的影响。因而，不同文化倾向下的残疾
人存在统一的福利态度模式。这一结论未能支持假设3：不同福利文化
下的福利态度是存在差异的。此时，年龄与年龄平方在 p<0.1 水平仍存
在影响，但在 p<0.05 水平下已消失，而群众、阶层认同、收入与选择
型福利制度仍然存在影响。

总体而言，残疾人的福利态度受到了制度与身份的双重管制，也受
到部分社会人口学变量的影响，使得所有人在基本需要满足标准上或多
或少会赋予同样的权重的假设并未获得完全的支持。除问题的自身缺陷
外，还可能与残疾人自身的特征相关。因而，此假设尚需进一步验证。
然而，从制度影响来看，未获得过选择性福利资助与服务的人更支持政
府在关于基本需要保障上的责任。从文化影响来看，未能发现对福利态
度的影响。而作为公民身份指示器的收入、教育与阶层，在制度变量引
入前后，教育始终未产生影响，收入与阶层始终存在影响。因而，就残
疾人而言，制度相对文化更具有影响力，这种影响的产生是来自于制度
对基本需要的保障。

综上所述，在 α=0.05 的显著性水平之下，引进所有变量后，对于
流动人口而言，制度与文化都具有显著性的影响，但社会人口学变量、
身份变量并未发挥作用；对老年人而言，文化与身份存在重要影响，但
制度未能发挥作用，其中，同居的婚姻状态、教育与阶层认同对福利态
度存在一定显著性水平的影响；对残疾人而言，文化的作用并不存在，
最重要的影响是制度与身份，其中收入与阶层认同始终呈现出比较显著
的影响。然而，由于总体的 R^2 系数非常低，因此模型的解释力存在不
足，一般情况下，有可能存在重要的变量未能引入，或者是因为样本量
太小，需要寻找新的解释变量，或扩大样本量，但从本书的理论假设来
看，在基本需要满足的理想权利或政府应当承担的理想责任上，行动者

的福利态度本应该没有差异。未来需要在引入新的解释变量并扩大样本量的情况下做进一步的检验。

基本需要的满足是否被视为一项权利是区分制度与文化的试金石。在福利主义视角下，这是一种理所当然；而若与自由主义对话，那么极有可能陷入"夏虫不可语于冰，井蛙不可语于海"的困境；在儒家文化中，更可能强调家庭的责任，而政府提供的是父爱式的关怀——这是他的责任却并非我的权利。这种差异表现在文化场域中的理想权利/责任与制度场域中的实际权利/责任的差异。基本需要不仅包括生物性需要，还包括社会性需要，因而基本需要成为权利并不能简单化为生物学证明，而是通过公民身份来证成的（王立，2012）。需要成为一项权利，而权利界定了需要的实践边界，并成为需要得以最优化满足的普遍性前提。在上述逻辑下，基本需要构成了一项"自然"的权利，因而从权利出发的福利态度其实也就是从基本需要出发的福利态度，基本需要自然也就成为福利态度生成的逻辑起点。而在"自然"权利的福利态度上受到制度、文化，甚至身份的影响，那恰恰意味着福利态度的表达并非自然的，而是受到扭曲的、异化的，此种条件下的福利态度也就无法保证福利制度生成的合法性。

第三节 福利态度的理想与现实的分歧

福利态度生成的多重规制分析，为福利态度研究提供了结构性解释的分析框架，却未能为福利态度研究提供能动性解释的参考坐标。态度并非结构规制下的副产品，而是福利行动的助推剂，这种能动性被概念化为理想与现实之间的张力。面对基本需要，理想是未受遮蔽的福利态度的社会正义期望，而现实则是受遮蔽后的福利态度的再分配结果，两者之间的不平衡正是张力产生的源泉。从理论上而言，在基于平等主义原则的公民身份的强有力的道德诉求下，理想与现实的差距能够生成缩小差距的社会动力（Wong, Wang & Kaun, 2009）。那么，在关于权利与责任关系的福利态度间存在何种张力？它受到哪些因素影响？它能否产生推动缩小差距的社会动力？

回答上述问题必须基于理想与现实对照的项目上，而整体性问题无法测量福利态度在具体项目上的差异及不同张力。问卷为此提供了六大主题（B2—B7）测量，分别是工作权利、基本生活保障、父母照顾子女、成年子女照顾老年父母、义务教育与政府税收。我们以流动人口为参考系，比较老年人、残疾人的福利态度在理想与现实上的分歧。首先考察以下三组的信度系数（表7-7）。

表7-7　流动人口、老年人与残疾人组的社会权利的信度系数

	流动人口	老年人	残疾人
理想权利	0.579 （N＝916）	0.637 （N＝1086）	0.579 （N＝673）
理想责任	0.610 （N＝1057）	0.619 （N＝1137）	0.596 （N＝744）
实际权利	0.582 （N＝799）	0.649 （N＝891）	0.641 （N＝543）
实际责任	0.608 （N＝938）	0.723 （N＝968）	0.655 （N＝646）

注：信度测量不包括政府的理想责任与实际责任。

数据来源：由笔者根据中国社会福利调查流动人口、老年人与残疾人问卷数据计算。

整体而言，流动人口、老年人与残疾人三组在权利与责任问题上的信度系数偏低。仅老年人组均为0.6以上，其中实际责任问题达到了0.7以上。在理想权利问题上流动人口组与残疾人组的信度系数都偏低，仅有老年人组超过0.6；在理想责任问题上，流动人口组与老年人组均超过0.6；在实际权利问题上，老年人组、残疾人组的信度系数比较接近，超过0.6；在实际责任上，三组均超过0.6，其中老年组的实际责任问题的信度系数超过了0.7，而残疾人组居于中间，表明该问题内在一致性较高。

比较流动人口、老年人与残疾人三组在具体项目上的分布情况（表7-8），有助于我们更清晰地了解不同群体在基本需要满足上的内在结构性差异，现从纵向与横向两个方向进行比较。

从纵向数据（表7-8）来看，无论是流动人口、老年人还是残疾人，在"父母照顾子女""成年子女照顾父母"问题上，对向政府提出

表 7 - 8　中国大陆四城市流动人口、老年人与残疾人受访者在社会权利与责任上的理想与实际水平的态度比较

| 权利/责任 | 理想水平（%） | | | | | | 实际水平（%） | | | | | |
| | 权利 | | | 责任 | | | 权利 | | | 责任 | | |
	流动人口	老年人	残疾人	流动人口	老年人	残疾人	流动人口	老年人	残疾人	流动人口	老年人	残疾人
1. 每个人有权利获得工作/每个人有责任工作	93.9	97.6	98.1	96.3	97.7	98.1	83.7	89.4	82.3	80.5	88.4	81.6
2. 每个人有权利获得基本生活保障/每个人有责任保障自己的基本生活	96.5	97.1	98.1	97.3	98.4	98.0	67.9	86.1	71.5	77.8	90.0	84.8
3. 父母照顾子女时有权利要求政府帮助/成年子女有责任抚养子女	59.7	65.2	63.4	93.3	92.8	94.9	30.1	50.1	35.4	88.6	93.0	92.2
4. 成年子女照顾父母时有权利要求政府帮助/成年子女有义务赡养父母	71.0	74.2	72.0	98.4	98.7	98.3	32.0	48.5	37.3	82.1	85.9	83.7
5. 每个人有权利获得基础教育/父母有责任让子女获得基础教育的机会	97.7	99.0	99.0	98.1	99.3	98.9	91.4	95.3	95.5	93.7	96.9	95.5
6. 每个人有权利要求政府善用税收/每个人有责任缴税	95.2	98.1	98.4	58.3	76.0	65.2	61.9	72.9	68.0	72.1	83.7	76.3

注：（1）权利栏目的百分比指 "同意" 与 "完全同意" 之和。责任栏目的百分比指 "一半一半" 与 "大部分有" 之和。

（2）采用四分法，理想权利与理想责任的选项从 "同意" 到 "完全同意"。实际权利与实际责任则也采用四分法，从 "大部分有" "一半一半" "少部分有" 到 "几乎都没有"。

数据来源：中国大陆地区数据由笔者根据中国社会福利调查流动人口、老年人与残疾人卷计算。

权利诉求都是六个条目最低的，在这两个问题中，更强调个体的责任而不是国家的责任，从中可以观察到中国传统文化中的家庭价值。在父母照顾子女上，老年人与残疾人都认为实际责任履行得较好，流动人口评价稍低一点；在成年子女照顾父母上，相对于理想责任，三者则评价都比较低，认为实际情况履行得并不够好。在这两个问题上，流动人口的评价都是最低的，这可能与其切身的体验相关。长年在外务工的人，既不能给子女一个充满父母关爱的家庭，自己又无法孝顺自己的父母，并且常常是父母帮助照顾子女，处于两难困境之中。

从横向数据（表7-8）来看，无论是流动人口、老年人还是残疾人，在"父母照顾子女""成年子女照顾父母"问题上，理想权利都小于理想责任，同样体现了中国传统文化中的家庭文化的影响。在父母照顾子女的理想权利方面，老年组最高，有65.2%的人支持对政府的权利诉求，而流动人口最低，只有59.7%的人支持对政府的权利诉求；在理想责任上，三者非常接近，都超过了92%。这一结果其实或多或少地反映了三组行动者的矛盾心理：一方面强调父母的责任，另一方面又希望政府提供支持。背后的原因在数据库中很难挖掘，但从现实中留守儿童、留守老人的大量存在可以判断，流动人口对政府权利诉求的提高与对个人责任要求的降低也就不令人奇怪。在成年子女照顾父母上，从数据来看，三组在权利的期望上较低，而在责任的期望上较高，这与中国传统文化的孝道文化有关，但在强调成年子女责任的同时，要求政府提供协助也占据了一个超出70%的比例。对于部分人而言，文化的影响已被弱化，赡养父母不再完全是个体或家庭的责任，也成为政府的责任，流动人口与残疾人中皆有超过72%的回答者支持政府应承担协助成年子女照顾老年父母的责任（表7-9），这可能与他们自身无力照顾父母的体验有关。在实际权利上，三组都很低，流动人口中仅有32%的人认为享受到政府协助的权利；在实际责任上，三组有超过20%回答者认为一半以上的成年子女未能很好地做到照顾自己的老年父母，实际权利与实际责任间的鸿沟在中国大陆表现得非常明显。而对政府协助父母照顾子女与协助成年子女照顾父母的理想责任上，要低于政府在工作权利与社会生活保障上的责任；在实际承担的责任上，政府的份额也相对较小（表7-9）。

表7-9　　　　　　流动人口、老年人与残疾人组关于
政府理想责任与实际责任的态度分布

政府责任项目	流动人口		老年人		残疾人	
	理想责任（%）	实际责任（%）	理想责任（%）	实际责任（%）	理想责任（%）	实际责任（%）
帮助失业的人找到工作	92.8（N=1153）	42.1（N=1062）	96.0（N=1202）	61.5（N=1125）	96.4（N=822）	48.9（N=748）
保障民众的基本生活保障	94.4（N=1166）	57.2（N=1076）	96.9（N=1212）	78.7（N=1143）	97.9（N=823）	71.2（N=786）
协助父母照顾子女	72.2（N=1058）	36.7（N=1037）	78.0（N=1168）	54.3（N=1096）	72.5（N=767）	40.4（N=710）
协助成年子女照顾老年父母	85.6（N=1129）	38.4（N=1051）	89.8（N=1195）	55.0（N=1092）	86.6（N=798）	40.4（N=731）

　　工作与家庭共同构成福利国家的支柱，工作是最好的福利，那么在工作的权利与责任上三组间的分布情况如何呢？从数据来看，在理想权利与理想责任上组间差异较小，但在实际权利与实际责任上则存在较大差异。老年人组为最高，认为一半及以上的人获得了工作的权利，占89.4%，流动人口与残疾人也与之比较接近，也超过了80%。

　　基本生活保障的内容对应的是中间需要的部分指标，保障也就是对中间需要的满足，这是基本需要满足的阶梯，但在三组之间也存在差异。在理想权利上，三组非常接近，但在实际权利上，流动人口却低至67.9%，老年人最高，支持率为86.1%，而残疾人居中，为71.5%。在理想责任上，三者接近，这与中国文化中强调自立、家庭与责任是比较一致的，但在实际责任上，流动人口认为许多人做得不够，仅有77.8%的回答者认为有一半及以上的人是履行了工作责任。也就是说，流动人口的回答者认为，在基本生活保障上，个人实际履行的责任都比较高，但实际拥有的权利却偏低，两者间仍存在鸿沟；残疾人组的回答者则认为社会行动者承担的责任要多于他们享有的权利；老年人组虽有差距，但总体支持率都超过了86%。与公众的预期相比，政府承担的实际责任与理想责任还是存在较大差距，尤其在流动人口的评价上（表7-9）。

在政府的税收上，三组间既有一致性也有差异性。在民众有权要求政府善用税收问题上，老年人组与残疾人组表现为较高的支持率，分别为98.1%、98.4%，流动人口组略低，为95.2%，显示出很强的权利意识；在每个人都应该纳税的理想责任上，流动人口的支持率跌至58.3%，残疾人组跌至65.2%，而老年人组则较高，为76%。从数据比较中可以发现，老年人更支持个人纳税的责任，流动人口与残疾人更强调对政府监督的权利，这可能与老年人更多是税收的转移支付者的角色有关。在实际拥有的权利上，老年人选择"同意"与"非常同意"的最高，为72.9%，流动人口最低，为61.9%，而残疾人居中，为68%。在实际履行的责任上，老年人组最高，为83.7%，残疾人组其次，为74.8%，而流动人口组仍为最低，为72.1%。从理想权利与实际权利来看，三组都认为实际权利远小于理想权利，意味着公众在监督政府预算的权利上偏低；从理想责任与实际责任上来看，三组都认为实际责任远高于理想责任，意味着税负偏重。然而，税收是福利的保证，无税收则无福利，但在询问是否因此而愿意多交税时，流动人口中有37.6%的人选择了"不愿意"与"非常不愿意"，"非常愿意"的只有13.5%（N＝1042）；老年人中有25.1%的人选择了前者，选择后者的只有18.9%（N＝1082）；残疾人中有28.4%的人选择了前者，选择后者的只有17.6%（N＝743）。这可能与实际责任过高的认知相关。

教育是实现社会权利的基本前提，也是满足基本需要的保障。中国大陆实行的是九年义务教育制，从数据来看，三组在理想权利与理想责任、实际权利与实际责任上都给予了很高的支持率，反映九年义务教育制是在中间需要的满足上做得最好的一项。而在义务教育是延伸至高中三年还是幼儿园三年的问题上流动人口中只有5.7%的人都不支持，33.7%的人全部支持；老年人中只有13.9%的都不支持，39.7%的全部支持；残疾人中有10.1%的人都不支持，而39.4%的人全部支持。总体而言，三组人群都支持扩大政府在教育上的责任。

就理论而言，在理想与现实之间的落差将产生对社会福利的需要（Wong, Wang & Kaun, 2009），它构成社会福利制度变迁的动力。在理想的权利上，无论是流动人口、老年人还是残疾人都已经提出了更高需要，但与现实的权利之间均存在不同程度的落差，在配对样本检验中流动人口、老年人与残疾人组在权利与责任的福利态度方向上都保持了一致，呈现为权利损亏与责任冗余的特征，前者更多体现为制度的缺失，后者更多体现为文化的影响。然而，在中国大陆对社会福利的需要是否会成为行动者积极主张权利的理由，是否会推动社会福利行动以变革福利制度则是需要进一步探讨的问题。

第八章　福利行动：从个人
困扰到政策议程

　　"环境中的个人困扰"和"社会结构中的公众论题"这一区分是社会学想象力的基本工具，也是所有社会科学经典研究的一个特征。困扰是一件私人事务，是个人珍视的价值受到了威胁；论题是一件公共事务，是公众珍视的价值受到了威胁，而一个论题往往包含了制度安排中的某个危机（米尔斯，2001：6）。当个人的基本需要无法满足时，只是一件个人困扰；当众人的基本需要无法满足时，则上升为公共事务。前者只是个人秉持的价值受到了威胁，而后者则是集体的价值受到了威胁。对于社会福利领域而言，它包含的是福利制度安排中的危机，这是一种合法性危机。尽管意识到权利与责任、理想与现实之间的差异，但我们并不清楚基本需要的满足是我们理应珍视的价值，未能在需要与权利之间建立起关联，我们处于生存焦虑与价值淡漠的时代，同样"尚未以合适方式表述明确，以使理性和感受力发挥作用"（米尔斯，2001：10）。尽管在实践中存在种种遗憾，理想与现实之间的张力似乎还没有成为权利诉求之需要，但在理论上，这种需要与权利的联系在当下已经构成一个可以明确表述的概念：福利权。我们的态度因而拥有了行动的目标。然而，是否存在某种只针对物质本身——即福利——的权利？这种权利观念是如何影响社会政策的？前者可以从需要（need）的概念，以及权利与义务之间的关系加以考察；而后者则是不会存在什么问题，它们对社会政策产生过某种影响，而且的确存在某种影响（马歇尔，2008a：44—47）。第一个问题已经在前文论述，本书追随的立场是：需要是一项可以主张的权利；第二个问题则是本章需要回答的问题：从个人困扰如何上升为制度保障？从福利制度的生成，或社会政策的设置过程来看，个人困扰首先上升到公共论题，接着必须进入政策议程（policy agenda），然后才有可能成为法律保障的权利，这也正是福利态度能动性力量的现实展示的过程。然而，公众的福利态度尚受到制度与文化的遮蔽，即便有宪法及相关行政法规的规定，公众对待福利权益的态度也并未显露出某些积极的态度，唯有解除遮蔽，才能推动个人困扰到公众论题再到政策议程的演进。

第一节 福利的性质

成熟的福利制度并非一定是态度取向的结果，但强调自立、个体责任的儒家文化却常常成为政策的便利借口，为其披上有说服力的历史与文化的合法性外衣，从而过滤掉对社会福利需要的某些回应（Walker & Wong，2005：215），唯有解除制度与文化的遮蔽才能够完成权利与责任的统一，而制度与文化的遮蔽集中体现在我们对社会福利的性质认知上。职是之故，研究福利制度的演进逻辑必须首先清晰洞察社会福利的性质。福利制度的差异，反映的是福利性质的界定不同，而福利性质的不同正是行动者福利态度不同的结果。从现有的供给形式来看，福利主要是以现金/实物和服务的形式输送，但现金/实物存在诸多无法满足的前提，它能保证你买得起自行车，但却无法保证你有能力骑上自行车；它也无法保证你不会滥用，为了避免此类困境，目前更加强调服务，也对应于马歇尔所言的社会权利的保障机构——教育体制与社会公共服务体系。因而，研究就从社会服务的性质探讨起。

社会服务作为实践起源于 19 世纪，随着社会责任思想的提出和传播，20 世纪社会服务开始盛行。从历史上看，社会服务的起源，主要按照主体来分，先是民间的社会服务，而后在 20 世纪政府介入社会服务，到 20 世纪 70 年代以后，政府、社会、社会组织和企业，也都开始承担社会服务的责任，其主体开始多元化（丁元竹，2011）。社会服务作为一个学术词由英国学者、社会政策的创始人蒂特马斯于 1951 年首次提出，他将社会服务定义为："通过将创造国民收入的一部分人的收入分配给值得同情和救济的另一部分人，而进行的对普遍的福利有贡献的一系列集体的干预行动。"（潘屹，2008；李兵，2011）从定义来看，社会服务①具有福利性质与再分配功能，是一种集体行动。与之相关的概念有公共服务与人类服务，公共服务概念比较宽泛，社会服务比较具体，人类服务包括了"社会服务"与"公共服务"，到20世纪60年代后半期，"个人社会服务"取代"社会服务"成为英国常用语（岳经纶，2010），而中国大陆目前新采用了社会工作服务这一术语。社会工作服务是指社会工作专业人才运用专业方法为有需要的人群提供的包括困难救助、矛盾调处、人文关怀、心理疏导、行为矫治、关系调适、资源协调、社会功能修复和促进个人与环境适应等在内的专业服务，是现代社会服务体系的重要组成部分（民政部、财政部，2012）。从定义来看，它属于社会服务，因而理应具有社会服务的福利性质与再分配功能等特征，不同的是，该定义突出强调了服务的专业性。除涉及特定情境，本书仍沿用社会服务的概念。综观社会服务的理论与中国实践，本书按照权责关系将社会服务的性质概括为资源论、权利论、商品论、礼物论与技术论五种类型，不同类型的背后隐藏的是福利行动主体在社会福利责任结构中的位置的差异。

一　资源论

资源依赖学派认为，组织的最重要任务在于生存，组织生存的关键则是"获得并保住资源的能力"（费显政，2005）。无论是个人还是组织都无法生产自身所需要的所有资源，资源是有限的，尤其在中国企业社会责任、慈善事业发育不成熟的情况下，个人、社会服务组织的资源主要来自政府。资格审查中的自由裁量则可能使得福利供给中出现人情福利，而政府面向非营利组织购买社会服务在目前看来依然是零星的，财政拨款带有随意性，甚至没有明确的服务要求。即便如此，非营利组织为了获取资源仍然不得不采取种种策略迎合政府，形成社会服务机构与政府之间的"资源依赖"状态，而依赖的方向则是非营利组织单向依赖政府，最终导致非营利组织行动的结果有可能偏离了原初的宗旨。

社会服务若是资源，那么就会被认为是政府可以施与、也可以剥夺的一种"馈赠"（largess），其施与和剥夺无须听证（斯廷博格，2007：

---

①　本书所指的社会服务是置于社会福利的背景下，范围小于政府中的社会服务业，是一种社会福利服务。

119）。所以，资源论也可称为"馈赠论"。当馈赠出于公共利益而被取消时，一般情况下所有者不会获得补偿（Reich，1964：745）。并且馈赠的增长已经使得政府"购买"对宪法赋予的权利的放弃成为可能，换句话说，服务接受者或供给者可能会为了获得馈赠而放弃宪法赋予自己的基本权利（Reich，1964：733）。在购买社会服务满足社会成员福利需要的愿景推动之下，政府的馈赠还可能带来下列情形：首先，政府权力的影响只会不平等地求助于私人部门的不同组成部分，以至于一些获得则意味着另一些失去；其次，政府的馈赠常常建立了与私人经济某些部门的合作关系，它扩展了而非限制了这些私人部门的目标；最后，在这些部门的利益冲突中，政府权力或许会被私人利益作为工具所利用，如此一来，政府的工具成为私人而非公共的工具（Reich，1964：733）。沿此逻辑，当社会服务是一种政府可以施与，也可以剥夺的一种"馈赠"的有限资源时，政府有可能滥用其自由裁量权，但个人却无法因此而起诉，机构也同样无法因社会服务被购买机会的剥夺提起诉讼。因而，在此逻辑下，社会服务机构更希望嵌入政府的权力体系中，这样可以将公共的工具作为排斥其他同业组织的工具，它们放弃了"自我超越"而选择了"自我提升"，以致之间的关系从互惠，走向寄生，再从寄生走向互害（赵小平、王乐实，2013）。因而，资源论在事实上扭曲了政府与个人、政府与社会的关系。

二 权利论

马歇尔认为公民身份包括法律公民身份、政治公民身份与社会公民身份，其中社会公民身份或社会权利是最高的权利（马歇尔，2008a：22）。社会权利如何实现被认为是社会成员需要满足的关键（彭华民，2008：75）。社会服务若是权利，一项社会权利，那么政府就必须通过法律法规保障各类人群社会服务的可及性，政府的施与和剥夺必须通过听证，以保障不同群体及个人的权利，维护公平正义。

福利权的倡导者认为，福利是一项"权利"，而不是"特权"，特权可以被剥夺，但权利未经正当程序与公正补偿不可以剥夺。仅仅通过使这些利益如失业补偿金、公共补助和养老金等相关利益成为权利，"福利国家才能实现它的目标：在一个总体上而言个人不可能是自己命运的主人的社会里，为个体福祉与尊严提供最低限度的保障"（Reich，1964：786）。这种权利就是赖克（Charles A. Reich）所言的新财产权，他首次在法律理论上将福利视为一项权利，认为财产不仅包括了传统的土地、动产、钱财，同时还包括社会福利、政府职位与特许经营权等传统"政府馈赠"，这些"馈赠"一旦变成了个人的"权利"，那么就应受到宪法个人财产权保障条款的保护，对它们的剥夺就受到"正当程序"和"公正补偿"的严格限制（高秦伟，2007）。

但法律规则规定即便完备，也无法避免执法者在事实判断、法律取舍上融入个人的主观因素而影响决定的作出。概言之，自由裁量权无处不在。"历史上所有的政府和法律制度，无一不是法律规则与自由裁量共存。"行政自由裁量权的存在，不仅能够满足行政灵活性的需求，并且由于其与个人利益的直接相关性而关乎个体化正义的实现（Davis，1971：17；转引自王锡锌，2009）。然而自由裁量权使用的增长可能损害申请人对"明确界定的权利"是否存在所拥有的信心。这种损害不是对权利的担心，而是对权利是否存在的信心（马歇尔，2008b：74），这不仅损害了个体行动者，同时也会损害了社会服务机构。

对于个体行动者而言，赖克概括了影响福利受益者或家庭的各种因素：道德、隐私、责任、户籍（residence）、就业、住房、忠诚宣誓、平等标准与独立性。广义而言，这些主题涉及程序、宪法以及与由公共福利法赋予的个人权利的本质相关的问题（Reich，1965：1247—1251）。这些问题都可能成为自由裁量权行使的依据，以至于当个体原本作为权利应当获得的社会服务，可能会因为自己的不道德行为、户籍等而被撤销或终止，也可能会为了获得社会服务而不得不放弃自己的隐私、独立性等相关的自由权利。

对于社会工作服务机构而言，根据《关于政府购买社会工作服务的指导意见》（下文简称《意见》），政府购买社会工作服务的对象主要为具有独立法人资格，拥有一支能够熟练掌握和灵活运用社会工作知识、方法和技能的专业团队，具备完善的内部治理结构、健全的规章制度、良好的社会公信力以及较强的公益项目运营管理和社会工作专业服务能力的社会工作服务机构。社会服务若是一项权利，政府就无法决定是否供给，也无法决定由谁供给，在此界限内，社会工作服务机构可以自由选择需要服务的个人、选择可以接受援助的家庭。政府的职责在于对社会工作服务机构进行资格审查与监督，符合市场准入资格者应由福利接受者选择由谁供给，即来自市场的选择而非政府的行政决定，在这种情况下可避免机构对政府的单向依赖。

若服务对象的权利被削减甚至剥夺，则意味着政府购买此项权利的服务的可能性也降低甚至消失。政府购买采取的是市场化、契约化方式，需要进一步讨论的是符合市场准入资格与拥有政府购买服务的权利是否存在关联性，这就涉及订立契约以及续约的权利。《意见》规定，对只能从唯一服务提供机构购买的，向社会公示并经同级财政部门批准后，可以采取单一来源采购方式组织采购。这可能涉及以下问题：一是能够供给唯一服务的是不符合市场准入资格的机构；二是符合市场准入资格的机构提供的是各不相同的服务。前者涉及个体的权利重要还是机构的资格重要，资格是特许的，是可以施与也可以剥夺的，其标准是由政府制定；后者涉及个体的需要重要还是个人的权利重要，需要不一定是权利，在户籍与福利捆绑的城乡二元分割的体制下，流动人口的遭遇更为明显，他们的需要常常不能被界定为权利，而他们的权利又常常不能被视为需要。这两个问题能否妥善解决关系到机构与政府之间的关系走向平等还是单向依赖，否则自由裁量权行使的结果是造成社会组织对政府的单向依赖。而社会组织一般不愿意挑战决定，因为未来的风险更大以至于强化了政府的权力（Reich，1964：751）。

三 商品论

无论是资源论还是权利论，其供给的主体都来自政府，而社会服务若是商品，那么其满足就理应通过在市场上购买而获得。这一假设隐含的前提是，个人是社会服务的最好判断者，然而由于进入市场前的初始资源的不平等，贫困者会因为缺乏资源而无法支付市场所设定的价格，职是之故，个人是无法自由行走于市场经济的交易体系中的。如果交易双方被总体的财富差异所分离，那么交易关系那种扩张自由和选择的市场能力优点会受到严重损害。如此一来，市场不仅不会扩大机会的范围，反而根据某种社会遗传学复制原初的不平等，市场由此失灵。为了增强人们更平等地进入市场的能力，再分配不得不被为了保障个体在市场上有效行动的能力，什么样的需要不得不满足的概念所牵引（Plant，1989：75；Wetherly，1996）。在基本需要满足的福利权上，曾经的市场倾向导致不平等的效应持续累积。流动人口面临的不仅是城乡二元，也包括城市间的福利体制与劳动力市场的分割，他们难以在工作的城市争取平等的福利与工作的权利。要改变这种不平等，就必须重新回到产权分配。

根据需要的平等满足的社会主义标准，自由市场在分配商品与服务、收入与财富上是存在缺陷的，需要与社会正义是紧密相关的（Plant，1989：54；Wetherly，1996），初始资源再安排的理由必须来自评价性的概念，即社会正义或平等（巴里，2005：58）。而在未校正的市场安排中可以发现，个人缺乏决定自己未来的力量，又存在不恰当的时间偏好，无法满足这一前提，这为国家干预提供了正当性的理由。但由于福利测量的不可操作性、效用的不可裁决性、国家干预效率的不确定性、功能的可替代性与父爱主义的专制性，福利国家干预的正当性及其供给的唯一性也同样受到质疑。因此，《建议》中提出的在社会工作服务的政府购买中引入市场化、契约化的市场机制就成为一种理想的形式，避免了个体可能产生偏差的时间偏好，同时能利用市场机制提高效率，并能通过契约规制机构的营利行为。此时，社会服务就成为一种去商品化程度较高的准商品，而购买者是政府。然而，个人的需要却可能淹没于政府与机构的契约中。

四　礼物论

并非所有的福利哲学家都求助权利。克兰斯顿（Maurice Cranston）认为匮乏使得普遍的福利权并不可能（Frederick，2010）。蒂特马斯也高度怀疑基于权利的福利体系。他对福利国家的辩护来自利他主义：人们应该接受福利，如同接受来自一个"陌生人"的礼物，它是社会团结的表达，而不是来自马歇尔所倡导的互惠义务的复杂网络的权利资格。在实践意义上，他认为，如果福利完全转化为法律要求，贫困者将会输光（巴里，2005：90）。政府的福利开支不是慈善行为，它并不是个人自愿的奉献行为，无论它是多么有益或仁慈，也不管它对提供公共服务有多么必要，它只是对国家税收的强制性的再分配（布鲁克斯，2008：6）。因而国家福利不是一种慈善行动，而是一种权利资格。在保障人的福利方面，个体的私人给付不可能与国家竞争，但私人给付有其内在的价值。给—助（giving and helping）在丰富公共生活上是可见的，同时也有工具性价值——在国家无能为力时，人们能彼此帮助。弗里德曼（Milton Friedman）与诺齐克（Robert Nozick）等自由主义学者更偏好个人慈善而非公共慈善，因为它在帮助穷人时没有限制捐赠者的自由（Obler，1981）。

社会服务若是礼物，那么其满足就理应由具有利他主义情怀的志愿个人或慈善组织提供。然而，随着政府的福利馈赠增加，人们会关注政府的援助而把个人慈善作为替代品，从而降低个人的捐赠，产生"公共支出的挤出效应"（布鲁克斯，2008：40），陷入公共物品陷阱，① 由此，福利制约了人们的慈善行为。同时，当下中国似乎并不存在足够支撑福利大厦的广泛的利他主义情感，慈善组织公信力屡屡受挫，盛行的福利服务结构的正当性无法得到证明，公众宁愿相信直接捐赠，也不愿相信慈善组织所谓科学管理，但慈善的成本由此提高，捐赠的覆盖面也可能会因此而降低。此时，机构对政府的依赖被强化，无法保证自身运行过程的自主性与独立性。

五　技术论

社会服务若是技术，那么我们所关心的就是如何在技术上做得更精致。我们关注统计的细节、组织的架构、关系的协调与项目的管理，此时政府、非营利组织就成为传递个人偏好或者某种社会活动的机制或管道。福利问题的解决就被视为一项专业技术，即官僚部门的专业技术，这种对统计细节的注意和对输送福利的集权机构的重视是一种早期功利主义的思路（巴里，2005：48）。

社会服务的发展从初期里士满（Mary Richmond）的《社会诊断》就开始了标准化之路，为社会工作的专业化、职业化奠定了基础，但其技术化的倾向却备受质疑。社会工作的发展在是技术还是关爱的争论中试图从前者挣脱出来，但在政府绩效主义的导向下陷入技术的窠臼之中无法自拔，一个"令人恐惧的问题"是"技术解决方法可以代替根本性的

---

① 指如果一个人知道慈善收入会有其他来源，那么他实际上会让自己的收入有更高比例的增长。参见巴里（2005：73）。

政治问题"由此诞生（多亚尔、高夫，2008：196）。

在实践中，社会服务的购买成了机构项目方案的竞争，这可能只是一场修辞的盛宴、技术的狂欢，我们关心的是申报书的文本书写的奇技淫巧与内容描述的标新立异，而非需要的满足与权利的保障。在社会服务的供给高度技术化时，"专家"或专业人士（experts or professionals）掌控着权力，他们的行动甚至比在立法的固定限制中更难限制（Reich，1964：750）。人类服务提供的关键部分已经被有效地去政治化，并且转变为技术的或者管理的判断。但是，也可以认为，这样做可能使人们被带入到一个由中央决定并且由技术构建的议程中（迪安，2009：138）。在今天的福利制度中许多人的生活饱受官僚制度任意性的毛病和专业人士无情的常规做法之害。因而，需要满足不只是从上到下应用技术性的知识，也不是以官僚主义的方式提供国家服务，还应挖掘人民在日常生活经验中积累的知识（多亚尔、高夫，2008：373—374），从而在社会服务的传递过程中充分彰显其福利性与再分配的正义性。

在中国经济、政治与社会发展的现实处境下，当社会服务被视为可以施与、也可以剥夺的资源时，个人、机构对政府的单向依赖就不可避免；当社会服务被视为权利时，符合接受服务资格的个人有权利要求政府为其购买社会工作服务，而符合市场准入资格的机构也有权利要求政府购买其提供的优质服务，对他们权利的剥夺受到"正当程序"和"公正补偿"的严格限制，个人、机构与政府可以置于平等对话的舞台之上；当社会服务被视为商品时，个人需要通过工作获得收入满足其需要，市场成为资源配置的最优工具，但市场关系是竞争性的，因而也必然是分裂性的；当社会服务被视为来自陌生人的礼物时，慈善成为社会资源和经济资源再分配的重要工具，它不考虑什么权利资格、互惠义务与市场价格，用"团结"维系着人与人之间的社群纽带。当社会服务被视为技术时，关于权利资格、互惠义务、市场价格与利他主义等价值取向都将湮没于"摩登时代"之中，唯有效率而无价值，唯有技术而无团结，政府、市场与机构只是福利的传递管道，强调的是标准，关注的是统计的细节。

针对政府在馈赠上的权力，赖克认为可从三方面入手限制：一是限制相关性，指任何事情以某种方式受到管制时必须与某些合法的立法目的相关；二是限制自由裁量权，指在某种可能的程度上，授予的权力应被限制在确定的界限中，管制的机构不应该执行冲突性政策的任务，以及机构使用的权力仅仅限于他们设计的目的；三是政策制定的权威不应成为本质上是私人组织的代理（Reich, 1964：782—783）。而只有将这些馈赠转变为权利时，个人或机构的自主性才能得到保障。当需要无法满足，权利无法保障时，社会问题就会产生。令人尴尬的是，公民的权利是不能被精确界定的（马歇尔，2008a：43—44），而多亚尔、高夫的需要理论则为公民权利的可操作化提供了比较好的选择。

将社会服务视为一项权利时，则意味着个人可以积极争取，社会服务就成为一种作为积极权利的福利权。它是与公共福利制度相联的一种权利，是一种接受福利利益或援助的权利，它往往与反映特殊需求的某些社会物品相关（Golding, 1984；胡敏洁，2008：6）。通常被理解是对福利商品或服务——如食物、教育、医疗照顾与住房——的权利（Frederick, 2010）。《世界人权宣言》第25条指出，人人有权享受为维持他本人和家属的健康和福利所需的生活水准，包括食物、衣着、住房、医疗和必要的社会服务；在遭到失业、疾病、残废、守寡、衰老或在其他不能控制的情况下丧失谋生能力时，有权享受保障。母亲和儿童有权享受特别照顾和协助。一切儿童，无论婚生或非婚生，都应享受同样的社会保护。在中国，福利权益的宪法依据主要来源于第45条规定：中华人民共和国公民在年老、疾病或者丧失劳动能力的情况下，有从国家和社会获得物质帮助的权利。国家和社会保障军人的生活，抚恤烈士家属，优待军人家属。国家和社会帮助安排盲、聋、哑和其他有残疾的公民的劳动、生活和教育。然而，在资源有限的背景之下，福利权是否需要宪法规定以及是否具有可裁判性①尚需进一步讨论。今天的中国，似乎正处于一个"不差钱"的时代。正如媒体报道江苏省民政厅2013年有2000万救助金闲置（《现代快报》，2014）。值得思考的是：一方面民政资金无法用完；另一方面却有许多人在社会上寻求救助。背后的原因并非只是公众对权利的知晓程度低，更深刻的原因是制度与文化的束缚：当遇到基本需要满足的困难时，制度与文化更强调个人或家庭的责任而非个

---

① 进一步的研究请参见胡敏洁（2008）。

人的权利，个人只会消极等待而不会积极争取，要改变公众的态度则需要新的形塑机制。而就慈善而言，人类具有志愿行为的本质属性，但需要公平合理的利益格局和社会公正的参与的最低制度保证才能呈现出来。在操作层面，培育志愿机制还需要进一步理顺政府与社会的关系，发挥志愿机制在社会动员中的作用以及思想界对以利他主义为纽带的公共生活和社会秩序的意识自觉。（丁元竹，2012）

需要的满足被视为提供了社会服务存在的原因和政府与市场边界定位的原则。国家是唯一能够保证所有需要得以平等满足的机构：市场、家庭或慈善的选择机制太不确定，而且在覆盖面上存在潜在的不均衡（Wetherly，1996），因而政府购买社会服务成为一种理想的合法的形式。然而，个人的需要为什么要转译为以及如何转译为社会权利仍是一个令人难以回答的问题。同时，无论是否赋予社会成员以某种社会权利，需要仍是一种客观存在，但在转译为权利的过程中需要本身可能会被扭曲、异化，潜在的风险是我们会误以为确立了权利即满足了需要，从而认同现有福利制度的合法性，而事实上，现有的合法性有可能掩盖了历史的不合法性，并且有可能还在继续生产着不合法性。另外，需要的满足与权利的实现受制于政府的财政预算，权利是有成本的，"无政府意味着无权利"（霍尔姆斯、桑斯坦，2011：6）。因此，对需要的界定是实现权利保障的基础，对性质的厘清则是社会服务顺利开展的保证，而对资源约束的考量则是需要满足与权利实现的前提。然而，就税收的责任与福利的权利而言，可以发现的是：行动者权利的期望太高而责任的承诺太低。

市场能否产生福利，慈善能否满足需要，国家是否应该回归，在理论上尚需更多地探讨，在此不再赘述。但在中国现实的处境下，市场会带来团结原则的破坏，慈善则是高度不稳定的，而国家是唯一能够提供更多权利保证的制度体系。因而，更好地选择则是以需要与权利为坐标构建社会服务行动的框架。具体而言，应以需要作为行动的逻辑起点，将社会服务视为权利，以此作为需要满足的主要路径，而以市场与慈善作为辅助路径，其实质是国家责任的回归；在价值取向上则实现从资源观到权利观的转变，从而保证个人与机构在政府购买社会服务过程中的自主性地位。这一行动框架的实质是调整了福利行动者间的权利与责任的关系。但只有在不同的福利行动者间形成如此的共识，我们才可以探讨从个人困扰到政策议程的可能性。

第二节 从个人困扰到政策议程

政策是一种控制，也是一种角逐现存秩序和声音参与权利的工具（科尔巴奇，2005：2—3）；它是政府福利治理，也是个人权利主张的工具。政治计算应是形成政策选择的基础（Pawson，2006：1），因而福利制度的设计应该建立在同意计算的基础之上，尽管"一致同意的达成是一个代价很高的过程"（布坎南、塔洛克，2000：6），然而这是为了保证基本需要满足的权利而值得我们为之付出的成本。这种同意建立在将需要作为一项权利的共识基础之上，它与慈善背后的团结或许会结伴而行，但不应是建立在资源背后的恩赐、商品背后的竞争、技术背后的管制之上，这是福利行动的规则，也是福利制度合法性生成的基本前提。

当讨论政府的援助时，权利的语言经常被视为一种危险：当恩惠（benefits）成为"权利"时，政策制定者失去了弹性，纳税人遭受痛苦，穷人失去他们工作的动力（Tani，2012）。面对福利行动，国家始终怀疑公民参与带来社会福利增进的必然性①。国家，一个全能的拥有"上帝之眼"的国家（all-seeing state②），始终存在一个情结，一个全景畅视（panopticism）社会的情结。斯科特（James C. Scott）在《国家的视角——那些试图改善人类状况的项目是如何失败的》中表达了这样一个核心观点：国家建构了一个他们意欲控制与改善的简化的世界模型，然而改善的计划相对于他们阻止人们应用他们关于人类福祉的必要的日常知识效用的比例是失败了（Li，2005）。对生活与产品的高度现代化的设

---

① 公民参与是否必然带来社会福利的增进存在争议。就政治领域而言，Morris P. Fiorina 怀疑公民参与与社会福利之间的关系在总体上是积极的观点。本书蕴含的假设是公民参与必然带来福利的增进，前提是公民是拥有健康与自主的公民。参见 Morris P. Fiorina, Extreme Voices: A Dark Side of Civic Engagement, In Theda Skocpol & Morris P. Fiorina eds. , *Civic Engagement in American Democracy*, New York : Russell Sage Foundation, 1999, pp. 395 – 425.

② All-seeing 指上帝之眼。在西方宗教中，唯有上帝才能够洞察一切，与福柯的"全景畅视"具有异曲同工之妙。有人将"全景畅视"翻译为"全景敞视"，但后者只能反映出客体的被动性，而无法体现主体的主动性。从福柯的本意来看，更应是强调监控主体的欲望，所以译成"全景畅视"更为恰当。

计趋向消灭他们的预期受益人的技能、灵巧（agility）、主动性（initia-tive）与信念（morale）（Scott，1998：349）。这是一种技术倾向的福利制度设计。在现代国家，权力系统事实上具有自我设置目标、制定政策的能力，"国家"为了满足其自身系统的生长需要，或维护权力结构的需要，完全可能以不断创造"国家需要"的方式，来扼制社会的生长发育。或者，国家也可能通过种种政策技巧，将"社会"的发育程度，始终限制在国家权力可介入、可控制的框架之内。这构成了东亚各国普遍存在的社会发育困境的独特历史背景，亦即国家长期压制个人/社会兴趣的重要机制（陈映芳，2010）。现代国家俨然成为一个具有自我利益的自组织系统，强大的国家能力压制甚至消灭了人们的日常知识。在此处境下，公众的福利态度无法表达，获得无助感增强，政治效能感不足，个人困扰也就很难上升为公共议题，对社会政策的影响也就无足轻重。只有当需要被视为一项权利时，个体的福利态度才有可能从当下的制度与文化的遮蔽下解放出来，政治的效能感才能增强，福利制度生成的合法性才能得以保证。

从社会问题产生的角度来看，客观实存的个人困扰是公共议题的基础，也同样是公共议题社会问题化的前提（李炜，2013）。而公共议题成为一项社会政策是不同的福利行动者共同参与的结果，专家的理论探讨与公众的价值、态度、舆论与参与在此进程中发挥着重要的作用（Rowse & Mitchell，2005）。从私人态度到公众论题，再从公众论题到政策议程是一个非常复杂的过程。当群体规模扩大时，关于个体反应的法则变得更为复杂，更宏观的特征需要个体互动的既长又复杂的序列，然而，这已达到了人类的极限（Nowak，Szamrej & Latané，1990）。若纠缠于从微观到宏观的复杂的互动机制的法理解析过程将使研究不堪重负，因而本书以围绕理想的行动规则选择案例考察的方式展开讨论。在本书中，个体针对基本需要反应的法则被限定为"需要是一项权利"，这是行动者需要秉持的福利态度，也是一条理想的行动法则，而诸如资源、礼物、商品等则是权利化程度不同的服务，技术在本质上则无关于权利。因而，从分散的私人态度到集体的公众论题，再到政府的政策议程，将是一个争取福利权利的行动过程。然则，在现代化的进程中，个人价值的兴起并没有达到能使社会成员以个人权益去抗衡国家需求的足够程度，而国家之外的各种类型的"群"的需要也还不具备抗衡国家利益的足够的正当性（陈映芳，2010）。尽管社会政策专家奔相呼吁，社会组织也在蓬勃发展，但中国公众的公民意识目前还徘徊于"公—私""契约—人情"双重法则之间（杨宜音，2008），对权利的争取并未形成一种积极地行动，更多的是一种消极地等待，因而对待福利的态度与西方社会的公众是存在差异的。那么，在中国福利行动何以可能？

回答这个问题，我们需要从福利行动的逻辑起点谈起。健康和自主是人的基本需要，是福利行动的逻辑起点。在福利领域中的个人困扰主要集中在满足基本需要的中间物上。受制度、文化以及身份因素的影响，不同行动者对具体中间物在满足上的权利与责任在界定上是存在差异的，不同中间物的实际满足程度也存在差异。所以，并非每类中间物都能成为当下福利行动的主题。当最大范围中的人都会受到侵害，而个体无法控制，又无法逃避的中间物的满足才有可能成为福利行动的集体目标。因此，获得无害的自然环境成为社会福利行动的中心议题也就理所当然。目前，中国"本土化"的环境保护社会运动可称作是中国语境下"公众参与最广阔的战场"（何平立、沈瑞英，2012），这是公众围绕与福利相关的事件，以政府为主要诉求对象而展开的一系列持续的集体行动。其根本原因或许莫过于人的基本需要满足在道德上优先于任何借口，这与抵制其他政府项目所面临的"政治伦理困境"是不同的（陈映芳，2010）。

这也可以从美国进步时代（19世纪90年代—20世纪20年代）的食品安全改革获得一些佐证。这一时期是问题丛生的时期，也是进步显著的时期。在改革之前，牛奶里面掺水，猪油里面加入棉籽油，罐装食品里加入防腐剂……食品造假如此严重以至于公众"想到吃就令人作呕"（刘亚平，2008）。1906年，美国记者辛克莱（Upton Sinclair）出版了《丛林》（The Jungle，又译《屠宰场》或《屠场》）（Sinclair，2005）一书，曝光了肉类加工企业令人作呕的肮脏环境和欺骗行径，激起了美国公众对食品安全现状的愤怒。美国第26任总统西奥多·罗斯福（Theodore Roosevelt）在吃早餐时读到该书，突然"大叫一声，跳起来，把口中尚未嚼完的食物吐出来，又把盘中剩下的一截香肠用力抛出窗外"（钱霄峰，2007），这也是"掷出窗外"典故的由来。随后约见辛克莱，并于同年通过了里程碑式的《肉品检查法》（*The Meat Inspection Act*）与《食物药品卫生法》（*The Pure Food and Drug Act*）①，而"在进步时代的全部法律中，没有哪一项法律比 1906 年的食品药品卫生法更为成功"（Gaughan et al.，2004；刘亚平，2008）。在这一案例中，个人困扰其实早就形成，但始终未能形成政策议程，这归因于美国政府倡导的"小的政府即是好的政府"的不干预主义。但现实中，公众珍视的基本权利和价值观已经无法得到保障，人们对政府是否应该干预市场以维护公众的基本权利和价值观的态度发生了变化。最后美国联邦政府的改革议程实际上反映的是企业、州政府、穷人、自由市场理念的信奉者等行动者的力量博弈，而发挥关键作用的是一群进步主义者，他们是一群以揭露社会阴暗面为己任的"扒粪者"（muckrakers），通过"笔的力量"动员了公众加入支持食品安全管制的队伍中来。其中辛克莱（Upton Sinclair）的《丛林》被认为是影响最大的，甚至两部法案的通过都被归功于他（刘亚平，2008）。在改革之后，政府福利责任的范围与深度都得以扩大，干预的方式则采用了行政管制而不是市场竞争，结果则是市场得到了规范，公众的基本价值观与权利得到了维护，社会秩序也得到了稳定。

与传统认知——福利权诞生于 20 世纪 60 年代——不同的是，关于福利的权利的语言早在 1935 年就已经出现在美国政府官员关于福利补贴的交谈中。"福利权"的概念已经通过美国联邦、州与地方当局的渠道的过滤并进入分布于国家中的所有共同体中（Tani，2012）。这一时间紧随美国进步时代改革之后，也与福利态度的调查是同步的。在美国，将社会福利议题纳入民意调查范围大概始于 1935 年，这也是美国民意调查首次出现的时间。面临的现实是，在中国，满足基本需要的福利权并没有被社会行动者普遍接受为一种可以提起司法诉讼的权利，但实际生活中福利行动已经展开。在个体层面上，偶尔见到的针对社会保障权益的上诉（行政诉讼）行为，主要案由是行政不作为、程序违法，还包括福利行政过程中的相关权益保障（胡敏洁，2008：131）。根据马歇尔的观点，从技术层面来看，穷人不能因为其救济问题而提起诉讼，他仅能提

---

① Pure 有纯的、干净的等义，许多学者采用了直译，将 pure 译成了"纯粹"，本书认为译成"卫生"或许更能兼顾中英文之意。

出上诉，前者是司法行为，而后者仅是行政行为，因而类似于"强制性援助"的救济还不是真正意义上的福利权（马歇尔，2008b：64）。在社会权利层面，社会福利不应再被认为是一种恩赐，而应被认为是一种法定的权利或国家应当承认的义务，但中国福利权的保障更多地集中在行政活动领域（胡敏洁，2008：148—150）。因而，作为公民身份的要素之一，社会福利权利需要以法律的形式加以确认，而作为法律权利的社会福利权利，是公民的法律公民身份与政治公民身份的根本保障，从而也是实现自由基础上的平等的根本制度保障（欧阳景根，2007）。在法律上确认福利权的可诉性，同时确立违宪审查制度（冯彦君、张凌竹，2013；杨思斌，2008）。仍处于征求意见中的《社会救助法》出台后或许会有助于福利权的可诉性及其证成。

从法律体系来看，中国大陆采用的是成文法（制定法），个案的判决并不足以成为本法院或其他法院后续审判的具有法定效力的判案依据。但案例的参照作用理应受到重视，其对福利制度合法性生成的意义在于孤立的个体困扰在成为先例制度后，能够为当下以及未来相似遭遇的行动者的权利提供法律保证，从而减少整个社会的运行成本，并在事实上成为福利制度的具体条款。这是一条个人困扰可以上升为政策议程并形成福利制度的个体行动者路径。在中国，争取基本需要满足的过程更多情况下仍是非权利取向的，这可以从浙江奉化楼房倒塌事件中略见一斑。

［案例1］ 浙江奉化楼房倒塌事件

浙江宁波市奉化锦屏街道居敬小区，为2005年宁波市环保模范小区，多项工程荣获"甬江杯"及奉化市优质样板工程称号，社区现有楼群213幢，常住人口1万余人。2014年某日8时45分，建成于1994年7月的29幢五层居民楼西侧的一个半单元，住有15户人家，发生粉碎性倒塌，7人被困废墟获救，其中1人经抢救无效死亡，交付使用仅20年。29幢许多住户称，几年前就在居民楼内发现裂缝，并多次向社区、街道反映，而在楼房倒塌前几天，几位居民还在向宁波电视台打电话反映房子问题。2013年12月，奉化市政府邀请了鉴定单位，对房屋进行鉴定，鉴定结果为 C 级危房，并对下一步做出了具体的处置安排。根据规定，C 级危房只要加固，D 级危房才要搬离。29 幢的部分住户对 C 级评定这一情况知情，但对于加固方案中需要自己掏腰包的方案表示不能接受，希望政府能够承担所有费用。目前，奉化市政府已向房屋坍塌事件相关人员发放暂时安置费。同时，卫生部门已安排 3 名医务人员对伤者和家属开展情绪安抚、压力缓解等应急心理疏导，并组建专业心理咨询师和志愿者团队展开一对一心理辅导。4 月 6 日，奉化市政府在查清 29 幢房屋涉及的开发商和施工、设计、质量监管单位后，迅速开展相关责任人谈话调查，抓紧追查其他相关责任人员。此外，由奉化市纪委牵头，会同监察局、行政问责中心成立责任追究调查组，启动问责机制。

市政府和街道办最初商定，过渡房安置费按每月每平方米 20 元标准发放，时间暂定半年，遭到居民的拒绝。时任奉化市委副书记郑一平表示，每平方米 20 元作为过渡费补偿居民出去租房，是为维护政策公平性，也是奉化市拆迁过渡补偿的最高标准。然而周边房租 70 平方米一年为 1.6 万元至 1.8 万元。市政府经过再次协商，将过渡安置期延长为一年，一次支付补偿。考虑到 29 幢楼的住户缺少生活必需品，从 4 月 6 日起，每户再补助 5000 元特别救助金。此方案再次遭到居民的拒绝。"我们都是净身出户，只有身上这一套衣服，以后生活中还需要日用品和柴米油盐，这些钱怎么够？""政府要是给我们租好房，找到住处，我们不要钱都行。"因为就过渡安置一事未达成一致，居民最终未在对 29 幢楼剩余部分房屋进行拆除的协议上签字。部分居民接受 5000 元特别救济金，但声称并不意味接受每平方米 20 元的过渡房安置标准。4 月 7 日上午 10 时多，发生倒塌的 29 幢居民楼剩余部分最终开始拆除。

彻查原因、深究责任无疑是当务之急。而同时引起注意的，是20 世纪 80 年代后，我国各地城市化建设提速，大批楼房密集建成。如今，许多楼房的建设年龄已经陆续达到 20 年、30 年。有人担忧，一些城市良莠不齐的建筑进入"质量报复周期"。专家建议，施行强制验楼刻不容缓，各地政府宜早日推出适合本地情况的"强制验楼计划"。（潘珊菊、王梅、杨梦鸽，2014；段菁菁、裘立华，2014；王梅、潘珊菊，2014；薛雷，2014；王梅，2014）

逝者已逝，伤者恒伤，彻查原因、深究责任是当务之急，但研究引用这一案例是为了思考一个更深层次的问题：提供"充足的具有保护功能的住房"是不是政府的责任或义务？这是多亚尔、高夫满足基本需要的中间物，其具体指标"令人满意的住房"中有一条负向指标是：居住在经受不住正常天气变化的房屋里（多亚尔、高夫，2008：277）。在南非法院审理的"南非政府对格洛特伯姆"（Government of the Republic of South Africa V. Grootboom）一案①中，法院认为，"获得充足住房"的权利不仅仅意味着国家有责任提供住房，而且其他组织也有必要根据立法或其他方式提供充分的住房（胡敏洁，2008：128）。而多亚尔、高夫不仅强调了"充足"，还强调了"具有保护功能"。

根据奉化市政府网介绍，当地危害严重的自然灾害有：台风、干旱、洪涝和寒潮（奉化市人民政府，2014）。根据《民用建筑设计通则（GB 50352—2005）》（以下简称《通则》）的规定，建筑气候分区对建筑有基本要求，奉化市属于夏热冬冷的ⅢA地区，其建筑需要做到防台风、暴雨袭击及盐雾侵蚀。因而，当地的建筑只有满足了这样的条件才能称得上是"具有保护功能的住房"。但几次住宅楼倒塌都被解释为积水过多，导致腐蚀严重而引致，以至于网友戏称为"楼湿湿"。同时，按照《通则》的规定，普通建筑和构筑物设计使用年限为50年，而纪念性建筑和特别重要的建筑为100年。然而，现实生活中，很多建筑的实际寿命与设计通则的要求有相当大的距离。这又涉及70年的产权无法保证的问题。正如一位老人所言，"一刮台风，整栋楼跟筛糠一样，70年产权的商品房，20年就倒了？我怎么也无法接受"（王梅、潘珊菊，2014）。

从本案例可以看到，居民的住房的基本需要没有能够得到满足，

---

① 该案中，请求人包括包含390名成年人和510名住在沃拉斯的穷人。由于无法忍受当地恶劣的生活条件，移居到一些空闲区域。然后，这些是私人所有的，且其用途是低收入住房。于是，土地所有者要求原告离开，并向官方申请了驱逐令，但原告称无处可去而拒绝离开。原告认为宪法权利被侵害，遂向法院提起诉讼，他们请求司法要求政府提供足够的基本住房，直到他们获得永久性住房。参见胡敏洁（2008：120）。

那么居民是如何应对的？从实际情况来看，居民向社区、街道，也向媒体求助，政府也采取了行动，但未能阻止灾难的发生。居民并没有也无法将未能获得"具有保护功能的住房"的基本需要视为一项权利而起诉政府的不作为，在加固问题上他们希望政府承担全部的责任，并在安置费上与政府讨价还价，迫使政府提供了特别救助金。他们只是试图通过多种途径扩大问题的影响，从而形成公众论题，以解决当下的问题，获得最大化的利益。他们的讨价还价的底气更多的是站在道德的制高点而非权利的制高点上，其他暂时未受影响的居民也并未积极参与其中，他们更多地等待着分享着别人的成功，这受制于制度，也受制于文化。《城市危险房屋管理规定》（2004 年）第二十二条规定，经鉴定机构鉴定为危险房屋而未采取有效的解危措施，房屋所有人应承担民事或行政责任。整个规定中没有一条涉及建筑商、开发商、质量监督部门的责任。而涉及的政府责任仅是排查监督、行政审批与重建政策优惠，而这些也并非强制性的，因而也是不可上诉的。因奉化塌楼事件，2014 年 4 月 7 日，住房城乡建设部启动全国老楼危楼安全排查工作，反映了政府的响应能力，标志着该事件已经进入全国层面的政策议程，但尚停留在排查阶段，而且仍旧未摆脱因偶然事件的发生而采取补救性行动的做法，其实质是政府在涉及基本需要的问题上仍是补缺型的，即当市场与家庭都失灵时政府才出面干预。除此之外，还有诸多议题值得讨论。例如，在本案例中，一位老人因"不具有保护功能的住房"的伤害而去世，我们是否可以对政府提起行政或民事赔偿的诉讼要求？这涉及福利权的可诉性与可裁决性问题。而如果城市建筑果真进入所谓"质量报复周期"，那么就不再是个体或小规模群体的困扰，而必将是全国性的公众论题，那么政府究竟应该承担什么样的责任？我们需要为行动做好理论准备。2014 年发生的兰州自来水苯污染事件可以为此提供一个脚注。

［案例 2］甘肃兰州自来水苯污染事件

2007 年 1 月，法国威立雅水务集团以 17.1 亿元的价格收购兰州自来水集团 45% 的股权，随后成立兰州威立雅水务集团。按照兰州市政府和威立雅水务的协议，中方虽然担任董事长，但法方派员担任总经理、主管公司经营和财务，许多维修、改建计划，法方常常在核算后否决。2014 年 4 月 14 日上午，五位兰州居民对其提起民事诉讼，诉状称，他们是兰州市城关区、七里河区、安宁区、西固区的常住居民。由于威立雅水务集团有限公司在当地处于垄断地位，所以他们与该公司存在供水合同。法院立案庭工作人员收下起诉材料，但暂未作出是否立案的决定。围绕此材料立案庭"一直在开会"，会议结束后即拒绝接受他们的起诉状。理由是"不符合民事诉讼法第 55 条"。公民个人不属于"法律规定的机关和有关组织"，故不具备"诉讼主体资格"，但拒绝出具书面文字裁定。广东劳维律师事务所主任段毅在接受采访时表示，法律意义上的公益诉讼，既可以由该事件的利害关系人提起，亦可以由非利害关系人提起。只有由非利害关系人提起的公益诉讼，才应该受到民事诉讼法第 55 条的限制。如果是由利害关系人提起的诉讼，不能因其涉及公益而剥夺利害关系人的诉讼权利，因为对他们来说，这不但是公益诉讼，亦是侵权诉讼。因此，兰州中院用民事诉讼法第 55 条来拒绝受理该案欠妥当。（康劲，2014；王婧，2014a；王婧，2014b）

洁净的水作为满足人的健康与自主的中间物，并没有在事实上成为一项权利。尽管宪法第二十六条规定：国家保护和改善生活环境和生态环境，防治污染和其他公害，但从此事件可以获知，自流沟水泥管道使用近 60 年而未更换。郎咸平以兰州水价合同谈判为例，指出兰州注定陷入法国威立雅的合同陷阱中，威立雅并不负责维修管网，它只需要做一件事，那就是支付 17 亿元买下兰州水务公司，之后什么都不需要做，只派了驻几名法方人员，未改变原有任何机构设置，也未追加任何资本，只要根据物价和收入水平就可以实施调价，而不是根据成本，结果就是年年涨价。在这场游戏中，市民的意见无足轻重（郎咸平，2010：19）。近年来，针对威立雅水务的质疑始终不断，曾一度被指"高溢价收购——控制自来水经营——抬高城市水价"的模式有损百姓利益。根据威立雅水务的官方数据，该企业在中国的市政服务项目涵盖了 4300 万人口，为其中的 2700 万人口提供全面水务服务。而苯污染发生后，现场指挥部讨论时法方经理人员始终未露面，访问网站时公司对苯污染事件也没有任何声明。在一个关系到人的基本需要的问题上，政府始终未能承担起相应的责任，而公民也始终未能获得权利的实际保证，我们不仅无法提起违宪审查，甚至连民事诉讼都被拒绝，更无法上升为对饮用水安全保护的政策议程上。从理论上而言，当基本需要都无法保障时，社会行动就有可能产生。然而，本案例中仅有少数利益相关者联合起来开始寻求司法帮助，部分人只能通过以在网络上"查手表"这种非制度化的方式发泄自己的不满，而当年3月就发现水有异味，地方政府没有解释原因，更多的人仍是旁观者，而其他声音也无法听到，唯一能够知道的是所有人都在抢购各种饮用水，而信息的曝光更多来自外地媒体的报道。

市民行动未能取得成就，但组织推动却有所斩获。近年来，由公民按照共同利益、兴趣等诉求志愿组成的各种社会组织迅速发展，它们构成了市民社会的重要主体，是公民参与社会的重要形式，在社会福利与社会政策领域发挥了重要的作用，推动了一些政策议程的形成。"原国民党抗战老兵纳入社会优抚"就是一个由社会组织推动从个人困扰形成政策议程的较为典型的案例。

［案例3］ 社会组织助推优抚原国民党抗战老兵

2013年3月，在十二届全国人大一次会议期间，深圳市龙越慈善基金会等社会组织通过多位人大代表、政协委员提出关于优抚抗战老兵的提案和议案，港区人大代表王敏刚大胆向民政部递交了关于优抚原抗战老兵的提案。2013年6月4日，民政部对十二届全国人大一次会议第8260号建议给予了正式答复，指出根据《军人抚恤优待条例》，居住在大陆的原国民党抗战老兵不属于优抚对象范围。从履行现有职能出发，给予高度关注，要求各级民政部门做好原国民党抗战老兵的有关工作。支持深圳市龙越慈善基金会等机构在关爱抗战老兵活动中所做的工作。2013年7月3日，人民网发布民政部的答复信息。

滇缅抗战史专家戈叔亚表示："这是一个标志性的文件，说明这些国民党抗战老兵得到了官方更多的关爱与呵护。"还表示，很多抗战老兵都在盼望这一天，"这下可算等来了"。抗战老兵梁振奋则表示："我感到很欣慰，心理上也得到了抚慰。"然而意想不到的是，对引起的社会反响，民政部 3 日连夜发表声明，称本次答复只是依托现有保障制度再次重申将符合条件的原国民党抗战老兵纳入相应保障范围。那么原有的社会保障制度是什么呢？声明指出，新中国成立以来，我国政府相继出台了一些政策，对对日作战牺牲的或负伤致残以及编入人民解放军序列的原国民党抗战老兵，与共产党领导的八路军、新四军等抗日队伍老战士，享受同等待遇，或追认为革命烈士，或评定残疾等级并给予相关抚恤，或纳入现行优抚制度给予优待补助。对于少数抗战胜利后未编入人民解放军序列回家务农或从事其他职业的，各地也根据他们的生活状况给予了相应的社会救助。而再次重申的理由是，随着改革开放和经济社会发展，城乡养老、医疗、低保等社会保障制度逐步建立，原国民党抗战老兵与其他社会群众一样，享受了相应的社会保障，但仍有部分人员生活还比较困难。（刘霞，2013；李强、胥柏波，2013；崔静，2013）

本案例整合了三家媒体的报道，从中我们可以获取很多的信息。深圳市龙越慈善基金会等社会组织通过中国香港地区人大代表、政协委员提出关于优抚抗战老兵的提案和议案是一个合乎程序的做法，但从媒体的用词中却可发现并非平常。云南网对他们的评价是"火气十足"，因而能够"大胆"地提交。各方的反应也是不同。为什么民政部的回复会引起社会如此大的关注？专家的反应是"得到了官方更多的关爱与呵护"，老兵的反应则是"心理上也得到了抚慰"。民政部连夜发表声明，称原国民党抗战老兵的社会保障制度早已有之，因而只是依托已有保障制度重申而已。回复中特别指出"民政部支持深圳市龙越慈善基金会等机构在关爱抗战老兵活动中所做的工作"让人看到了社会组织在从个人困扰到政策议程中所发挥的重要作用。社会组织的参与在一定程度上改变了自上而下的福利再分配模式，但总体而言仍是稀有的个案，这是由社会组织在国家与社会的当下关系中所处的结构位置决定的。

福利制度涉及社会行动者的切身利益，然而社会行动者，特别是普通公众能够要求政府作出回应的行动能力却非常有限，他们无法决定自己的未来。在福利态度研究中，可以用来描述福利态度与福利行为之间关联状态的一个概念是政治效能（political efficacy），是沟通福利态度与福利行动的重要桥梁，它也是桑德伯格与泰勒-古比检索福利态度文献时使用的关键词之一（Sundberg & Taylor-Gooby，2013）。当然，它首先是一个重要的政治态度变量，是政治参与的重心所在，也是阿尔蒙德与维巴注重的公民文化研究的中心（汪卫华，2008）。它由美国密西根大学的安格斯·坎贝尔（Angus Campbell）、古林（Gerald Gurin）与米勒（Warren E. Miller）共同提出，是指个别政治行动对于政治过程确实有或能够有所影响的感觉。包括内部效能（internal efficacy）和外部效能（external efficacy）两个基本维度。前者指个体对自身理解政治和胜任政治参与的能力的自我感受，意味着公众相信自己拥有获得政府官员回应的方法；后者指其对政治体制（主要是政府）能否对公众参与进行有效回应的感知，与政治信任存在正向较强相关，不信任则意味着对政府实现公众期望的能力产生怀疑。最近的文献开始强调第三个维度——集体效能（collective efficacy）的重要性。所谓集体效能，指个体对公众作为集体力量所能达致的社会或政治结果的信念，即对集体力量的感知（李蓉蓉，2010；Craig & Maggiotto，1982；周葆华，2011）。无论是内部效能（个体效能）还是外部效能（制度效能），都是一种主观期待，前者是对自身政治影响力的期待，后者是对政治系统回应的期待（李蓉蓉，2010）。公众对福利制度的支持是出于政治效能还是政治信任？（Craig，Niemi & Silver，1990）令人惊讶的是，对政治制度或政治效能的信任与对福利国家干预的支持之间实际上不存在显著关系。政治信任与对福利国家的支持之间的相关程度是低的、不显著的。一旦引入诸如阶级、教育等变量，在个体效能（内部效能）与对福利国家的支持之间就产生了很强的负向相关，即越低越是支持。通常认为个体效能低因而不支持福利国家；实际情况却正好相反，拥有较低的个体效能的工人与受教育程度低的人都会支持福利国家（Svallfors，1999）。由此可见，阶级/阶层、教育是影响政治效能与对福利国家支持关系的重要因素。问题是，主观期待只是客观效能的反映，因而要把握主观期待，理应考察"客观效能"，应用于社会福利领域，则是一种福利行动的能力。因而，需要思考的是，公众需要具备什么样的福利行动能力才可能影响社会政策的进程？根据内部效能与外部效能的定义，从个人层面来看，公众需要具备胜任政治参与的能力；从制度层面看，公众需要具备强制政治体制（主要是政府）回应需要的能力，而不只是一种自我想象或期待。这种行动能力的大小，直接影响着普通公众的福利态度。然而，现实生活中的社会行动者的各自行动能力却千差万别，所处的阶级/阶层，所接受的教育，所获得的收入常常违背平等原则，他们的福利态度有可能因此被遮蔽、扭曲，甚至异化，他们的参与无法对政策施加影响。

根据阿恩斯坦（Sherry R. Arnstein）的观点，公民参与和政策之间的关系可分为八个等级，构成一个公民参与的阶梯，分为三个阶段：无参与、象征参与（tokenism）、公民权利。第一阶段包括：（1）操纵。出于呈现"教导"或安排公民支持的目的，公民被置于橡皮图章（rubber-stamp）的位置；（2）治疗（therapy）。行政官员关心的是参与者的"病理"（pathology）而非导致病理的原因，群体治疗被伪装为公民参与，公民个体是被治疗的对象。此阶段的目的不是让公民参与到项目的规划或执行中，而是权力拥有者"教育"与"治疗"参与者。第二阶段包括：（3）告知。政府单向地向公民传达政策信息，公民只是被动接受，没有反馈与协商；（4）咨询。公民可以表达意见，但缺乏权力保证他们的观点能被政府采纳；（5）安抚（placation）。在代议机构中有少数被精选出来的"杰出"代表，能够产生一些影响力，但决策权在政府手中。第三阶段包括：（6）伙伴。公民可以与传统权力拥有者协商或交易；（7）授权。公民拥有主要的决策权地位；（8）公民控制。公民拥有全部的决策权（Arnstein, 1969）。党的十八大报告指出保障人民知情权、参与权、表达权、监督权，正是全过程人民民主的体现；2014年2月国务院决定向社会公开各部门行政审批事项目录，此次公开汇总清单不是对现有行政审批事项予以固化，国务院审改办将在听取社会各方面意见的基础上，进一步推动行政审批事项的取消和下放，网站提供了建议献策的渠道，各部门也提供了审改工作联系方式，权力清单更加透明，公众也有反馈意见的机会。

现实的情况是，社会政策的选择最终不是普通公众，也不是我们所想象的具有行动能力的政策设计者所决定的。构成政策设计者的社会科学家们曾是美国进步时代的中坚力量，他们利用社会科学知识，通过个人倡导和公民参与等方式，推动社会变革和达致社会和谐（岳经纶，2008a）。但在中国，政策设计者（主要是专家学者）的行动能力非常有限，难以满足政策执行者对政策时效性、精准性等的要求，在政策设计者与政策执行者之间存在需要上的张力。

政策与研究之间的关系（research-policy relations）是微妙的，它们可以区分为五种假设（或模型）：知识驱动型，指研究引导政策，实质是专家驱动型；问题解决型，指政策引导研究；互动模型，认为两者的关系是微妙与复杂的，是相互影响的，包括了政策制定光谱上的所有行动者；政治/战术模型，将政策视为政治的结果；启蒙模型，它为政策的制定提供背景。令人遗憾的是，科学的质量与政策对它的采用并无关联，政策制定者的核心信念是不受信息影响的，正如政策的改变不是受思想与分析影响的，而是受其他因素影响。对他们而言，绝大多数科学研究是没有用的。政府除了憎恨过多的信息以外，不会再憎恨什么，因为它使得达成决议的进程更加复杂与困难（Young，Ashby，Boaz & Grayson，2002；Choi et al.，2005）。在西方学者的眼里，科学家与政策制定者存在不同的心态：他们的目标、对待信息的态度、语言、对时间的感知以及职业路径是不同的。科学家关注的是研究方法与证据层次，需要更多的时间去研究论证；政策制定者关心的是民意调查、投票结果、边缘选区的焦点群体、趣闻逸事、真实的生活故事，时间就是一切（Choi et al.，2005）。在政策设计者与政策执行者的需求存在张力的情况下，我们无法清晰洞察福利中国的演进方向。

2013 年党的十八届三中全会提出创新社会治理，置于社会福利语境下则可称为福利治理。福利治理并非一种修辞学的狂欢，其最重要的特征莫过于"国家以外的行动者参与到公共政策的规划与执行中"（Mayntz，2003），它改变了原有的行动者权利与责任的结构配置，这对于达成一致同意的原则具有极为重要的意义。没有非国家的行动者共同参与的政策规划与执行是不具有合法性的，所谓福利治理也将无法逃脱国家中心视角的指责。福利治理的价值在于，它倡导并开创了福利供给系统中真正的多元行动主体格局，并致力于建构水平化的互动关系和制度体系，而不是单纯倚重国家—市场—社会中的某一方。福利治理所开拓的立足于三方合作互动基础上的公民结社力量将有助于制衡政府与市场的勾连，从而真正保障公民权利的实现（韩央迪，2012）。福利体制可视为由治理的目标构成而不只是对既有的经济与社会问题的回应（Jessop，1999），福利治理目标的实现并非建基于多元主体的权力的制衡，而是行动所依赖的证据的科学性。以证据为本，实质体现的是对社会科学的尊重，政策与科学的关系问题才是福利治理的核心问题。福利制度的设计应是科学的结果，而非权威、利益集团或偶然事件等的产物，这有赖于公民参与到证据的供给中来，而国家、市场与社会则应为公民的信息获得提供保证，否则，福利治理仅是空中楼阁。中国共产党十八届三中全会提出"加强中国特色新型智库建设，建立健全决策咨询制度"正是对此核心问题的很好的回应。而2014年10月27日正式审议通过了《关于加强中国特色新型智库建设的意见》，提出"要从推动科学决策、民主决策，推进国家治理体系和治理能力现代化、增强国家软实力的战略高度，把中国特色新型智库建设作为一项重大而紧迫的任务切实抓好"，标志着国家治理进程中科学与政策关系上升到一个新的历史阶段。

作为福利传递者的社会工作者与作为社会进步力量的社会科学家在西方国家福利制度的形成中扮演了重要角色（Harris，1992；Rowse & Mitchell，2005）。社会工作既具有满足个体的需要，又有能从事于社会变革事业的潜能（Abramovitz，1998）。在英国爱德华七世时代（1901年—1909年），学者与专业哲学家已经牢固地确立了理想主义学派（the idealist school）。他们设计课程、出版教材、发表演讲，培养出第一代接受学术培训的社会工作者与社会科学家。这一切为福利国家成长与现代社会政策的合法性框架提供了重要的支撑（Harris，1992）。1984年欧洲中心举办的"社会工作培训与研究"会议提出有社会工作者介入的正式或非正式助人组织进行的大规模的社会参与行动（韩央迪，2012）。社会工作是一个"持有异议的专业"，社会工作者是"唯一能够完成从个案到事业（from a case to a cause）转变"的"变革的代理人"（change a-gents）（Cooper，1977；Reeser & Epstein，1987）。国际社会工作者联盟（The National Association of Social Workers，NASW）指出，社会工作专业的首要使命是提升人类福祉，满足人类的基本需要，特别是关注那些脆弱的、受压迫的与生活在贫困中的需要与赋权（NASW，2008）。贯穿整个社会工作历史的是社会工作者对他们所代表的弱势群体与社会行动的认同，而社会工作与社会行动的关系与专业认同的选择密切相关（Reeser & Epstein，1987）。

然而，我国社会工作的专业化与职业化程度很低，社会认可度不高；社会工作教育规模日益扩大，而学生的临床技能却未显著提高，仍然未能跨越横亘在课堂准备与现场表现之间的鸿沟（臧其胜，2013）。作为理想主义价值观传播的重要阵地，教学班级则是一个典型的非志愿的群体组合，是一个预设的情境定义，其环境的建设、规模的设置取决于教育的工业设计，而非反思性实践的需要，本身生产的是差异（臧其胜，2012）。从事社会工作的许多教育工作者却忙于攫取各种项目，游走在政府、各类社会组织与福利需要者之间，有意无意地背离了基础教育以及社会工作本身的价值取向。作为一项事业的社会工作——通过社会行动强调社会正义，让位于作为"功能"的社会工作——强调专业基础知识的发展（Lee，1930；转引自 Reeser & Epstein，1987），现在却让位于作为"工具"的社会工作——强调专业及个人利益的获得。关于人类基本需要的内容并没有成为社会工作课程中的一个重要部分，更多的是将马斯洛的需要层次理论视为指南，而忽视了其他需要理论的可取之处。在这种处境下，我们无法为社会提供合格的社会工作者。在社会服务传递的实际过程中，社会工作者更关注的是服务的技术而较少关注正义团结的价值，而公众将接受的服务视为政府的恩赐而非个人的权利。因而，现实处境下社会工作者与社会科学知识分子尚无力有效推动满足公众健康与自主的基本需要的福利制度的生成。

现有案例的考察可能陷于武断，而且只是从负向考察，因而无法描绘出将基本需要视为一项权利的情况下福利制度合法性生成的清晰轨迹，这是在基本需要还没有成为一项福利权利的现实处境下不得不采取的策略。现实中，推动个人困扰到政策议程的力量有很多，如个人、群体、社会组织、社会科学家等诸多身份重叠的力量，阻碍的因素也很多，如福利制度、福利文化，特别是不同福利行动者的行动能力，但如果福利的行动者都将满足基本需要视为个体的一项权利并切实践行之，那么理想情况是，无须个人倡导、组织推动、媒体宣传等，健康与自主的公民个体就应是积极主动地参与到福利中国的建设进程中来。因此，我们必须寻找到能够一致同意的原则，从而改变我们的福利态度，并积极参与到福利制度改革的行动中，进而展望清晰的未来。

第九章　演进逻辑：从福利国家迈向福利共同体

　　社会福利①制度正经历从"社会身份本位"向"人类需要本位"转变（岳经纶，2008b），但这种转变是选择自上而下还是自下而上？是坚持供方设计还是需方自决？是遵从官僚技术还是主体反思？托克维尔认为自然环境不如法制，法制不如民情。最佳的地理位置和最好的法制，没有民情的支持也不能维护一个政体；但民情却能减缓最不利的地理环境和最坏的法制的影响。因而，托克维尔将民情视为观察的焦点，也将它视为全部想法的终点（托克维尔，1988：358）。沿此思路，从理想路径来看，福利制度的演进应是自下而上，由需方自决，遵从主体反思。但现实告诉我们，在基本需要没有被满足的情况下，需方的福利态度受到制度、文化与身份等的影响，福利制度的合法性不得不需要重新审视。有鉴于此，从社会身份本位到人类需要本位还有一段漫长的路要走，我们需要寻找出制度的最优组合以推动这一重要的社会进程。

第一节　寻找福利中轴

　　通过什么途径满足人类基本需要既是个理论问题，也是个政策议题。议题争论的实质是：采取一元化福利提供模式，还是采取多元化福利模式；如何最优组合国家、市场、社区与家庭力量，最大化满足人类的基本需要？（刘继同，2004a）自由主义经济学坚持认为个人是自己利益的最好判断者，幸福或满足只能由个人体验。然而，市场无法提供的公共

---

　　①　原文使用的是社会保障，仍是大保障概念，包含社会福利；本书采用的是广义社会福利概念，包含社会保障，因而相应地调整为社会福利。

物品的存在使得福利哲学出现了真正的分裂，一边坚持认为，唯一的福利改进来自市场中的个人交易，或来自一种公共选择机制，它能够产生个人所欲求的而市场无法供给的产品（公共物品）；另一边则在集体意义上来解释福利命令，认为存在一些社会价值，它们的增进应该独立于个人选择（巴里，2005：11）。前者认为，国家只是一种用来传送个人偏好或某种公共活动的机制或管道（巴里，2005：12），政府供给社会福利仅仅是市场生产福利的附属物（巴里，2005：26）；而后者认为，聚合体可以根据剥夺如何被减轻，有多少平等得以增进来进行比较（巴里，2005：12）。自由主义的福利政治经济学的来源之一——边沁（Jeremy Bentham）式激进功利主义，认为国家有一种福利作用，它是理性主义的和设计性的；而斯密（Adam Smith）式的功利主义，证明了市场的自然协调机制如何鼓励自利动机善良地为公共物品服务，但不意味着社会有一种福利功能，认为公共物品是自利行为的偶然结果，反对将促进福利的责任赋予政府，因为它是非理性主义的。边沁的秘书查德威克（Sir Edwin Chadwick）根据效率原则给国家行动发放了执照，这动摇了那种让市场成为福利强化制度的观点；而穆勒（John Stuart Mill）则将社会正义引入古典自由主义的殿堂；前者关心行政的效率，后者关心分配的正义（巴里，2005：35—37）。但或许福利可由市场和国家之外的方式来提供，如自愿捐赠之类，正如利他主义者蒂特马斯所建议的，可以将"捐赠关系"当作人类的社会关注的理想形式（巴里，2005：13），通过接受"陌生人的礼物"来满足福利的需要。罗斯（Richard Rose）则提出了福利多元组合的理论，认为社会中的福利来源于家庭、市场和国家三个部门。在此基础上，约翰逊（Norman Johnson）加进了志愿机构，而伊瓦思（Adalbert Evers）则将三个部门并称为福利三角。福利多元组合范式中，保守主义强调非正式部门和志愿部门的作用；新自由主义强调市场的优先；费边主义把国家部门的权力视为个人积极自由的延伸。福利三角理论是在福利国家陷入危机的背景中出现，强调人民获得的福利是多种制度提供的总和，成为社会政策研究中的新范式（彭华民，2006）。在福利三角中，社会成员是三种制度互动过程中的行动者（图9-1），行动者和不同的制度发生不同的关系，是个人和社会关系的具体化（彭华民，2006）。这涉及国家、市场、家庭与社会成员四个行动者各自应承担的责任，但依据何种原则厘清责任的边界仍是争议的焦点。在实践中，显而易见的是，四者的行动能力与地位是不平等的。因而，福利中的非个人主义传统是不能忽视制度因素，"除非福利服务由一个全知的和仁慈的独裁者来设计和实施——没有哪个国家的理论家采

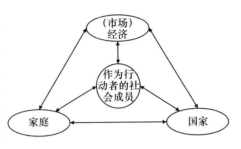

图 9 - 1　福利三角与行动者
资料来源：彭华民（2006）。

取这种立场，否则，某种福利解释必须考虑到负有福利责任的制度"（巴里，2005：12）。

福利供给，究其本质体现为政府主导下的利益配置的过程，意味着政府担当的具有直接助益性的积极义务，蕴含着责任主体、参与供给主体以及社会成员之间动态、复杂的利益关系（陈治，2007），这符合中国的现实语境。根据沙琳（Sarah Cook）的研究，北方国家（发达国家）的福利体系被移植到南方国家（发展中国家）的一个后果是，在福利机构或政府机构中产生分裂的部门项目（如医疗、教育、养老金等），制造出强大的政治或官僚，极力维系各部门不恰当的政策或干预，并在这些官僚利益的驱使下产生自上而下的、"供方推动"的社会政策（沙琳，2007：10）。福利理论的标准主张是，因为福利有某种公共物品特征，所以，它不应该由私人供给；根据这个观点，国家不仅拥有政治权力，而且拥有道德权威，以便为整体社会最大化某种（假设的）福利功能，但巴里（Norman Barry）认为这是不可知的（巴里，2005：147）。目前，中国社会福利的供给与传递主要是由作为供方的国家推动，在许多重要的领域，"经济社会的保险功能大量地被国家接管"（巴里，2005：134），而保险原则其实是市场原则，国家运用行政力量取代了部分市场的功能。但需要思考的是，如果政府不加干预，在某些领域，市场是否能够满足社会成员所需要的福利？在中国，作为福利供应一角的家庭，由于经济社会的发展与计划生育政策的影响，其结构发生重大变化，从"大家庭"走向了"小家庭"，其满足家庭成员需要的能力日益降低，涉及养老育幼、相互支持等。国家通过家庭政策不断介入，致使家庭提供

福利的功能日益萎缩，社会成员也越发依赖国家。然而，家庭的定义也模糊不清，家庭的形式存在差异，致使家庭福利政策难以设计与落实。而作为行动者的社会成员，其主体性诉求常常被有意无意地忽视了，社会成员成为单一的、原子化的、均质的、无差异的行动者。在福利制度的设计中，由于"倾听受惠对象需求的空间很小"，社会成员在福利的输送中无法书写自己的历史，个体的福祉成为机构统计中的概率福利。因而，可以"考虑是否有可能采取需求推动的社会政策，使之既能回应社会需求，又符合中国的制度实情"（沙琳，2007：10）。从供方推动到需方推动，其逻辑的出发点由社会福利的技术设计转向个体基本需要的满足，从身份本位转向需要本位，可以恢复个体作为社会福利行动者的主体地位。然而，从个体需要出发如何达致福利制度最优？

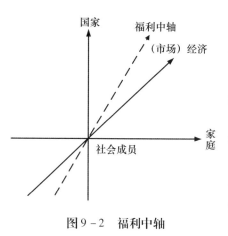

图9-2 福利中轴

在福利国家陷入危机的背景中出现的福利三角理论，强调人民获得的福利是多种制度提供的总和（彭华民，2006）。福利三角考虑的是福利资源的供给渠道问题，划分的标准是国家、市场、家庭各自承担的责任。为了在福利三角的供给中寻找到福利输送的最优组合，便于对权利与责任结构关系的挖掘，本书对图9—1进行了转换，设计出一条福利中轴的假想线，即图中的虚线（图9-2），借此代表实现福利最大化的供给三方的最优组合，考虑的是福利资源的再分配问题。从福利三角到福利中轴，一是完成了从二维平面到三维立体的视角变换；二是完成了从供给渠道的选择到资源再分配的研究重心的转移。然而，所谓一种"福利的分配"，在每个平面上，不外是指一个"效用—空间的点"（point in utility-space）—— 或在设想的一个两人社会中是一个"（α，β）—平面中的点"（格拉夫，1980：88）。而在立体空间中，那就是一个三人或多人社会中的一个（α，β，γ）三维甚至多维空间中的点。社会福利行动的坐标图可以说是行动者的偏好图，如果行动者有选择的机会，福利中轴正是他们在各个不同的处境之间进行选择的行动能力的合成结果。

社会福利行动的坐标由三轴一点，共四个行动者构成，包括国家、市场、家庭与社会成员。其中国家、市场与家庭可视为社会福利的供给者，而社会成员可视为接受者。如何获得福利中轴？即在福利行动的三轴中，什么样的组合才是最优的？这是我们在社会福利的供给中不得不回答的核心问题，但迄今为止尚未能解决。美国学者威伦斯基、勒博提出补缺型社会福利和制度型社会福利，前者强调家庭和市场失灵时，国家（政府）才会承担责任；后者则重视国家（政府）在社会福利提供中的责任（彭华民，2011b）。蒂特马斯则首次将社会服务分为社会福利、财税福利和职业福利三种类型（蒂特马斯，2011：103）。福利多元主义也只是告诫我们福利的供给不只是政府，还包括市场、家庭和志愿组织等。与此同时，福利争论与个体性问题以及个体行动责任的问题交织在一起。一方认为，国家提供非歧视性的福利支付会削弱个体性和个人责任，产生"依附型"文化；而反对者则认为，在不可抗的社会力量面前，重要的不是个人的责任，而是个人的无力（巴里，2005：15—16）。然而，无论何种分类或组合，都只是回答了在什么条件下谁应该出场，未能解决什么是最优的组合，即福利如何供给才能创造最优效益。在社会福利行动的坐标系中，不同的轴有不同的变量参数，构成不同的坐标点，其实质是权利与责任的不同。不同坐标点上的组合如同魔方的组合，福利行动者正是一群操纵魔方之人，魔方是有解的，然而社会福利行动的组合能否求解无从知晓，要求解答案，就需要确立运算的法则，而法则的确立唯有置于公共领域的理性沟通之中达成共识方能回答。

在哈贝马斯看来，任何实际进行的对话，都必然（或必须）预设某种类似理想言说情境的条件，否则人们根本不可能展开对话。它包含以下四条原则。第一，任何具有言说及行动能力的人都可自由参加此一对话。第二，所有人都有平等的权利提出任何他想讨论的问题，对别人的论点加以质疑，并表达自己的欲望与需求。第三，每一个人都必须真诚表达自己的主张，既不刻意欺骗别人，也不受外在的权力或意识形态所影响。第四，对话的进行只在意谁能提出"较好的论证"（better argument），我们应该理性地接受这些具有说服力的论证，而不是任何别的外在考虑。这些条件十分理想，甚至可以说是"不太可能的条件"（im-probable conditions）。这些条件虽然理想，却不空泛。它们是我们追求道德共识，甚至真理的必要条件，也是整个沟通理性所据以建立的基础。而共识的达成，必须假设参与对话的人都是具备理性能力，足以判断真实性、正当性与真诚性的人（江宜桦，2003：181）。哈贝马斯对理想条件的设定其实是在回答一个古老的话题：理解何以可能？换句话说，主观能否反映主观？尽管有无数学者哲人试图回答，或如狄尔泰之移情、体验，或如韦伯之投入、体验与设身处地等，然而终究无法消除人与人之间的差异。因而，对于理解何以可能我们永远不会有科学的答案，而唯一能够确定的只有人类的共识。阿罗（Kenneth J. Arrow）不可能定理认为这种理性和民主的妥协的可能性很小。然而，一旦焦点从偏好转向需要，他的定理所提出的问题就会开始消失。人类需要的客观理论加上前述认可的交流模式可以有助于克服阿罗定理为理性和民主和解所设置的障碍（多亚尔、高夫，2008：160）。在哈贝马斯看来，这种共识的达成依赖于具备"交往资质"（communicative competence）① 的行动者，而这种交往资质的获得又不得不回到健康和自主的基本需要的满足上。诚然，你还可以无限索引下去，对基本需要的界定提出疑问，但无益于当下的研究。因而，需要是一项权利，这是在达成其他共识之前首先要达成的共识，这也应成为未来制度与文化的中轴原理。在此基础上，福利中国的理想模式才能寻及。

第二节　迈向福利共同体

当需要被视为一项权利，福利中国的制度设计就有了相对不变的中轴。未来的制度安排既非官僚技术打造的"顶层设计"的盛宴，也非主

---

① 哈贝马斯通过"交往性资质"这个术语所理解的，正是以相互理解为指向的言说者把完美构成的语句运用于现实之中，并使二者相吻合的能力，它包括：（1）选择陈述性语句的能力：通过这种选择，或是被陈述命题的真实性条件，或是被提及命题内容的存在性先决条件，被假设得到了满足（从而使听者能够分享言说者的知识）。（2）表达言说者本人的意向的能力：所用的语言学表达呈示出被意向的东西（使听者能够相信言说者）。（3）实施言语行为的能力：该行为与被认可的规范或被接受的自我—影像相一致（使听者能够在共同具备的价值取向中认同言说）。参见哈贝马斯（Habermas，1976：29）；哈贝马斯（1989：29—30）。

体反思倡导的"底层自决"的狂欢。在理想状态下，应是通过健康与自主的行动者在公共领域中的自由辩论而获得，应是行动者平等参与行使权利的结果；反过来说，在现实状态下，未来的制度安排应满足行动者的健康与自主的基本需要。唯有如此，福利制度才具有合法性。在现有的研究中，福利中国演进路径有两条：或走向福利国家，或走向福利社会，那么未来是两者取其一，还是存在第三条道路？

福利国家背后的总原则是，政府既应该又必须承担起为所有公民提供过得去的最低生活水准的责任。它意味着以这样一种方式规范市场，以能够维持较高而稳定的就业水平；意味着由公共部门提供一系列普遍的社会服务，以满足公民的基本需要；意味着应有一个建立在收入或资产调查基础上的援助设施的"安全网"，以满足特殊需要和减少贫困（米什拉，2003：21）。在布里格斯的福利国家的经典定义中，"福利国家"是一个有组织的力量被努力谨慎地用于（通过政治与行政）调节市场力量的运行（Briggs，1961）。国家不再是"最小的国家"，而是通过政治与行政的再分配手段扩大了国家的福利责任，包括提供最低收入、增能与社会服务。遵循的是社会正义的原则而非市场效率的原则，从而保证了健康与自主的基本需要的满足。但在20世纪70年代末的石油危机的冲击下，福利国家陷入危机，对其质疑的焦点主要集中在经济问题、政府扩张问题、财政问题、政府的合法性问题等方面（Norman，1987：31—47；转引自林闽钢，2010）。在这种情况下，福利国家的战后共识宣布结束，福利国家进入收缩和维持的战略（米什拉，2003：4）。而概念的不可操作性、效用的不可裁决性、国家干预效率的不确定性、功能的可替代性与父爱主义的专制性，也使得福利国家的正当性及其供给主体的唯一性，甚至主导性都受到普遍的质疑。

20世纪80年代初，时任"经济合作与发展组织"（OECD）秘书长的范莱内普（Emile van Lennep），提出了"福利社会"，用它来取代陷入危机之中的"福利国家"（范莱内普，1990：7；林闽钢，2010）。"福利国家"模式被认为是一种基于国家干预的模式；"福利社会"模式则被认为是一种以市民社会为主导的模式（林卡，2009）。福利社会可以从四个层面来理解：其一，它反映了一种从"社会"的角度来看待福利体系的视野；其二，它指称一个社会中的福利"状况"或反映一个社会总体的幸福"状态"；其三，它作为人们所追求的理想社会目标来界定；其四，作为一种政策模式或发展战略，它将目标设定在如何提升市民社会组织的自我运作、自我依靠、自我保障能力上。在中国，作为一种价值理念，值得倡导；但作为一种政策模式，由于缺乏国家或政府的推动，应该慎用（Lin，2004；林卡，2010）。林闽钢也指出，由于中西方的历史境遇与文化传统等的不同，因而"福利社会"的概念不能直接套用，需要从发展目标的多元性与发展政策的整体性上加以建构（林闽钢，2010）。从学者的解释来看，自下而上的市民社会组织的自我运作是福利社会区别于福利国家最重要的特征。在现行条件下，只有这些有组织的个人才能够有效地参与到公共交往的过程中。政治妥协的形成也将不得不通过这个公共交往的过程而获得合法性（哈贝马斯，2005：132）。对于政府来说，与组织化的各种利益打交道比无组织的更容易（科尔巴奇，2005：58）。然而，从国家与社会的关系来看，中国社会组织的发展主要处于一种"从属式依附"的状态，不仅缺乏资源，也缺乏行动的能力，无法承担起福利社会的建设重任。市民社会只能说是处于萌芽状态，公民文化与福利文化远未成熟，公民缺乏福利权利意识，更缺乏福利行动的能力。因而，福利社会作为一种政策模式缺乏坚实的基础。

无论是福利国家，还是福利社会，都不过是福利制度的一种样态。问题是，我们为什么需要福利制度？我们需要什么样的福利制度？在埃斯平—安德森看来，创造平等始终是福利国家的核心议题，福利国家本身就是平等，某种意义上，从道德上讲，福利国家总是承诺维系人民的社会团结。团结与分配正义是相互缠绕的。如果所有的福利国家都试图创造某种类型平等，他们必须试图寻找出解决社会团结问题的制度化方案。因而，福利国家会随着公众强调的平等正义特定原则与他们追求的社会团结的特别含义的变化而变化（Arts & Gelissen，2001；Rodger，2003）。它追随的是这样的观点，在一个国家或社会内，对某种社会政策和福利制度支持或多或少可以采用社会团结的水平作为指标（Rodger，2003）。这不仅适用于福利国家，也适用于福利社会，无论前者，还是后者，就理想而言，都试图在其成员范围内实现最大的平等，维持最强的团结。职是之故，福利制度的选择就取决于社会团结的道德基础。

社会团结被视为是一个有益于社会，能够使社会成员实现集体目标的事物，培育社会团结是一个政体需要努力争取的一个可取的目标（Se-gall, 2005）。在福利态度的研究中，从相互依赖意义上看，社会团结被理解为福利态度的第一个维度，而差异化（就人们通常如何区分导致他们对支持谁的态度的群体而言）被理解为第二个维度（Piterová & Výrost, 2019）。社会团结是根据个体对一种社会制度表达的支持的情感的共同态度来定义的（Johnsen, 1998：264；转引自 Gelissen, 2000）。（一项基于社会团结的社会政策）获得大多数人的持续的支持可能需要对其他同为公民者（fellow citizens）的更高程度的信任、认同与同情，以及与（或）对平等主义价值观的强烈支持（Bay & Pedersen, 2006）。根据研究，支持社会团结有四个可识别的一般性的动机：情感基础的作用；文化信念；长期自利；权威认同。当前三个动机不能提供充足的支持时，通过一个更高的权威的实施是必需的。如果我们将团结的福利安排与制度视为对社会集体利益的一种服务，那么测量与分析福利团结的合法性是可能的。福利国家是一种制度团结的体系，对福利国家的支持就是对制度团结的支持，这种支持包括两种类型：一是是否人们持有政府应对社会经济保障与分配正义负责的观点；二是如果国家的确有责任，那么人们对这些目标范围的偏好应该被实现。这种支持与在分层结构中的地位、人口学特征、社会政治信念，以及福利国家体制的特征相关（Gelissen, 2000）。而社会团结正在衰弱，因为以福利国家形式出现的制度团结正在衰弱（Rodger, 2003）。

福利国家的理念通常被认为扎根于社会权利、普及性与团结的原则之上（Cox, 1998）。蒂特马斯关于福利与社会的想象也是基于工业社会减少不平等、增强社会团结的福利国家的角色与目的的清晰理解之上的。然而，当代支持福利制度的并非蒂特马斯所言的一种"社会中的共同体与互助（mutual care）意识"的社会利他主义，而是基于自利与互助保险（mutual insurance）原则，后者或许推动了市场而不是集体的传递。而后情感态度（post-emotional attitudes）是政府由"社会导向"（social steering）转至"无道德感家庭主义"（amoral familism）的副产品。前者是指一个社会行动者或一种社会制度依据政治权威的有意识的决定从一种状态到另一种状态的行动；后者是基于家庭而非共同体，是一种反社会的形式，其结果是引致对基于互助保险的共同善的支持（Rodger,

2003）。而政治参与，经常被宣称为，可培育公民之间的同情，有助于他们整合进共同体，强化他们对共同体的认同，总而言之，增强社会团结。然而，研究证明，通过政治参与增强社会团结是缺乏说服力的（Segall，2005）。由此可见，在经济与社会转型的冲击下，支持福利制度的并非是蒂特马斯所言的具有社会利他主义情怀的慈善，更多的是自利与市场，它们破坏了团结的纽带；而对家庭单位的重视，使得福利制度走向一种反社会的形式。在涂尔干看来，现代社会是一个从作为机械团结的道德基础的慈善到作为有机团结的道德基础的正义的运动，正义是慈善的对立面，慈善作为道德的基础在团结是基于同质性的传统社会里是适当的，但在基于异质性的现代社会里是不切实际的（Schoenfeld，1989）。沿此逻辑，面对自利与市场对团结纽带的破坏，团结的道德基础更应强调正义的原则，而非慈善的原则。

尽管团结是社会学的关键问题之一，但这个概念的理论含义，自从早期重要的贡献者涂尔干与韦伯之后，就很少能以令人满意的方式被分析。凡·奥尔肖特与克姆特（Aafke Komter）总结出社会团结的显著特征是公共利益（共享效用）与感觉（共享认同）。团结采取两种形式：一是垂直的，通过津贴与负担的再分配，强者帮助弱者；二是水平的，强者与弱者通过风险共担为共同的福利做出贡献（van Oorschot & Komter，1998）。分配正义与团结是相互缠绕的，包括三个主要原则：公平（equity）、平等（equality）与需要（need）。当首要目标是促进与增强生产力时，公平（应得或美德）规则是优先的；当首要目标是保持社会整体的和谐时，平等（普遍的权利）将是主要原则；当个体的福利是最突出的目标时，需要原则将占主导地位（Deutsch，1975：139；Arts & van der Veen，1992：143—176；Arts & Gelissen，2001）。整个福利国家观念的正当性常常是根据再分配的正义概念来证明的，它不是根据在合法所有权的程序性规则之下与个人权利资格（entitlement）相联系的经济资源配置来界定公平，而是将公平定义为一套复杂的制度，这套制度旨在考虑超越了基于私人权之要求（claim）的"需要（need）"与"应得（desert）"（巴里，2005：2—3）。在现代社会，当资源成为私人产权时，需要的满足就不可避免地要侵犯私人产权，因为它对私人产权者提出了分享资源的权利，而私人产权者则常常质疑需要权利的正当性，而强调应得蕴含的责任前提。然而，在需要与应得间我们无法提供任何的客观的检验方法，它只是一个伦理问题：自然界遵循物竞天择，适者生存的法则，而人类社会应该在保护弱者的前提下前进。以牺牲人类的基本需要为代价的发展并非我们的期望，也不是真正意义上的发展。

在西方社会理论史上，涂尔干率先提出并论证了团结与失范这一对现代性主题。而马歇尔提出了公民身份在改变社会不平等结构体系中的积极作用。帕森斯则整合了涂尔干与马歇尔的思路，提出了以建立在公民身份基础上的社会团结为纽带的"社会共同体"（顾成敏，2010）。涂尔干将机械团结与社会团结视为社会整合的两种类型，而帕森斯则将其视为社会整合的两个维度。因而，社会进化应该根据团结形式的结构差异，而不是根据一种类型取代另一种类型来解释。基于此，帕森斯强调，在西方社会，机械团结扎根于公民身份的制度中，它将平等的原则应用于所有个体；而有机团结是扎根于社会契约制度的典型，它固化了不同利益与角色间的合作与交换的模式（Sciortino，2010）。正如帕森斯所言，"在分化性社会的社会共同体层次上，机械团结系统之核心存在于公民权利的诸模式之中"（Parsons，1977：183）。简而言之，涂尔干将慈善视为机械团结的道德基础，将正义视为有机团结的道德基础，而帕森斯将公民身份视为机械团结的道德基础，将契约①视为有机团结的道德基础。帕森斯更为重视公民身份，这是他研究西方社会特别是美国的一个关键性概念。在马歇尔的基础上他进一步宣称公民身份是一个关键的社会学结构。与马歇尔不同的是，他更为重视宗教、种族与民族的多样性对公民身份解释的意义。他将公民身份视为与社会整合的主要特征相联系的，在总体成员身份与社会多元主义之间一种自我巩固（self-reinforcing）的关系（Sciortino，2010）。换句话说，公民身份是联结总体性与多元性的纽带。格罗斯（Feliks Gross）指出，公民具有双重身份，作为公民，他是国家的一员，而国家保护其平等的权利。因此，公民身份是整合双重

---

① 契约，作为重要的市场原则，更多地破坏了团结的纽带，它强调权利与责任，契约规定的权利才能享有，而契约未规定的责任也无须承担。个人主义认为，一个人的福利只能通过神圣的合同而与其他人进行自愿的交易的功能。公民身份被它的法律内容耗尽，权利资格从中流走。因而，公民身份反对市场契约原则。市场不能产生一个自主的主体，一个不能行走于市场社会而只能依附慈善的人不能算作完全的公民。这或许是帕森斯只关注以公民身份为道德基础的机械团结的原因。参见巴里（2005：5）。

身份、创造多样性统一的关键（格罗斯，2003：226）。

为了克服共同体与社会的差异，帕森斯创建了"社会共同体（societal community）"这一概念（Sciortino，2010）。社会共同体具有双重指涉：一方面是"一种模式化的规范秩序"；另一方面是一种体现成员身份的集体，这种成员身份将该共同体成员与那些不属于该共同体的个体区分开来（Parsons，1966：10—11；顾成敏，2010）。社会共同体是一个集体忠诚网络与相互渗透的若干整体的复合体，在这个系统中，个体通过功能差异与功能分割来描述。这个管理着忠诚的规范性系统必定整合了不同总体的权利与义务，也整合了全部秩序的合法性基础。当代社会的整合已经被委托给一个团结的系统（Parsons，1971：27；转引自 Sciortino，2010）。在现代化背景下，帕森斯认为，促进国家层面共同体包容（inclusion）的最重要的规范性机制是公民身份的概念，它是一个民主革命的重要主题，也是一场借助它越来越多的人口的活动融合进国家生活的革命（Mayhew，1982：48）。

我们需要什么样的制度？理想的制度样态，唯有健康与自主的行动者在公共领域中的自由辩论才能获得，而需要是一项权利则是制度设计所应遵循的中轴原理。既然社会团结的水平可以视为衡量福利制度支持程度的指示器，那么就应是最能增强社会团结的福利制度才是最受支持的福利制度。同时，团结总是与平等缠绕在一起，因而一个好的福利制度必定是追求平等的福利制度，而视需要为一项权利本身就是对平等的追求。事实上，涂尔干早已将正义视为现代社会团结的道德基础，而帕森斯则将追求平等的公民身份视为社会共同体中机械团结的核心，视为促进国家共同体包容的最重要的规范性机制。公民身份包含法律公民身份、政治公民身份与社会公民身份，它能够保证健康与自主的基本需要的满足，也是需要本身，而需要的满足又是福利态度不受遮蔽的保证。在此意义上，福利中国的演进方向应是福利社会共同体，而非福利国家，或福利社会，这或许是一个更理想的未来。而为了避免国家与社会公开或潜在的二元对立，也为了让福利社会共同体能扩展到帕森斯所言的国家层面，因而选择"福利共同体"代替"福利社会共同体"的表达。这不仅是帕森斯的理想，也是马歇尔的理想，但"国家共同体实在是太庞大、太遥远了，以至于无法把握这种形式的忠诚，也无法把它转化为一种持久的推动力量"（马歇尔，2008a：57）。或许，可以选择地方共同体，或者更小的结社单位，然而，它有可能带来新的制度分割与再分配的非正义。因而，作为一种理想，它仍可作为福利制度设计的参照坐标。基于此，福利中国的未来应该走向以需要为本，以公民身份为规范性机制，以社会团结为纽带的福利共同体。

在《共产党宣言》中，马克思恩格斯提出了以"自由人联合体"为核心的"共同体"思想，而以习近平为领导核心的中国共产党人在继承和发展马克思主义共同体理论的基础上创造性地提出"人类命运共同体"，回答了"中国追求建设什么样的世界"的问题，为福利共同体从国家层面扩展到全人类提供了理论支撑。福利共同体的立脚点是人类社会或社会的人类，而非市民社会。福利共同体发展的目标将是增进人类的福祉，实现人类自由而全面的发展，而推进美好社会则是当下可行的目标。对于本书而言，福利共同体尚停留在国家及地方层面，其规范性机制如何在人类社会或世界层面发挥作用还有待未来的研究。

第十章　总结与展望

福利制度的设计与范围形塑与决定它们自身的合法性，缺乏认同则意味着合法性危机，而福利制度合法性的危机正是福利态度研究的首要动机。福利制度是在一种公平的原初状态中被一致同意的结果，福利态度则是观察一致同意的窗口。福利态度是对幸福状态与社会福利制度以给予支持或不支持的方式作出回应的一种倾向，是研究的对象，也是贯穿全文的主轴。而要化解危机，福利制度的生成应该遵循从态度到行动再到结构的特定逻辑，政治计算应是形成政策选择的基础。

从需要的逻辑起点出发，本书考察了影响福利态度的宏观的结构化背景与微观的初始化资源，回答了"处于何种状态中的行动者的福利态度有助于福利制度合法性的生成"的核心议题，勾勒出福利中国演进的逻辑。在文献回顾上，借助于专业软件完成了文献综述技术的可视化转变，总结了福利态度研究的制度与文化双重视角，厘清了福利态度的分析维度；在研究方法上，采用了全景视角、类型法与比较法，追随循证研究的理念，彰显了社会政策研究的"向前看"与"价值有涉"的特性。

社会政策的出发点是人类的基本需要，包括健康与自主。它是理解福利制度的关键，是社会资源分配和福利制度运作的价值基础。人类需要的满足可以通过劳动实现，但当资源成为财产时，劳动的自由性无法保证，人们被迫选择工作，而工作的不确定性构成了现代社会一切麻烦的根源。基于此，人们不得不通过行动来捍卫人之为人的基本条件。在考察了构成人的基本条件的五种路径——价值论、资源论、权利论、需要论与能力论——的纷争后，衡量基本条件的人类基本需要理论路径被奉为行动的圭臬。行动者的福利态度并非在基本需要满足状态下形成，这是形成福利态度差异的诱因，也是福利态度生成的逻辑起点。因而，本书并不关注福利制度的合法性，也不关注福利态度与福利制度类型的匹配性，而是关注处于何种状态中的行动者的福利态度才有助于福利制度合法性的生成这一核心议题。

合法性危机的本质在于认同的危机，根源在于基本需要的满足程度存在差异，因而无法就福利制度达成一致同意的原则。处于基本需要满足状态中的行动者的福利态度才有助于福利制度合法性的生成，而当下的福利态度可能是既有的制度与文化预先结构化的结果，同时也受到行动者公民身份的影响。公民身份是行动者的初始化资源，是追求平等的体系；它是需要满足的前提条件，同时成为需要本身。然而，令人尴尬的是，一个追求平等的体系却在制造着新的不平等。如果追求平等的机制本身并不平等，其结果也很难是平等的。在公民身份的道德诉求下，理想与现实的差距能够生成缩小差距的社会动力，这为从"环境中的个人困扰"到"社会结构中的公众论题"的转化提供了保证。但公众的福利态度受到制度与文化的遮蔽，公民身份所包含的社会权利未能获得有效保障。作为需要满足的重要途径，福利通常被视为一种商品、礼物、技术，或可以施与，也可以剥夺的一种资源，而不是一项权利。唯有从资源观转向权利观，行动者的自治地位才有可能获得保证，从"环境中的个人困扰"到"社会结构中的公众论题"的转化才有可能实现。

福利制度的生成应该遵循特定的逻辑，人类福利制度的安排绝不是闲掷骰子，人类的福利配置也绝不是统计帝国主义下的概率分布，我们期望政治计算是形成政策选择的基础，而非来自孤立的权威、专家、普通公众或偶然事件。因而，福利制度应是在一种公平的原初状态中被一致同意的结果，或者至少采取一个在承认不平等事实的同时能减轻自然抽阄的任意结果的原则（罗尔斯，1988：74）。福利制度演进的合法化逻辑应是以需要为起点，从未受异化的行动者的福利态度出发，遵循需要—权利的福利中轴，在公共领域中展开行动，最终对结构达成一致同意，构成一条从需要到态度，从态度到行动，从行动上升到结构的福利制度生成的基本环路。合法性危机的本质正在于认同的缺乏，而产生的根源则可能在于基本需要的未能满足。从现实来看，我们不能寄希望于所有人都满足了健康与自主的基本需要后才设计福利制度；同样，也不能寄希望于当下的福利制度一旦生成立即就满足了健康与自主的基本需要，这很可能导致我们陷入循环解释的困境而无法自拔。这应是一个理想与现实之间平衡—失衡—再平衡的动态过程。因而，福利制度的合法性永远是在追求的动态进程中。对中国而言，当下更为务实的策略是，建立一个以需要为本，以公民身份为规范性机制，以社会团结为纽带的福利共同体。这是一个最低的理想，却又是一个最高的理想。

公民身份作为权利的体系，其正当性依赖于它们所服务的那些目的的道德重要性（桑德尔，2011：4）。需要，是权利服务的目的，而道德基础则是正义，因而需要的道德重要性正是权利之正当性的依赖，即公民身份的正当性所依赖的对象正是需要的道德重要性。罗尔斯认为，正义的原则是在无知之幕后被选择的，它是在一种公平的原初状态中被一致同意的，任何人在原则的选择中都不会因自然的机遇或社会环境中的偶然因素得益或受害（罗尔斯，1988：12）。任何时候我们都可以进入原初状态，而所有人在选择原则的过程上都有同等的权利，每个人都能参加提议并说明接受它们的理由等。换句话说，每个人都被假定为具有必要的理解和实行所采用的任何原则的能力。当这些条件与无知之幕结合起来时，就决定了正义的原则将是那些关心自己利益的有理性的人，在作为谁也不知道自己在社会和自然的偶然因素方面的利害情形的平等者的情况下都会同意的原则（罗尔斯，1988：18—19）。然而，当基本需要未能满足时，这一切只能存在于假设之中，原初状态就不可能真正进入，行动者就不可能具有同样的理解能力与行动能力，正义的原则也就不可能获得一致的同意。简言之，需要的满足是正义原则能够获得一致同意的保证。反过来，正义原则必定要求保证需要的满足。因而，需要必然成为福利态度研究的逻辑起点。本书认为，只有视需要为一项权利时，行动者才会具备作出选择、达成共识的理解与行动能力，如同哈贝马斯所言的交往资质，才有可能进入一种原初状态。这正是对保证这种平等或相近的社会条件所做出的努力。对于木书而言，行动者才有可能获得自由行走于市场上的初始化资源，这是对"给能工作的人工作，给不能工作的人保障"的政策实践原则的遵循。而工作既是一项权利，同时也是一项责任，因而，需要是一项权利本身也就意味着需要是一项责任。

　　福利制度作为一种权利与义务再分配的社会结构，"正义是其首要的价值"（罗尔斯，1988：1），对福利制度的一致同意其实质是对正义原则的一致同意。正义的原则是以一致同意作为保证，而就社会福利制度而言，对一致同意的观察则是以福利态度为窗口。现实中国社会还不是一个完全满足了作为公平的正义的原则的社会，人民对美好生活的需要与不平衡不充分的发展之间的矛盾还没有消除。无论是基本需要，公民身份，还是制度与文化，都不足以满足自由和平等的人们在公平的条件下一致同意的原则，当下的中国也就不可能是罗尔斯所言的"接近于一个能够成为一种自愿体系的社会"（罗尔斯，1988：13）。在作为公平的正义的原则未能满足的条件下，作为一致同意得以观察的窗口的福利态度就会存在种种差异，它们更可能受到现实不平等的条件的扭曲、遮蔽，从而产生异化，因而可能无助于福利制度合法性的生成。而在原初状态下，福利态度的真实性才能得以保证，福利制度合法性的生成才获得保证。然而，我们无法寻找到一个处于原初状态的社会。正如罗尔斯所言，由于没有做出努力来保证机会平等或相近的社会条件（除了保持必要的背景制度所需要的之外），资源的最初分配总是受到自然和社会偶然因素的强烈影响（罗尔斯，1988：72）。鉴于此种处境，本书通过对理想权利与责任的福利态度的测量在一定程度上验证了存在他们一致同意的原则。当涉及基本需要的理想权利的福利态度测量时，可以发现，人们在更大程度上放弃了其对社会和自然的偶然因素方面的利害情形的考虑。因而，在现实生活中，公众在对基本需要的理想权利的追求上能够呈现出接近一种无知之幕的状态，它可以使自然天赋和社会环境中的偶然因素归于无效。当然，这还需要更为严谨的研究加以验证，而在理想状态模拟原初状态的设计上可能会存在困难。

　　罗尔斯从假设的原初状态出发寻找正义观的首要原则，行动者被视为单一的、均值的、无差异的，"是有理性和相互冷淡的"（罗尔斯，1988：13），而本书则试图回答如何达致原初状态。其依据是，现实的社会并非原初状态，行动者在健康和自主的基本需要的满足上是存在差异的，不具有必要的理解和实行所采用的任何原则的能力，既有的制度与文化也预先结构化了人们的认知、情感与行为的倾向。因而，人们一致同意的公平状态并不存在。简言之，罗尔斯从理想假设出发确立了理想的正义原则，而当下的任务是从现实出发寻找如何达至理想，即做出努力保证个体获得平等的机会或相近的社会条件。沿此思路，本书从基本需要的满足情况出发，围绕处于何种状态中的行动者的福利态度有助于合法性生成的核心议题，考察了公民身份、制度与文化的现实图景以及对福利态度的影响。与理想原则相比较，目前的福利制度的发展是不平衡不充分的，因为福利制度并未能完全做到在公平的原初状态下获得一致同意，不能满足人民日益增长的美好生活需要。现实的处境是，在政策设计上，行动者缺乏对话的公共空间以及行动的能力。福利制度的生成应是既能呈现自下而上的公众反思引领下的需方参与，也能呈现自上而下的官僚技术设计下的供方推动。因此，本书更多的是在批判现实的基础上论证理想福利中轴确立的重要性。本书认为，当下的国家与社会的关系需要调整，它们的合法性并非来自对方的认同，而是遵循共同的福利中轴；公民是法律意义上的行动主体，公民参与在本质上是证据参与；福利制度的设计应是科学的结果，而非权威、利益集团或偶然事件等的产物，这有赖于公民参与到证据的供给中来，而国家、市场与社会则应为公民的信息获得提供保证。否则，福利治理仅是空中楼阁。当下的福利文化应该以具有实践性特征的公民文化为前导，未来中国应该走向福利共同体。在福利共同体的推进中，社会科学家、社会工作者需要增进行动能力，承担起相应的责任，发展证据为本的社会政策实践，而核心是正确处理好社会政策与科学的关系。

无论是政府、市场、家庭还是自愿组织等，从理想层面而言，都应该就需要是一项权利的正义原则达成一致同意，这构成不同行动者行动合法性的共同依据，是福利供给多元主体行动原则的最大公约数与联合的动机。当基本需要无法满足时，则意味着权利未能获得保障，既有的福利制度安排的正义性就可能受到强烈质疑与反对，从而产生合法性危机。相对于非基本需要，基本需要满足的理想与现实之间的张力更可能产生福利行动的需要，成为推动从"环境中的个人困扰"到"社会结构中的公众论题"的动力，此时权利也无法停留在消极层面而无所作为，而在缺乏公平的原初状态的情况下，则极有可能导致行动的过程与结果也无法保证公平正义。作为"输出"的基本需要的缺乏直接表现为作为"投入"的中间需要的未能满足，因而未来的福利行动更可能从未能满足的中间需要开始。这意味着我们必须满足公民的基本需要，并将之上升为一种法律权利，即福利权，而不是视其为政府的馈赠、市场的商品、慈善的礼物与管理的技术。它对应于公民身份总体，而非仅对应于社会权利或公民权利，其中接受教育的权利是公民身份真正的社会权利之一，工作则是经济领域中的最主要的公民权利。从宪法福利权而言，保障贫困者获得满足其基本需要的国家福利给付正是其精髓之所在。由于福利权的主体、领域覆盖面不足，即便承认宪法第45条是对公民福利权的确认，也只是一项先天不足的福利权。而缺少法律的确认和保护则是后天缺钙（陈国刚，2009：178—179）。因而，法律的未来修订应考虑福利权的司法保障，而不是仅限于行政听证或行政诉讼，即便后者，从目前的行政执法理念、执法机制的现实状况来看，仍存在诸多阻碍因素（岳公正，2007）。同时，重点应放在已有的社会保障，特别是养老金（old age pension）与医疗保险（sickness insurance）两大领域，因为这些风险人人都需要面对（Korpi & Palme，1998），并扩展至更多的可适用的领域以及更多的人群。随着福利制度的完善，行动者能力的增强，未来涉及福利权的诉讼案件也就会增多。

权利是需要成本的，前者是个体或团体能够运用政府的手段切实地加以保护的重要利益，后者则可理解为预算成本（霍尔姆斯、桑斯坦，2011：3）。因而，福利权的满足也是有成本的，它受制于有限的经济与政治资源。国家的财政能力是其能否承担福利责任的行动能力，是衡量国家能力的重要指标，它不仅包括征税能力，还应包括预算能力。从研究中可以发现，现有的税负部分在理想权利与理想责任间存在巨大的落差，前者远高于后者。因而，一个国家的治理能力在很大程度上不是取决于它的征税能力，而是取决于它的预算能力（Schick，1990：1；转引自王绍光、马骏，2008），无预算则无治理。中国的人均国内生产总值（GDP）已经超过1万美元，当变得更为富裕时，国家必须发展一个功能更完善的整合所有税收的预算体系，并在确保财政可持续的前提下有效使用他们以实现政策目标与满足公众的需要（Ma，2009）。未来的趋势应是走向预算政府，从而完成从"自产国家"到"税收国家"再到"预算国家"的转型（王绍光、马骏，2008），建立中国特色的公共财政制度框架已成为公共政策议程和构建和谐社会的核心议题（刘继同，

2008），也应是福利治理的一个行动基石。而国家福利征税与预算的合法性则来自健康和自主的行动者的一致同意，无代表，不纳税；无代表，也不预算。对于有工作能力的行动者而言，他们必须承担起工作的责任，履行起纳税的义务。但国家与社会也必须承担起满足其初始化资源平等配置的责任，以保证其自由行走在市场之上。

借助不同等级的证据，通过现实与理想的比较，本书剥离出遮蔽福利态度的具体因素，对福利中国的演进逻辑进行了过程上的分析，认为处于基本需要满足状态中的行动者的福利态度才有助于福利制度合法性的生成，并指出福利制度演进的未来方向是以需要为本，以公民身份为规范性机制，以社会团结为纽带的福利共同体。尽管澄清了一些问题，但是在资料分析和理论论证的过程中，仍存在许多不足以及有待进一步讨论的问题。

首先，研究的资料及数据的质量有待进一步提高。研究的论据主要是二手资料，即便一手资料也并不满足研究的总体要求。从严格意义上来讲，已引用的大量资料及数据在循证研究的证据中仅处于较低等级。原因在于：（1）证据分级重视定量研究，轻视定性研究；（2）数据难以获得；（3）学者的研究水平参差不齐。除了上述原因，也受制于笔者驾驭如此庞杂的数据的能力。在此处境下，影响福利态度生成因素的实证检验只能受数据驱动，因而，结论的推广存在风险。在这种情况下，高质量数据库的建设、信息的开放共享应该成为制度化的规定，以免数据库霸权的形成，并可以对研究结论进行检验，从而防止"被"代表现象的发生。在未来，基于证据的社会政策的研究及知识转化可能是更为务实地呈现福利制度正义的路径。

其次，测量福利态度维度及影响因素的指标偏少。在桑德伯格与泰勒-古比关于福利态度系统评价（system review，SR）的检索策略中，涉及了以下主题，如宗教、信任、风险、认同、权利、责任、税收、补贴、合法性、社会团结、社会排斥、社会整合、公民身份、公民美德、政治参与、政治效能、福利体制、服务传递，以及一些具体项目，有几十个之多（Sundberg & Taylor-Gooby，2013）。他们严格遵循了循证研究的策略，对福利态度的研究文献进行了系统评价。本书无法与之相提并论，仅涉及认同、权利、责任、团结、合法性、公民身份、政治参与、政治效能、福利体制以及一些与基本需要满足相关的具体的服务项目等，即便如此，也未能深入这些问题的细节，更称不上为系统评价。

复次，研究关注的仅是自下而上的演进逻辑。福利制度的演进是一个循环往复的过程，既包括从态度到结构的自下而上的路径，也包括从结构到态度的自上而下的路径。但限于能力以及资料与数据的不充分性，本书仅考察了政策何时追随态度。基于同样的原因，本书主要关注的是政策精英与普通公众的福利态度。

再次，理论演绎与案例考察之间存在张力。理论演绎更多的是建立在理想层面，而案例考察却更多地建立在现实层面，研究采用了以理想的标准批判现实的案例的做法构建出福利共同体的福利体制类型。与以某一具体的福利项目为基础，通过过程分析，从而获得理想模式的通用做法存在差异。尽管案例的选择是围绕满足基本需要的中间物展开，但仍然使得理论批判的对象比较分散，一个案例只能涉及一两个中间物，无法考察整体的复合性效应，导致两者之间存在张力。主要原因是受制于数据资料的不充分，以及部分资料的不可及，无法寻找到理想的可供研究的福利项目。

最后，"福利共同体"的概念有待进一步完善。福利共同体概念是通过需要、公民身份、社会团结三个概念共同构造的，是能够实现在原初状态下自主与健康的行动者一致同意的理想制度安排。尽管福利共同体的概念并非来自西方，但其构造的成分以及理论来源却来自西方，本身存在争议，如中西方关于需要、团结的理解；与其他概念也存在竞争性关系，如需要与应得、权利与责任。因而仍存在本土化的问题，特别是这些成分的跨文化、跨制度的普适性问题。同时，福利共同体的立脚点应是人类社会，如何从国家层面上升到人类命运共同体的层面还需在理论上进一步探讨。

行文于此，仍有许多细节上的问题有待完善，特别是论证上的严谨程度可能有意无意地被忽视，或者在某种程度上预先结构化了共识的背景，使得读者被迫陷入论证的逻辑中而无法辨别论点的真伪。对一些主题，如循证政策、福利治理、国家能力、陌生人的福利、风险等议题也未能深入探讨。除此之外，还有以下问题始终缠绕在笔者脑海中：我们能够突破自然与社会的限制穷尽证据的选择吗？如果不能穷尽又何以可能宣称完整准确地反映了客观现实呢？社会科学之"科学"又何以可能保证呢？这是一个无限索引、无限类型化的过程，如此一来，我们的认知就会疲惫不堪。从现实情况来看，任何研究必定面临"怀疑、缺乏交流与举证压力"（Rosen，2008），因而，诸多争议只能就此搁置。但不得不思考的一个问题是：社会福利研究者何以可能评判一种福利制度优于另一种福利制度，或评判一种福利状态优于另一种福利状态？这或许永远没有答案。

参考文献

一 中文著作

毕天云：《社会福利场域的惯习：福利文化民族性的实证研究》，中国社会科学出版社 2004a 年版。

陈国刚：《福利权研究》，中国民主法制出版社 2009 年版。

陈良瑾：《中国社会工作百科全书》，中国社会出版社 1994 年版。

胡敏洁：《福利权研究》，法律出版社 2008 年版。

胡薇：《国家回归：社会福利责任结构的再平衡》，知识产权出版社 2012 年版。

黄晨熹：《社会福利》，格致出版社·上海人民出版社 2009 年版。

黄黎若莲：《中国社会主义的社会福利：民政福利工作研究》，唐钧等译，中国社会科学出版社 1995 年版。

江宜桦：《公共领域中理性沟通的可能性》，载许纪霖主编《公共性与公共知识分子》，江苏人民出版社 2003 年版。

郎咸平：《郎咸平说：新帝国主义在中国》，东方出版社 2010 年版。

刘继同：《社区就业与社区福利——劣势妇女需要观念与生活状况》，社会科学文献出版社 2003 年版。

彭华民：《迈向人类福利新阶段》，载贾森·安奈兹等《解析社会福利运动》，王星译，格致出版社·上海人民出版社 2011a 年版。

彭华民：《社会福利与需要满足》，社会科学文献出版社 2008 年版。

邱皓政、林碧芳：《结构方程模型的原理与应用》，中国轻工业出版社 2012 年版。

王笛：《街头文化——成都公共空间、下层民众与地方政治》，李德英等译，中国人民大学出版社 2006 年版。

王卓祺：《后公民身份与社会权利理论的演进》，载彭华民等主编《西方社会福利理论前沿：论国家、社会、体制与政策》，中国社会出版社2009年版。

习近平：《人民对美好生活的向往，就是我们的奋斗目标》，《十八大以来重要文献选编（上）》，中央文献出版社2014年版。

熊跃根：《社会政策：理论与分析方法》，中国人民大学出版社2009年版。

杨中芳：《中国人真是集体主义吗？——试论中国文化的价值体系》，载杨国枢主编《中国人的价值观——社会科学观点》，桂冠图书公司1994年版。

于建嵘：《抗争性政治：中国政治社会学基本问题》，人民出版社2010年版。

张静：《法团主义》，中国社会科学出版社1998年版。

张文彤、董伟：《SPSS统计分析高级教程》，高等教育出版社2004年版。

朱天飚：《比较政治经济学》，北京大学出版社2006年版。

［丹麦］本特·格雷夫：《比较福利制度——变革时期的斯堪的纳维亚模式》，许耀桐等译，重庆出版社2006年版。

［丹麦］考斯塔·埃斯平—安德森：《福利资本主义的三个世界》，郑秉文译，法律出版社2003年版。

［德］哈贝马斯：《公共领域》，载汪晖、陈燕谷主编《文化与公共性》，生活·读书·新知三联书店2005年版。

［德］哈贝马斯：《交往与社会进化》，张博树译，重庆出版社1989年版。

［德］黑格尔：《法哲学原理》，范扬、张企泰译，商务印书馆1961年版。

［德］马丁·海德格尔：《存在与时间》，陈嘉映、王庆节译，生活·读书·新知三联书店1987年版。

［德］马克思：《哥达纲领批判》，人民出版社2018年版。

［德］马克思：《资本论》第1卷，人民出版社2004年版。

［德］马克思、恩格斯：《马克思恩格斯选集》（第1卷），人民出版社1995年版。

［德］马克思、恩格斯：《马克思恩格斯全集》（第3卷），人民出版社1982年版。

［德］许茨：《社会实在问题》，霍桂桓、索昕译，华夏出版社 2001 年版。

［法］亨利·路易·柏格森：《时间与自由意志》，吴士栋译，商务印书馆 2007 年版。

［法］加斯东·巴什拉：《科学精神的形成》，钱培鑫译，江苏教育出版社 2006 年版。

［法］皮埃尔·布尔迪厄：《国家精英——名牌大学与群体精神》，杨亚平译，商务印书馆 2004 年版。

［法］托克维尔：《论美国的民主》，董果良译，商务印书馆 1988 年版。

［荷兰］艾米尔·范莱内普：《开幕词》，载经济合作与发展组织秘书处《危机中的福利国家》，梁向阳译，华夏出版社 1990 年版。

［荷兰］汉斯·范登·德尔、本·范·韦尔瑟芬：《民主与福利经济学》，陈刚等译，中国社会科学出版社 1999 年版。

［加拿大］彭迈克：《难以捉摸的中国人：中国人心理剖析》，杨德译，辽宁教育出版社 1997 年版。

［加拿大］R. 米什拉：《资本主义社会的福利国家》，郑秉文译，法律出版社 2003 年版。

［美］C. 赖特·米尔斯：《社会学的想象力》，陈强、张永强译，生活·读书·新知三联书店 2001 年版。

［美］菲利克斯·格罗斯：《公民与国家：民族、部族和族属身份》，王建娥、魏强译，新华出版社 2003 年版。

［美］哈特利·迪安：《社会政策学十讲》，岳经纶、温卓毅、庄文嘉译，格致出版社·上海人民出版社 2009 年版。

［美］汉娜·阿伦特：《人的境况》，王寅丽译，上海世纪出版集团 2009 年版。

［美］赫伯特·马尔库塞：《单向度的人》，刘继译，上海世纪出版集团 2008 年版。

［美］肯尼斯·J. 阿罗：《社会选择与个人价值（第二版）》，丁建峰译，上海世纪出版集团 2010 年版。

［美］莱斯特·M. 萨拉蒙、S. 沃加斯·索可洛斯基：《全球公民社会——非营利部门国际指数》，陈一梅等译，北京大学出版社 2006 年版。

［美］林南：《社会资本——关于社会结构与行动的理论》，张磊译，上海人民出版社 2005 年版。

［美］罗纳德·德沃金：《至上的美德：平等的理论与实践》，冯克利译，江苏人民出版社 2007 年版。

［美］迈克尔·J. 桑德尔：《自由主义与正义的局限》，万俊人、唐文明、张之锋、殷迈译，译林出版社 2011 年版。

［美］史蒂芬·霍尔姆斯、凯斯·R. 桑斯坦：《权利的成本：为什么自由依赖于税》，毕竞悦译，北京大学出版社 2011 年版。

［美］托马斯·F. 吉伦、艾伦·罗森布莱特：《编者导言》，载［美］罗伯特·默顿，《社会研究与社会政策》，林聚任等译，生活·读书·新知三联书店 2001 年版。

［美］威廉姆·H. 科怀特、罗纳德·C. 费德里科：《当今世界的社会福利》，解俊杰译，法律出版社 2003 年版。

［美］亚瑟·C. 布鲁克斯：《谁会真正关心慈善：保守主义令人称奇的富于同情心的真相》，王青山译，社会科学文献出版社 2008 年版。

［美］约翰·罗尔斯：《正义论》，何怀宏、何包钢、廖申白译，中国社会科学出版社 1988 年版。

［美］詹姆斯·M. 布坎南、［美］戈登·塔洛克：《同意的计算——立宪民主的逻辑基础》，中国社会科学出版社 2000 年版。

［美］詹姆斯·米奇利（梅志里）：《社会发展：社会福利视角下的发展观》，格致出版社·上海人民出版社 2009 年版。

［日］望月清司：《马克思历史理论的研究》，韩立新译，北京师范大学出版社 2009 年版。

［英］A. C. 庇古：《福利经济学》，朱泱、张胜纪、吴良健译，商务印书馆 2006 年版。

［英］H. K. 科尔巴奇：《政策》，张毅、韩志明译，吉林人民出版社 2005 年版。

［英］安东尼·M. 里斯：《T. H. 马歇尔与公民身份的进展》，载［英］T. H. 马歇尔、［英］安东尼·吉登斯等《公民身份与社会阶级》，郭忠华、刘训练译，江苏人民出版社 2008 年版。

［英］艾伦·迪肯：《福利视角：思潮、意识形态及政策争论》，周薇等

译，上海人民出版社 2011 年版。

[英] 安东尼·吉登斯：《第三条道路》，北京大学出版社、生活·读书·新知三联书店 2000 年版。

[英] 巴特·范·斯廷博格：《公民身份的条件》，郭台晖译，吉林出版集团 2007 年版。

[英] 保罗·霍普：《个人主义时代之共同体重建》，沈毅译，浙江大学出版社 2010 年版。

[英] 道格拉斯·C. 诺斯：《经济史上的结构和变革》，厉以平译，商务印书馆 1992 年版。

[英] 格拉夫：《理论福利经济学》，夏炎德译，商务印书馆 1980 年版。

[英] 汉斯·阿德里·安桑斯：《公民身份、工作和福利》，载 [英] 巴特·范·斯廷博根《公民身份的条件》，郭台辉译，吉林出版集团有限责任公司 2007 年版。

[英] 贾森·安奈兹、亚历克斯·劳、华莱士·麦克尼希、格里·穆尼：《解析社会福利运动》，王星译，格致出版社·上海人民出版社 2011 年版。

[英] 简·米勒：《解析社会保障》，郑飞北、杨惠译，上海人民出版社 2012 年版。

[英] 莱恩·多亚尔、伊恩·高夫：《人的需要理论》，汪淳波、张宝莹译，商务印书馆 2008 年版。

[英] 理查德·蒂特马斯：《蒂特马斯社会政策十讲》，江绍康译，吉林出版集团有限责任公司 2011 年版。

[英] 莫里斯·罗奇：《重新思考公民身份——现代社会中的福利、意识形态和变迁》，郭忠华、黄冬娅、郭韵、何惠莹译，吉林出版集团有限责任公司 2010 年版。

[英] 诺尔曼·金斯伯格：《福利分化：比较社会政策批判导论》，姚俊、张丽译，浙江大学出版社 2010 年版。

[英] 诺曼·巴里：《福利》，储建国译，吉林人民出版社 2005 年版。

[英] 齐格蒙特·鲍曼：《免于国家干预的自由、在国家中的自由和通过国家获得的自由：重探 T. H. 马歇尔的权利三维体》，载 [英] T. H. 马歇尔、安东尼·吉登斯：《公民身份与社会阶级》，郭忠华、刘训练

译，江苏人民出版社 2008 年版。

［英］沙琳：《需要和权利资格：转型期中国社会政策研究的新视角》，中国劳动社会保障出版社 2007 年版。

二　中文论文

安云凤：《弘扬传统孝道文化，关注农村养老问题》，《齐鲁学刊》2009 年第 5 期。

毕天云：《布迪厄的"场域—惯习"理论——在社会福利研究中的运用》，《思想战线》2007 年第 3 期。

毕天云：《福利文化引论》，《云南师范大学学报》2005 年第 3 期。

毕天云：《社会福利的文化透视：观点与简评》，《社会学研究》2004b 年第 4 期。

毕天云：《研究中华民族传统福利文化的价值和意义》，《中国社会保障》2013 年第 1 期。

蔡昉：《户籍制度改革与城乡社会福利制度统筹》，《经济学动态》2010 年第 12 期。

曹正汉：《国家与社会关系的弹性：1978 年以来的变化》，《学术界》2018 年第 10 期。

陈坚：《公民社会评价指标体系之比较及基于中国情况的思考》，《中国非营利评论》2008 年第 4 期。

陈树强、李栩骏：《社会变迁与社会福利基本概念的转变》，《中国青年政治学院学报》1998 年第 3 期。

陈映芳：《行动者的道德资源动员与中国社会兴起的逻辑》，《社会学研究》2010 年第 4 期。

陈悦、刘则渊，《悄然兴起的科学知识图谱》，《科学学研究》2005 年第 2 期。

陈治：《福利供给变迁中的政府责任及其实现制度研究——福利供给的国外考察与启示》，《理论与改革》2007 年第 7 期。

陈宗胜、沈扬扬、周云波：《中国农村贫困状况的绝对与相对变动——兼论相对贫困线的设定》，《管理世界》2013 年第 1 期。

成海军：《三十年来中国社会福利改革与转型》，《马克思主义与现实》

2011 年第 1 期。

程玮、关颖榆、罗瑜：《初中生校园欺凌和校园归属感、安全感状况调查》，《中国公共卫生》2020 年第 6 期。

池振合、杨宜勇：《贫困线研究综述》，《经济理论与经济管理》2012 年第 7 期。

邓正来：《"生存性智慧模式"——对中国市民社会研究既有理论模式的检视》，《吉林大学社会科学学报》2011 年第 2 期。

邓正来：《关于"国家与市民社会"框架的反思与批判》，《吉林大学社会科学学报》2006 年第 3 期。

邓正来：《市民社会与国家——学理上的分野与两种架构》，《中国社会科学季刊（香港）》1993 年第 3 期。

邓正来、景跃进：《建构中国的市民社会》，《中国社会科学季刊（香港）》1992 年第 1 期。

丁元竹：《关于社会服务的概念及其与公共服务的关系》，《中国民政》2011 年第 5 期。

丁元竹：《为什么志愿机制是可能的》，《学术研究》2012 年第 10 期。

窦玉沛：《中国社会福利的改革与发展》，《社会福利》2006 年第 10 期。

杜瑞军：《从高等教育入学机会的分配标准透视教育公平问题——对新中国 50 年普通高校招生政策的历史回顾》，《高等教育研究》2007 年第 4 期。

费显政：《资源依赖学派之组织与环境关系理论评介》，《武汉大学学报》（哲学社会科学版）2005 年第 4 期。

风笑天：《结果呈现与方法运用——141 项调查研究的解析》，《社会学研究》2003 年第 2 期。

冯彦君、张凌竹：《社会救助权的可诉性及其证成》，《江西社会科学》2013 年第 2 期。

付文军：《"美好生活"的马克思主义政治哲学审视》，《学习与实践》2020 第 4 期。

高秦伟：《政府福利、新财产权与行政法的保护》，《浙江学刊》2007 年第 6 期。

顾成敏：《现代公民权与社会团结》，《南京师大学报》（社会科学版）

2010 年第 6 期。

顾昕：《公民社会发展的法团主义之道——能促型国家与国家和社会的相互增权》，《浙江学刊》2004 年第 6 期。

顾昕：《贫困度量的国际探索与中国贫困线的确定》，《天津社会科学》2011 年第 1 期。

顾昕、王旭：《从国家主义到法团主义——中国市场转型过程中国家与专业团体关系的演变》，《社会学研究》2005 年第 2 期。

顾昕、王旭、严洁：《公民社会与国家的协同发展——民间组织的自主性、民主性和代表性对其公共服务效能的影响》，《开放时代》2006 年第 5 期。

郭伟和：《中国社会福利政策演变的文化价值基础》，《中国民政》2003 年第 4 期。

郭志刚：《六普结果表明以往人口估计和预测严重失误》，《中国人口科学》2011 年第 6 期。

郭忠华：《当代公民身份的理论轮廓——新范式的探索》，《公共行政评论》2008 年第 6 期。

国家人口发展战略研究课题组：《国家人口发展战略研究报告》，《人口研究》2007 年第 1 期。

韩亚光：《周恩来与四个现代化目标的提出》，《当代中国史研究》2006 年第 1 期。

韩央迪：《从福利多元主义到福利治理：福利改革的路径演化》，《国外社会科学》2012 年第 2 期。

郝铁川：《权利实现的差序格局》，《中国社会科学》2002 年第 5 期。

何平立、沈瑞英：《资源、体制与行动：当前中国环境保护社会运动析论》，《上海大学学报》（社会科学版）2012 年第 1 期。

胡辉华：《公民社会指数评述》，《中国行政管理》2005 年第 7 期。

胡颖廉：《从"总体"到"整体"——新中国 70 年国家与社会关系变迁》，《天津社会科学》2019 年第 3 期。

胡志刚、陈超美、刘则渊、侯海燕：《从基于引文到基于引用——一种统计引文总被引次数的新方法》，《图书情报工作》2013 年第 21 期。

黄婷、王永贵：《人类命运共同体：一种世界秩序的话语表述》，《马克思主义与现实》2017 年第 5 期。

江治强：《中国社会福利转型的驱动因素与路径选择》，《学习与实践》
　　2013 年第 4 期。

姜建成、于佳：《马克思恩格斯社会权益思想及其理论意义》，《学术研
　　究》2020 年第 5 期。

蒋耒文、庞丽华、张志明：《中国城镇流动人口的住房状况研究》，《人
　　口研究》2005 年第 4 期。

解韬：《近年来我国教育公平研究综述》，《现代大学教育》2009 年第
　　2 期。

景天魁：《社情人情与福利模式——对中国大陆社会福利模式探索历程的
　　反思》，《探索与争鸣》2011 年第 6 期。

景跃进：《比较视野中的多元主义、精英主义与法团主义——一种在分歧
　　中寻求逻辑结构的尝试》，《江苏行政学院学报》2003 年第 4 期。

康晓光、韩恒：《分类控制：当前中国大陆国家与社会关系研究》，《社
　　会学研究》2005 年第 6 期。

孔伟艳：《社会福利与社会保障的概念辨析》，《中共天津市委党校学报》
　　2011 年第 5 期。

况伟大、余家玮：《住房拥有率与创新：来自中国 69 个城市的证据》，
　　《华东师范大学学报》（哲学社会科学版）2019 年第 5 期。

李兵：《国外社会服务发展历程及其启示》，《中国民政》2011 年第
　　3 期。

李桂荣、谷晓霞：《农村籍学生接受高等教育的个人成本与收益分析——
　　基于山西省怀仁县海北头乡的调查研究》，《教育研究》2012 年第
　　7 期。

李宁宁：《社会态度的结构——态度的转变研究中一个值得重视的领
　　域》，《学海》1990 年第 2 期。

李培林、崔岩：《我国 2008—2019 年间社会阶层结构的变化及其经济社
　　会影响》，《江苏社会科学》2020 年第 4 期。

李蓉蓉：《政治效能感：内涵与价值》，《晋阳学刊》2010 年第 2 期。

李淑梅、董伟伟：《协商民主与公民文化建设的拓展》，《南开学报》（哲
　　学社会科学版）2016 年第 5 期。

李炜:《社会问题研究中的"个人困扰"与"公共议题"关系的经验研究》,《黑龙江社会科学》2013 年第 5 期。

李旸:《何谓"平等权利"——基于马克思恩格斯的视角》,《马克思主义与现实》2020 年第 2 期。

梁彦:《20 世纪 90 年代以来我国中等职业教育收益率的变化——基于 CHNS 数据的分析》,《教育学术月刊》2020 年第 8 期。

廖清成、罗家为:《中国协商民主的文化渊源、制度创新与逻辑进路》,《江西社会科学》2021 年第 2 期。

林卡:《"福利社会":社会理念还是政策模式?》,《学术月刊》2010 年第 4 期。

林卡:《走向"福利社会"?——"福利社会"概念辨析及其蕴意》,《人民论坛》2009 年第 25 期。

林卡、赵宝娟:《论"东亚福利模式"研究及其存在的问题》,《浙江大学学报》(人文社会科学版)2010 年第 4 期。

林闽钢:《西方"福利社会"的理论和实践——兼论构建中国式的"福利社会"》,《江苏社会科学》2010 年第 4 期。

刘安:《市民社会?法团主义?——海外中国学关于改革后中国国家与社会关系研究述评》,《文史哲》2009 年第 5 期。

刘继同:《个人主义与集体主义之争——欧美社会福利理论主要流派与核心争论》,《欧洲研究》2004a 年第 1 期。

刘继同:《人类需要理论与社会福利制度运行机制研究》,《中共福建省委党校学报》2004b 年第 8 期。

刘继同:《社会福利与社会保障界定的"国际惯例"及其中国版涵义》,《学术界》2003a 年第 2 期。

刘军强:《社会政策发展的动力:20 世纪 60 年代以来的理论发展述评》,《社会学研究》2010 年第 4 期。

刘鸣:《社会态度研究的回顾与前瞻》,《中山大学学报论丛》1997 年第 6 期。

刘鹏:《三十年来海外学者视野下的当代中国国家性及其争论述评》,《社会学研究》2009 年第 5 期。

刘万霞:《我国农民工教育收益率的实证研究——职业教育对农民收入的

影响分析》，《农业技术经济》2011 年第 5 期。

刘亚平：《美国进步时代的管制改革——以食品安全为例》，《公共行政评论》2008 年第 2 期。

刘一飞、文军：《英国社会福利政策的演变及其启示》，《学习与实践》2013 年第 4 期。

刘泽云、刘佳璇：《中国教育收益率的元分析》，《北京师范大学学报》（社会科学版）2020 年第 5 期。

刘泽云、邱牧远：《中国农村工资性就业教育收益率的估计》，《北京师范大学学报》（社会科学版）2011 年第 6 期。

罗兴佐：《中国国家与社会关系研究述评》，《学术界》2006 年第 4 期。

罗忠勇：《农民工教育投资的个人收益率研究——基于珠三角农民工的实证调查》，《教育与经济》2010 年第 1 期。

欧阳景根：《作为一种法律权利的社会福利权及其限度》，《浙江学刊》2007 年第 4 期。

潘屹：《欧洲社会服务及老人社区照顾服务的发展趋势》，《中国社会导刊》2008 年第 11 期。

彭华民：《福利三角：一个社会政策分析的范式》，《社会学研究》2006 年第 4 期。

彭华民：《论需要为本的中国社会福利转型的目标定位》，《南开学报》（哲学社会科学版）2010 年第 4 期。

彭华民：《中国组合式普惠型社会福利制度的构建》，《学术月刊》2011b 年第 10 期。

秦昌波、李新、容冰、杨丽阎：《我国水环境安全形势与战略对策研究》，《环境保护》2019 年第 8 期。

丘海雄、李敢：《国外多元视野"幸福"观研析》，《社会学研究》2012 年第 2 期。

邱均平、吕红：《近五年国际图书情报学研究热点、前沿及其知识基础——基于 17 种外文期刊知识图谱的可视化分析》，《图书情报知识》2013 年第 3 期。

尚晓援：《"社会福利"和"社会保障"再认识》，《中国社会科学》2001 年第 3 期。

申建林：《论公民文化的培育》，《江汉论坛》2002 年第 4 期。

陶传进：《控制与支持：国家与社会间的两种独立关系研究——中国农村社会里的情形》，《管理世界》2008 年第 2 期。

田凯：《关于社会福利的定义及其与社会保障关系的再探讨》，《上海社会科学院学术季刊》2001 年第 11 期。

田凯：《西方非营利组织理论述评》，《中国行政管理》2003 年第 6 期。

童之伟：《"中国模式"之法学批判》，《法学》2012 年第 12 期。

万国威：《社会福利视角下我国少儿教育的区域均衡：现实状况与未来走向》，《教育科学》2012 年第 2 期。

万国威：《我国儿童群体社会福利态度的定量研究》，《南开学报》（哲学社会科学版）2014 年第 4 期。

万国威：《中国大陆弱势群体社会福利态度研究》，《公共管理学报》2015 年第 1 期。

万国威、金玲：《中国弱势民众社会福利态度的双层解构》，《人口学刊》2015 年第 5 期。

汪卫华：《从公民文化到价值观变迁——西方政治文化实证研究的经验》，《国际政治研究》2008 年第 2 期。

王冰：《从客观效用到主观幸福——经济福利衡量方法论转型评析》，《外国经济与管理》2008 年第 5 期。

王方：《台湾民众社会福利态度之决定因素初探》，《东吴社会学报（台湾）》2001 年第 11 期。

王俊秀、刘晓柳、刘洋洋：《人民美好生活需要的层次结构和实现途径》，《江苏社会科学》2020 第 2 期。

王立：《需要与公民资格》，《理论探讨》2012 年第 6 期。

王绍光、马骏，《走向"预算国家"——财政转型与国家建设》，《公共行政评论》2008 年第 1 期。

王诗宗、宋程成，《独立抑或自主：中国社会组织特征问题重思》，《中国社会科学》2013 年第 5 期。

王思斌：《我国适度普惠型社会福利制度的建构》，《北京大学学报》（哲学社会科学版）2009 年第 3 期。

王思斌：《中国社会的求—助关系——制度与文化的视角》，《社会学研究》2001 年第 4 期。

王锡锌：《行政自由裁量权控制的四个模型——兼论中国行政自由裁量权控制模式的选择》，《北大法律评论》2009 年第 2 期。

项久雨：《美好社会：现代中国社会的历史展开与演化图景》，《中国社会科学》2020 年第 6 期。

项久雨：《新时代美好生活的样态变革及价值引领》，《中国社会科学》2019 年第 11 期。

肖文明：《超越集权主义模式：关于"前三十年"国家与社会关系的海外中国研究述评》，《开放时代》2018 年第 6 期。

熊跃根：《国家、市场与家庭关系中的性别与公民权利配置：如何理解女性在就业与家庭之间的选择自由?》，《学习与实践》2012 年第 1 期。

熊跃根：《国家力量、社会结构与文化传统——中国、日本和韩国福利范式的理论探索与比较分析》，《江苏社会科学》2007 年第 4 期。

熊跃根：《如何从比较的视野来认识社会福利与福利体制》，《中国社会保障研究》2008 年第 1 期。

徐济益、许诺：《中国外出农民工社会保险的进路：如何可为》，《学习与实践》2015 年第 1 期。

徐勇：《"回归国家"与现代国家的建构》，《东南学术》2006 年第 4 期。

杨立雄、谢丹丹：《"绝对的相对"，抑或"相对的绝对"——汤森和森的贫困理论比较》，《财经科学》2007 年第 1 期。

杨仁忠：《阿伦特公共领域理论范式的学术建构及其政治哲学意义》，《河南社会科学》2009 年第 1 期。

杨仁忠：《公共领域理论范式的学术独立性及其政治哲学意义探析》，《河南社会科学》2010 年第 2 期。

杨思斌：《社会救助权的法律定位及其实现》，《社会科学辑刊》2008 年第 1 期。

杨宜音：《当代中国人公民意识的测量初探》，《社会学研究》2008 年第 2 期。

姚建龙：《防治学生欺凌的中国路径：对近期治理校园欺凌政策之评析》，《中国青年社会科学》2017 年第 1 期。

叶华、吴晓刚：《生育率下降与中国男女教育的平等化趋势》，《社会学研究》2011 年第 5 期。

叶启政：《拆解"结构—能动"的理论迷思——正负情愫交融现象的理论意涵》，《社会》2013 年第 4 期。

义海忠、谢德成：《工作环境权的内容及价值》，《宁夏社会科学》2012 年第 5 期。

尹海洁：《试析近年我国社会学定量分析方法应用中的问题》，《哈尔滨工业大学学报》（社会科学版）2003 年第 4 期。

俞可平：《改善我国公民社会制度环境的若干思考》，《当代世界与社会主义》2006 年第 1 期。

郁建兴、周俊：《中国公民社会研究的新进展》，《马克思主义与现实》2006 年第 3 期。

岳公正：《社会保障政策效应、偏好显示与公共选择》，《山西大学学报》（哲学社会科学版）2007 年第 4 期。

岳经纶，尤泽锋：《在华国际移民能享受社会福利吗？——基于公众福利态度的分析》，《华南师范大学报》（社会科学版）2020 年第 1 期。

岳经纶：《个人社会服务与福利国家：对我国社会保障制度的启示》，《学海》2010 年第 4 期。

岳经纶：《社会科学、知识分子与和谐社会——美国进步时代的启示》，《公共行政评论》2008a 年第 2 期。

岳经纶：《社会政策学视野下的中国社会保障制度建设——从社会身份本位到人类需要本位》，《公共行政评论》2008b 年第 4 期。

岳经纶、方珂、蒋卓余：《福利分层：社会政策视野下的中国收入不平等》，《社会科学研究》2020 年第 1 期。

臧其胜：《"技术规制"抑或"反思生成"：社会工作实践教学模式探析》，《社会工作》2012 年第 11 期。

臧其胜：《标准化案主：社会工作临床技能教育的新策略》，《社会学研究》2013 年第 2 期。

臧其胜：《政策的肌肤：福利态度研究的国际前沿及其本土意义》，《公共行政评论》2016 年第 4 期。

臧其胜：《政府福利责任的边界：基于华人社区公众福利态度的比较研究》，《南通大学学报》（社会科学版）2015a 年第 5 期。

臧其胜：《政府福利责任的边界：基于农民工福利态度影响因素的实证研究》，载岳经纶、朱亚鹏主编《中国公共政策评论》（第 9 卷），格致出版社 2015b 年版。

翟学伟：《中国人的"大公平观"及其社会运行模式》，《开放时代》2010 年第 5 期。

张紧跟、庄文嘉：《非正式政治：一个草根 NGO 的行动策略——以广州业主委员会联谊会筹备委员会为例》，《社会学研究》2008 年第 2 期。

张军：《从慈悲正义到公民权利：西方福利文化下社会保障制度的历史演进》，《学习与实践》2013 年第 1 期。

张军：《中国社会保障制度的福利文化溯源》，《中国社会保障》2012 年第 8 期。

张军、陈亚东：《中国社会保障模式选择的民意基础——基于重庆市城乡居民福利态度的实证调查》，《西北人口》2014 年第 6 期。

张康之：《论风险社会中的人的共生共在》，《海南大学学报》（人文社会科学版）2021 年第 4 期。

张坤、张文新：《2004 青少年对传统孝道的态度研究》，《心理科学》2004 年第 6 期。

张双利：《重思马克思的市民社会理论》，《学术月刊》2020 年第 9 期。

张钟汝、范明林、王拓涵：《国家法团主义视域下政府与非政府组织的互动关系研究》，《社会》2009 年第 4 期。

赵丹群：《基于 CiteSpace 的科学知识图谱绘制若干问题探讨》，《情报理论与实践》2012 年第 10 期。

赵小平、王乐实：《NGO 的生态关系研究——以自我提升型价值观为视角》，《社会学研究》2013 年第 1 期。

赵星宇、王广成、单海峰、杨宝顺、丁素素、梁晓天、韩春蕾：《我国围产儿死亡率时空变化及预测研究》，《中国卫生统计》2021 年第 2 期。

郑秉文：《社会权利：现代福利国家模式的起源与诠释》，《山东大学学报》（哲学社会科学版）2005 年第 2 期。

郑秉文、史寒冰：《试论东亚地区福利国家的"国家中心主义"特征》，《中国社会科学院研究生院学报》2002 年第 2 期。

郑功成：《中国社会福利改革与发展战略：从照顾弱者到普惠全民》，
《中国人民大学学报》2011 年第 2 期。

郑磊：《民生问题的宪法权利之维》，《浙江大学学报》（人文社会科学
版）2008 年第 6 期。

郑筱婷、蓝宝江：《犯罪率的增长及其差异：正式与非正式社会支持和
保障的视角——基于中国 1998—2006 年省际面板数据的实证研究》，
《制度经济学研究》2010 年第 3 期。

周葆华：《突发公共事件中的媒体接触、公众参与与政治效能——以
"厦门 PX 事件"为例的经验研究》，《开放时代》2011 年第 5 期。

周飞舟：《从汲取型政权到"悬浮型"政权——税费改革对国家与农民
关系之影响》，《社会学研究》2006 年第 3 期。

周国文：《"公民社会"概念溯源及研究述评》，《哲学动态》2006 年第
3 期。

周健林、王卓祺：《关于中国人对需要及其先决条件的观念的实证研
究》，《中国社会科学季刊（香港）》1999 年第 25 期。

周晓虹：《中国人社会心态六十年变迁及发展趋势》，《河北学刊》2009
年第 5 期。

周晓丽：《论社会公众参与生态环境治理的问题与对策》，《中国行政管
理》2019 年第 12 期。

邹湘江：《我国城市人口住房状况特征及变化分析——基于"五普"和
"六普"数据的比较》，《广州大学学报》（社会科学版）2013 年第
1 期。

邹艳辉：《近年来中国避孕节育构成的变化》，《人口与计划生育》2018
年第 3 期。

［澳］安戈（Jonathan Unger）：《中国的社会团体、公民社会和国家组合
主义：有争议的领域》，刘庆军、王尧译，《开放时代》2009 年第
11 期。

［韩］朴炳铉、高春兰：《儒家文化与东亚社会福利模式》，《长白学刊》
2007 年第 2 期。

［韩］朴炳铉：《社会福利和文化——东亚社会福利模式的含义》，《社会
保障研究》2012 年第 1 期。

〔英〕陈超美：《CiteSpaceⅡ：科学文献中新趋势与新动态的识别与可视化》，陈悦、侯剑华、梁永霞译，《情报学报》2009 年第 3 期。

〔英〕贾士帕（DesGasper）：《人类福利：概念和概念化》，陆丽娜译，《世界经济文汇》2005 年第 3 期。

〔英〕罗伯特·平克：《全球化时代的社会福利》，《社会保障制度》2001 年第 8 期。

三　其他

毕天云：《社会福利场域的惯习：两个少数民族的福利文化研究》，博士学位论文，中国社会科学院研究生院，2003 年。

刘继同：《公共财政过程分析与政府预算核心地位》，第二届中国公共预算研究全国学术研讨会论文集，2008 年。

民政部、财政部：《关于政府购买社会工作服务的指导意见》，2012 年。

谢立中：《社会科学解释难有唯一性》，《中国社会科学报》2013 年 3 月 22 日第 A08 版。

张军：《社会保障制度的福利文化解析——基于历史和比较的视角》，博士学位论文，西南财经大学，2009 年。

四　英文文献

Abrahamson, Peter, "The Welfare Modelling Business", *Social Policy & Administration*, 1999, 33（4）.

Abramovitz, Mimi, "Social Work and Social Reform: An Arena of Struggle", *Social Work*, 1998, 43（6）.

Adler, Nancy J. with Allison Gundersen, *International Dimensions of Organizational Behavior*（5th）, Ohio: Cengage Learnign, 2008.

Alkire, Sabina, "Dimensions of Human Development", *World Development*, 2002, 30（2）.

Alkire, Sabina, "Human Development: Definitions, Critiques, and Related Concepts", OPHI 2010 Working Paper: 36, http://www.ophi.org.uk/human-development-definitions-critiques-and-related-concepts/.

Allardt, Erik, "Dimensions of Welfare in a Comparative Scandinavian Study",

Acta Sociologica, 1976, 19 (3).

Almond, Gabriel A. & Sidney Verba, *The Civic Culture: Political Attitudes and Democracy In Five Nations*, London: Sage, 1989.

Alston, Jon P. & K. Imogene Dean, "Socioeconomic Factors Associated with Attitudes toward Welfare Recipients and the Causes of Poverty", *The Social Service Review*, 1972, 46 (1).

Andreß, Hans-Jürgen & Thorsten Heien, "Explaining Attitudes towards the Welfare State-Problems of a Current Research Project", (May 1998), http://eswf. uni-koeln. de/forschung/wme/wme_. ap7. pdf.

Andreß, Hans-Jürgen & Thorsten Heien, "Four Worlds of Welfare State Attitudes? A Comparison of Germany, Norway, and the United States", *European Sociological Review*, 2001, 17 (4).

Anheier, Helmut K. , *Civil Society: Measurement, Evaluation, Policy*, London & Sterling: Earthscan, 2004.

Arnstein, Sherry R. , "A Ladder of Citizen Participation", *Journal of the American Institute of Planners*, 1969, 35 (4).

Arts, Wil & John Gelissen, "Three Worlds of Welfare Capitalism or More? A State-of-the-art Report", *Journal of European Social Policy*, 2002, 12 (2).

Arts, Wil & John Gelissen, "Welfare States, Solidarity and Justice Principles: Does the Type Really Matter?", *Acta Sociologica*, 2001, 44 (4).

Arts, Wil & van der Veen, R. , "Sociological Approaches to Distributive and Procedural Justice", In Scherer, Klaus R. , *Justice: Interdisciplinary Perspectives*, New York: Cambridge University Press, 1992.

Aspalter, Christian, "The East Asian Welfare Model", *International Journal of Social Welfare*, 2006, 15 (4).

Baldock, John, "Culture: The Missing Variable in Understanding Social Policy?", *Social Policy & Administration*, 1999, 33 (4).

Baldwin, Peter, *The Politics of Social Solidarity: Class Bases of the European Welfare State*, 1875 – 1975, New York: : Cambridge University Press, 1990.

Bambra, Clare, "Going Beyond the Three Worlds of Welfare Capitalism: Regime Theory and Public Health Research", *Journal of Epidemiology and Community Health*, 2007, 61（12）.

Bay, Ann-Helén & Axel West Pedersen, "The Limits of Social Solidarity Basic Income, Immigration and the Legitimacy of the Universal Welfare State", *Acta Sociologica*, 2006, 49（4）.

Bay, Christian, "III. On Needs and Rights Beyond Liberalism: A Rejoinder to Flathman", *Political Theory*, 1980, 8（3）.

Bean, Clive & Elim Papadakis, "A Comparison of Mass Attitudes towards the Welfare State in Different Institutional Regimes, 1985 – 1990", *International Journal of Public Opinion Research*, 1998, 10（3）.

Bescond, David, Anne Chataignier & Farhad Mehran, "Seven Indicators to Measure Decent Work: An International Comparison", *International Labour Review*, 2003, 142（2）.

Besley, Timothy & Torsten Persson, "The Origins of State Capacity: Property Rights, Taxation, and Politics", *The American Economic Review*, 2009, 99（4）.

Beveridge, William Henry Beveridge, "Social Insurance and Allied Services", *Bulletin of the World Health Organization*, 2000, 78（6）. In *Social insurance and Allied Service. Reporl by Sir William Beveridge*, London: HMSO, 1942.

Blekesaune, Morten & Jill Quadagno, "Public Attitudes toward Welfare State Policies: A Comparative Analysis of 24 Nations", *European Sociological Review*, 2003, 19（5）.

Blomberg, Helena & Christian Kroll, "Do Structural Contexts Matter? Macro-Sociological Factors and Popular Attitudes towards Public Welfare Services", *Acta Sociologica*, 1999, 42（4）.

Bradshaw, Jonathan, "The Concept of Social Need", *New Society*, 1972, 30（3）.

Briggs, Asa, "The Welfare State in Historical Perspective", *European Journal of Sociology*, 1961, 2（2）.

Campbell, Donald Thomas & Julian C. Stanley, *Experimental and Quasi-Exper-*

imental Designs for Research, Boston: Houghton Mifflin, 1963.

Carpenter, Mick, Belinda Freda & Stuart Speeden, *Beyond the Workfare State: Labour Markets, Equalities and Human Rights*, Bristol: The Policy Press, 2007.

Chen, Chaomei, Fidelia Ibekwe-SanJuan & Jianhua Hou, "The Structure and Dynamics of Cocitation Clusters: A Multiple-Perspective Co-citation Analysis", *Journal of the American Society for Information Science and Technology*, 2010, 61 (7).

Chen, Chaomei, "CiteSpace II: Detecting and Visualizing Emerging Trends and Transient Patterns in Scientific Literature", *Journal of the American Society for Information Science and Technology*, 2006, 57 (3).

Chen, Chaomei, "Searching for Intellectual Turning Points: Progressive Knowledge Domain Visualization", *Proceedings of the National Academy of Sciences*, 2004, 101 (Suppl.).

Choi, Bernard C. K., Tujju Pang, Vivian Lin, Pekka Puska, Gregory Sherman, Michael Goddard, Michael J. Ackland, Peter Saninsbury, Sylvie Stachenko, Howard Morrison & Clarence Clottey, "Can Scientists and Policy Makers Work together?", *Journal of Epidemiology and Community Health*, 2005, 59 (8).

Clark, David Alexander, "The Capability Approach: Its Development, Critiques and Recent Advances", In Ghosh, Robin, K. R. Gupta & Prasenjit Maiti, Development Studies (Vol. 2), Atlantic Publishers and Distributions (P) Ltd., 2008.

Cnaan, Ram A., "Public Opinion and the Dimensions of the Welfare State", *Social Indicators Research*, 1989, 21 (3).

Codevilla, Angelo, "America's Ruling Class – And the Perils of Revolution", *American Spectator*, Vol. 43, No. 6, (October 2014), http://spectator.org/articles/39326/americas-ruling-class-and-perils-revolution.

Cooper, Shirley, "Social Work: A Dissenting Profession", *Social Work*, 1977, 22 (5).

Coughlin, Richard M., *Ideology, Public Opinion, and Welfare Policy: Atti-*

tudes toward Taxes and Spending in Industrialized Societies, Berkeley: University of California, 1980.

Cox, Robert Henry, "The Consequences of Welfare Reform: How Conceptions of Social Rights are Changing", *Journal of Social Policy*, 1998, 27（1）.

Craig, Stephen C. & Michael A. , "Measuring Political Efficacy", *Political Methodology*, 1982, 8（3）.

Craig, Stephen C. , Richard G. Niemi & Glenn E. Silver, "Political Efficacy and Trust: A Report on The NES Pilot Study Items", *Political Behavior*, 1990, 12（3）.

Davis, Kenneth Culp, *Discretionary Justice: A Preliminary Inquiry*. Urbana: University of Illinois Press, 1971.

Deacon, Bob, 1993, "Developments in East European Social Policy", In Jones, Catherine, *New Perspectives on the Welfare State in Europe*, London & New York: Routledge, 1993.

Deutsch, Morton, "Equity, Equality, and Need: What Determines Which Value will be Used as the Basis of Distributive Justice?", *Journal of Social Issues*, 1975, 31（3）.

Dobrow, Mark J. , Vivek Goel & R. E. G. Upshur, "Evidence-based Health Policy: Context and Utilisation", *Social Science & Medicine*, 2004, 58（1）.

Dover, Michael A. & Barbara Hunter-Randall Joseph, "Human Needs: Overview", In Michael A. Dover, *Human Needs: Oxford Bibliographies Online Research Guide*, New York & Oxford: Oxford University Press, 2010.

Dovidio, John F. , Peter Click & Laude A. Rudman, "Introduction: Reflecting on the Nature of Prejudice: Fifty Years after Allport", In Dovidio, John F. Peter Click & Laude A. Rudman, *On the Nature of Prejudice: Fifty Years after Allport*, MA: Blackwell Publishing Ltd. , 2005.

Doyal, Len & Ian Gough, "A Theory of Human Needs", *Critical Social Policy*, 1984, 4（10）.

Edin, Maria, "State Capacity and Local Agent Control in China: CCP Cadre Management from a Township Perspective", *The China Quarterly*, 2003,

173（1）．

Edlund, Jonas & Anne Grönlund, "Class and Work Autonomy in 21 Countries: A Question of Production Regime or Power Resources?", *Acta Sociologica*, 2010, 53（3）．

Edlund, Jonas, "Trust in Government and Welfare Regimes: Attitudes to Redistribution and Financial Cheating in the USA and Norway", *European Journal of Political Research*, 1999, 35（3）．

Erskine, Hazel, "The Polls: Government Role in Welfare", *The Public Opinion Quarterly*, 1975, 39（2）．

Esping-Andersen, Gøsta, *Social Foundations of Postindustrial Economies*, New York & Oxford: Oxford University Press, 1999.

Fabre, Cécile, "Social Citizenship and Social Rights", In Christodoulidis, Emilios A., *Communitarianism and Citizenship*, Aldershot: Ashgate, 1998.

Fleurbaey, Marc, "Individual Well-Being and Social Welfare: Notes on the Theory", Commission on the Measurement of Economic Performance and Social Progress.（2008）, http://www. commission-stiglitz. fr/documents/Individual_ Well-Being_ and_ Social_ Welfare. pdf.

Fong, Christina, "Social Preferences, Self-interest, and the Demand for Redistribution", *Journal of Public Economics*, 2001, 82（2）．

Frederick, Danny, "Why Universal Welfare Rights are Impossible and What It Means", *Politics, Philosophy & Economics*, 2010, 9（4）．

Free, Lloyd A. & Hadleyl Cantril, *Political Beliefs of Americans: A Study of Public Opinion*, New York: Rutgers University Press, 1967.

Galbraith, John Kenneth. The Good Society: The Humane Agenda. Boston & New York: Houghton-Mifflin Trade and Reference, 1996.

Gambrill, Eileen, "Evidence-Based Practice and Policy: Choices ahead", *Research on Social Work Practice*, 2006, 16（3）．

Garand, James C. , Ping Xu, Belinda C. Davis, "Immigration Attitudes and Support for the Welfare State in the American Mass Public", American Journal of Political Science, 2017, 61（1）．

Gaspe, Dos, "Is Sen's Capability Approach an Adequate Basis for Considering Human Development?", *Review of Political Economy*, 2002, 14 (4).

Gasper, Dos, "Sen's Capability Approach and Nussbaum's Capabilities Ethic", *Journal of International Development*, 1997, 9 (2).

Gaughan, Anthony & Harvey Wiley, "Theodore Roosevelt and the Federal Regulation of Food and Drugs. (2004), http：//dash. harvard. edu/bitstream/handle/1/8852144/Gaughan. html. ? sequence = 2

Gelissen, John, *Worlds of Welfare, Worlds of Consent?：Public Opinion on the Welfare State*, Leidon, Boston & Köln：Brill, 2002.

Gelissen, John, "Popular Support for Institutionalised Solidarity：A Comparison between European Welfare States, *International Journal of Social Welfare*, 2000, 9 (4).

Giddens, Anthony, "Class Division, Class Conflict and Citizenship Rights", In Giddens, Anthony, *Profiles and Critiques in Social Theory*, Berkeley and Los Angeles：University of California Press, 1982.

Gilley, Bruce, "The Meaning and Measure of State Legitimacy：Results for 72 Countries", *European Journal of Political Research*, 2006, 45 (3).

Golding, Martin P. , "The Primacy of Welfare Rights", *Social Philosophy and Policy*, 1984, 1 (2).

Goodin, Robert E. , *Reasons for Welfare：The Political Theory of the Welfare State*, Princeton：Princeton University Press, 1988.

Gornick, Janet C. & Marcia K. Meyers, "Welfare Regimes in Relation to Paid Work and Care", In Janet Zollinger Giele and Elke Holst, *Changing Life Patterns in Western Industrial Societies*, Netherlands：Elsevier Science Press, 2004.

Gough, Ian, Geof Wood, Armando Barrientos, Philippa Bevan, Peter Davis & Graham Room, *Insecurity and Welfare Regimes in Asia, Africa and Latin America：Social Policy in Development Contexts*, New York：Cambridge University Press, 2004.

Gough, Ian, with Theo Thomas, "Need Satisfaction and Welfare Outcomes：Theory and Explanations", *Social Policy & Administration*, 1994, 28

(1).

Gough, Ian, "Lists and Thresholds: Comparing Our Theory of Human Need with Nussbaum's Capabilities Approach", WeD Working Paper 01, The Wellbeing in Developing Countries Research Group, University of Bath, Bath, UK. (May 2003), http://eprints. lse. ac. uk/36659/.

Greve, Bent, "Editorial Introduction: Overview and Conclusion", Social Policy & Administration, 2011, 45 (4).

Grisez, Germain, Joseph Boyle & John Finnis, "Practical Principles, Moral Truth, and Ultimate Ends", The American Journal of Jurisprudence, 1987, 32 (1).

Gross, Feliks, The Civic and the Tribal State: The State, Ethnicity, and the Multiethnic State, Westport: Greenwood Press, 1998.

Habermas, Jürgen, Communication and Evolution of the Society, Translated and with an Introduction by Thomas McCarthy, Boston: Beacon Press, 1976.

Hall, Peter A. & David Soskice, Varieties of Capitalism: The Institutional Foundations of Comparative Advantage, New York & Oxford: Oxford University Press, 2001.

Hall, Peter A. & Rosemary C. R. Taylor, "Political Science and the Three New Institutionalisms", Political Studies, 1996, 44 (5).

Harris, Jose, "Political Thought and the Welfare State 1870 – 1940: An Intellectual Framework for British Social Policy", The Past and Present Society, 1992, 135 (1).

Hasenfeld, Yeheskel & Jane A. Rafferty, "The Determinants of Public Attitudes toward the Welfare State", Social Forces, 1989, 67 (4).

Head, Brian W., "Three lenses of Evidence - Based policy", Australian Journal of Public Administration, 2008, 67 (1).

Hedegaard, Troels Fage, "The Policy Design Effect: Proximity as a Micro-level Explanation of the Effect of Policy Designs on Social Benefit Attitudes", Scandinavian Political Studies, 2014, 37 (4).

Heien, Thorsten & Dirk Hofäcker, "How Do Welfare Regimes Influence Atti-

tudes? A Comparison of Five European Countries and the United States 1985 –
1996", Working Paper No. 9, Bielefeld: ECSR-Workshop. (September
1999), http://eswf. uni-koeln. de/forschung/wme/wme_ ap9. pdf.

Held, Virginia, "Books Review: Welfare Rights by Carl Wellman, *The Philo-
sophical Review*, 1986, 95 (1).

Hendrix, Cullen S. , "Measuring State Capacity: Theoretical and Empirical
Implications for the Study of Civil Conflict", *Journal of Peace Research*,
2010, 47 (3).

Hofstede, Geert & Michael Harris Bond, "The Confucius Connection: From
Cultural Roots To Economic Growth", *Organizational Dynamics*, 1998, 16
(4).

Holliday, Ian & Paul Wilding, *Welfare Capitalism in East Asia: Social Policy in
the Tiger Economies*, New York: Palgrave Macmillan, 2003.

Holliday, Ian, "Productivist Welfare Capitalism: Social Policy in East Asia",
Political Studies, 2000, 48 (4).

Homer, Pamela M. & Lynn R. Kahle, "A Structural Equation Test of the Val-
ue-Attitude-Behavior Hierarchy". *Journal of Personality and Social Psychol-
ogy*, 1988, 54 (4).

Inglehart, Ronald, *Culture Shift in Advanced Industrial Society*, Princeton:
Princeton University Press, 1990.

Inglehart, Ronald, "The Renaissance of Political Culture", *American Political
Science Review*, 1988, 82 (4).

Jacoby, William George, "Issue Framing and Public Opinion on Government
Spending", *American Journal of Political Science*, 2000, 44 (4).

Jakobsen, Tor Georg, "Welfare Attitudes and Social Expenditure: Do Regimes
Shape Public Opinion?", *Social Indicators Research*, 2011, 101 (3).

Jeene, Marjolein, Wim van Oorschot, and Wilfred Uunk, "Popular Criteria for
the Welfare Deservingness of Disability Pensioners: The Influence of Structur-
al and Cultural Factors", *Social Indicators Research*, 2013, 110 (3).

Jessop, Bob, "The Changing Governance of Welfare: Recent Trends in its Pri-
mary Functions, Scale, and Modes of Coordination", *Social Policy & Ad-*

ministration, 1999, 33（4）.

Johnsen, Eugene C. , "Structure and Processes of Solidarity: An Initial For-malization", In Doreian, Patrick, &Thomas J. Fararo, *The Problem of Soli-darity: Theories and Models*, Amsterdam: Gordon and Breach Publishers, 1998.

Jones, Catherine, "Hong Kong（China）, Singapore, South Korea and Taiwan（China）: Oikonomic Welfare States", *Government and Opposition*, 1990, 25（4）.

Jones, Catherine, "The Pacific Challenge", In Jones, Catherine, 1993, *New Perspectives on the Welfare State in Europe*, London & New York: Routledge, 1993.

Jæger, Mads Meier, "United But Divided: Welfare Regimes and the Level and Variance in Public Support for Redistribution", *European Sociological Re-view*, 2009, 25（6）.

Jæger, Mads Meier, "Welfare Regimes and Attitudes towards Redistribution: The Regime Hypothesis Revisited", *European Sociological Review*, 2006a, 22（2）.

Jæger, Mads Meier, "What Makes People Support Public Responsibility for Welfare Provision: Self-Interest or Political Ideology? A Longitudinal Ap-proach", *Acta Sociologica*, 2006b, 49（3）.

Kang, Xiaoguang & Heng Han, "Administrative Absorption of Society: A Fur-ther Probe into the State-Society Relationship in Chinese Mainland", *Social Science in China*, Summer, 2007.

Kangas, Olli E. , "Self-Interest and the Common Good: The Impact of Norms, Selfishness and Context in Social Policy Opinions", *The Journal of Socio-Economics*, 1997, 26（5）.

Kasza, Gregory J. , "The Illusion of Welfare 'Regimes'", *Journal of Social Policy*, 2002, 31（2）.

Katz, Daniel, "The Functional Approach to the Study of Attitudes", *The Pub-lic Opinion Quarterly*, 1960, 24（2）.

Kerr, Clark, Frederick H. Harbison, John T. Dunlop & Charles A. Myers,

"Industrialism and Industrial Man", *International Labour Review*, 1996, 135 (3 - 4).

Kerr, Clark, John T. Dunlop, Frederick H. Harbison & Charles A. Myers, "Postscript toIndustrialism and Industrial Man", *International Labour Review*, 1971, 103.

Kiefer, Ruth Ann, "An Integrative Review of the Concept of Well-Being", *Holistic Nursing Practice*, 2008, 22 (5).

Klein, Rebekka A. , *Sociality as the Human Condition*, *Translated by Martina Sitling*, Leinden & Boston: Brill, 2011.

Korpi, Walter & Joakim Palme, "The Paradox of Redistribution and Strategies of Equality: Welfare State Institutions, Inequality, and Poverty in the Western Countries", *American Sociological Review*, 1998, 63 (5).

Korpi, Walter, "Power Resources and Employer-Centered Approaches in Explanations of Welfare States and Varieties of Capitalism: Protagonists, Consenters, and Antagonists", *World Politics*, 2006, 58 (2).

Kristensen, Hans, "Review Symposium: 'Having, Loving, Being-But no Acting!'", *Acta Sociologica*, 1977, 20 (3).

Ku, Yeun-wen, *Welfare Capitalism in Taiwan: State, Economy and Social Policy*, New York: Palgrave Macmillan, 1997.

Kulin, Joakim, "Public Support for Redistributive Strategies: The Impact of Personal Values and Institutional Norms", Working Paper. (March 2012), http://www. soc. umu. se/digitalAssets/88/88750 _ nr-3 _ 2012-kulin _ public-support-for-redistrbutive-strategies. pdf.

Kulin, Joakim, "Values and Welfare State Attitudes: The Interplay Between Human Values, Attitudes and Redistributive Institutions across National Contexts", Umeå University, (2011), http://umu. diva-portal. org/smash/ get/diva2: 458383/FULLTEXT01. pdf.

Kumlin, Staffan, *The Personal and the Political: How Personal Welfare State Experiences Affect Political Trust and Ideology*, Palgrave Macmillan, 2004.

Kwok, Chuck C. Y. &Solomon Tadesse, "National Culture and Financial Systems", *Journal of International Business Studies*, 2006, 37 (2).

Kwon, Huck-ju, "Democracy and the Politics of Social Welfare: A Comparative Analysis of Welfare Systems in East Asia", In Goodman, Roger, Gordon White & Huck-ju Kwon, *The East Asian Welfare Model: Welfare Orientalism and the State*, London and New York: Routledge, 1998.

Larsen, Christian Albrekt, *The Institutional Logic of Welfare Attitudes: How Welfare Regimes Influence Public Support*, Hampshire: Ashgate Publishing Limited, 2006.

Larsen, Christian Albrekt, "The Institutional Logic of Welfare Attitudes: How Welfare Regimes Influence Public Support", *Comparative Political Studies*, 2008, 41 (2).

Lawrence, Roderick J., "Housing Quality: An Agenda for Research", *Urban Studies*, 1995, 32 (10).

Lee, Pak K., "Into the Trap of Strengthening State Capacity: China's Tax-Assignment Reform. *The China Quarterly*, 2000, 164.

Lee, Porter R., *Social Work: Cause and Function, Proceedings of the National Conference of Social Work*, Chicago and London: University of Chicago Press, 1930.

Leibfried, Stephan, "Towards a European Welfare State?, In Jones, Catherine", *New Perspectives on the Welfare State in Europe*, London & New York: Routledge, 1993.

Levi, Margaret, "A Logic of Institutional Change", In Cook, Karen Schweers & Margaret Levi, *A Logic of Institutional Change*, Chicago and London: The University of Chicago Press, 1990.

Lewin-Epstein, Noah, Amit Kaplan & Asaf Levanon, "Distributive Justice and Attitudes toward the Welfare State", *Social Justice Research*, 2003, 16 (1).

Lewis, Jane, "Gender and the Development of Welfare Regimes", *Journal of European Social Policy*, 1992, 2 (3).

Lewis-Beck, Michael W., William G. Jacoby, Helmut Norpoth & Herbert F. Weisberg, *The American Voter Revisited*, Michigan: University of Michigan Press. , 2008.

Li, Tania Murray, "Beyond 'The State' and Failed Schemes", *American Anthropologist*, 2005, 107 (3).

Lin, Ka, *Confucian Welfare Cluster: A Cultural Interpretation of Social Welfare*, Tampere: University of Tampere, 1999.

Lin, Ka, "Chinese Perceptions of the Scandinavian Social Policy Model", *Social Policy & Administration*, 2001, 35 (3).

Lin, Ka, "Sectors, Agents and Rationale A Study of the Scandinavian Welfare States with Special Reference to the Welfare Society Model", *Acta Sociologica*, 2004, 47 (2).

Lindenberg, Marc, "Declining State Capacity, Voluntarism, and the Globalization of the Not-For-Profit Sector", *Nonprofit and Voluntary Sector Quarterly*, 1999, 28 (suppl 1).

Linos, Katerina & Martin West, "Self-interest, Social Beliefs, and Attitudes to Redistribution. Re-addressing the Issue of Cross-National Variation", *European Sociological Review*, 2003, 19 (4).

Lister, Ruth & Peter Dwyer, "Citizenship and Access to Welfare", In Alcock, Peter, Margaret May & Sharon D Wright, 2012, *The Student's Companion to Social Policy* (4th), MA & Oxford: John Wiley & Sons Ltd. , 2012.

Lowery, David & Lee Sigelman, "Political Culture and State Public Policy: The Missing Link. *Political Research Quarterly*, 1982, 35 (3).

Ma, Jun, "'If You Can't Budget, How Can You Govern?' —A study of China's State Capacity", *Public Administration and Development*, 2009, 29 (1).

Mares, Isabela, *The Politics of Social Risk: Business and Welfare State Development*, New York: Cambridge University Press, 2003.

Marshall, Thomas Humphrey, "A British Sociological Career", *British Journal of Sociology*, 1973, 24 (4).

Maslow, Abraham Harold, "A Theory of Human Motivation", *Psychological Review*, 1943, 50.

Mayhew, Leon H. , *Talcott Parsons on Institutions and Social Evolution* (Select-

ed Writings), Chicago and London: The University of Chicago Press, 1982.

Mayntz, Renate, "From Government to Governance: PoliticalSteering in Modern Societies", Summer Academy on IPP: Wuerzburg, (September 2003), http: //www. ioew. de/fileadmin/user _ upload/DOKUMENTE/Veranstaltungen/2003/SuA2Mayntz. pdf.

McAdams, John, "Status Polarization of Social Welfare Attitudes", *Political Behavior*, 1986, 8 (4).

Myles, John & Jill Quadagno, "Political Theories of the Welfare State", *Social Service Review*, 2002, 76 (1).

NASW, "Code of Ethics of the National Association of Social Workers", (2008), http: //www. socialworkers. org/pubs/code/code. asp, 2013.

Norman, Johnson, *The Welfare State in Transition: The Theory and Practice of Welfare Pluralism*, Brighton: Wheat Sheaf, 1987.

North, Douglass C. , *Institutions, Institutional Change and Economic Performance*, New York: Cambridge University Press, 1990.

Nowak A, Szamrej J, Latané B. , "From Private Attitude to Public Opinion: A Dynamic Theory of Social Impact", *Psychological Review*, 1990, 97 (3).

Nussbaum, Martha Craven & Amartya Kumar Sen, *The Quality of Life*, Oxford: Clarendon Press, 1993.

Nussbaum, Martha Craven, *Women and Human Development: The Capabilities Approach*, New York: Cambridge University Press, 2001.

Nussbaum, Martha Craven, "Capabilities and Human Rights", *Fordham Law Review*, 1997, 66.

Nussbaum, Martha Craven, "Women and Equality: The Capabilities Approach", *International Labour Review*, 1999, 138 (3).

Obler, Jeffrey, "Private Giving in the Welfare State", *British Journal of Political Science*, 1981, 11 (1).

Orloff, Ann Shola, "Gender in the Welfare State, *Annual Review of Sociology*, 1996, 22.

Oskamp, Stuart & P. Wesley Schultz, *Attitudes and Opinions* (3rd), New Jersey: Lawrence Erlbaum Associates, 2005.

O'Connor, James, *The Fiscal Crisis of the State*, New Brunswick: Transaction Publishers, 2002.

O'Connor, Julia S., "Gender, Class and Citizenship in the Comparative Analysis of Welfare State Regimes: Theoretical and Methodological Issues", *British journal of Sociology*, 1993, 44 (3).

O'Shea, Ruth, Caroline Bryson & Roger Jowell, "Comparative Attitudinal Research in Europe", Document Written on Behalf of the Central Coordinating Team of the EES and Posted on the EES Web site, (2002), www. europeansocialsurvey. org.

Parsons, Talcott, *Social System and the Evolution of Action Theory*, New York: Free Press, 1977.

Parsons, Talcott, *Societies: Evolutionary and Comparative Perspectives*, New Jersey: Prentice-Hall, Inc. , 1966.

Parsons, Talcott, *The System of Modern Societies*, New Jersey: Prentice-Hall, 1971.

Pawson, Ray, *Evidence-based policy: A Realist Perspective*, London, Thousand Oaks & New Delhi: Sage, 2006.

Pawson, Ray, "Evidence-based Policy: The Promise of ' Realist Synthesis ' ", *Evaluation*, 2002, 8 (3).

Peng, Ito, "Welfare Policy Reforms in Japan and Korea: Cultural and Institutional Factors", In van Oorschot, Wim, Michael Opielka & Birgit Pfau-Effinger, *Culture and Welfare State: Values and Social Policy in Comparative Perspective*, Cheltenham & Northampton: Edward Elgar Publishing, 2008.

Pfau-Effinger, Birgit, "Culture and Welfare State Policies: Reflections on a Complex Interrelation", *Journal of Social Policy*, 2005, 34 (1).

Pierson, Paul, "The New Politics of the Welfare State", *World Politics*, 1996, 48 (2).

Pierson, Paul, "Three Worlds of Welfare State Research", *Comparative Political Studies*, 2000, 33 (6 – 7).

Plant, Raymond, Harry Lesser & Peter Taylor-Gooby, *Political Philosophy and Social Welfare: Essays on the Normative Basis of Welfare Provision*, London:

Routledge, 1980.

Plant, Raymond, "Socialism, Markets, and End States", In Le Grand, Julian & Saul Estrin, *Market Socialism*, Oxford: Clarendon Press, 1989.

Powell, Martin & Armando Barrientos, "An Audit of the Welfare Modelling Business", *Social Policy & Administration*, 2011, 45 (1).

Pye, Lucian W., "Civility, Social Capital, and Civil Society: Three Powerful Concepts for Explaining Asia", *Journal of Interdisciplinary History*, 1999, 29 (4).

Raven, Judith, Peter Achterberg, Romke van der Veen & Mara Yerkes, "An Institutional Embeddedness of Welfare Opinions? The Link between Public Opinion and Social Policy in the Netherlands (1970 – 2004)", *Journal of Social Policy*, 2011, 40 (2).

Reeser, Linda Cherrey & Irwin Epstein, "Social Workers' Attitudes toward Poverty and Social Action:, 1968 – 1984", *The Social Service Review*, 1987, 61 (4).

Reich, Charles A., "Individual Rights and Social Welfare: The Emerging Legal Issues", The *Yale Law Journal*, 1965, 74.

Reich, Charles A., "The New Property", *The Yale Law Journal*, 1964, 73 (5).

Rescher, Nicholas, *Welfare: The Social Issues in Philosophical Perspective*, Pittsburgh: University of Pittsburgh Press, 1972.

Rodger, John J., "Social Solidarity, Welfare and Post-Emotionalism", *Journal of Social Policy*, 2003, 32 (3).

Roller, Edeltraud, "The Welfare State: The Equality Dimension", In Borre, Ole & Elinor Scarbrough, *The Scope of Government*, New York & Oxford: Oxford University Press, 1995.

Roosma, Femke, John Gelissen & Wim van Oorschot, "The Multidimensionality of Welfare State Attitudes: A European Cross-National Study", *Social Indicators Research*, 2013, 113 (1).

Rosen, Kathleen R., "The History of Medical Simulation", *Journal of Critical Care*, 2008, (23).

Rothstein, Bo, "The Universal Welfare State as a Social Dilemma", *Rationality and Society*, 2001, 13 (2).

Rowse, Tim & Deborah Mitchell, "From Social Issues to Social Policy: Engaging Professionals and the Public", *The Australian Journal of Social Issues*, 2005, 40 (1).

Sabbagh, Clara & Pieter Vanhuysse, "Exploring Attitudes towards the Welfare State: Students' Views in Eight Democracies", *Journal of Social Policy*, 2006, 35 (4).

Schick, Allen, *The Capacity to Budget*, Washington: The Urban Institute Press, 1990.

Schmitter, Philippe C., "Still the Century of Corporatism?", *The Review of Politics*, 1974, 36 (1).

Schoenfeld, Eugen & Stjepan G. Meštrović, "Durkheim's Concept of Justice and Its Relationship to Social Solidarity", *Sociology of Religion*, 1989, 50 (2).

Schram, Sanford, *After Welfare: The Culture of Postindustrial Social Policy*, New York & London: New York University Press, 2000.

Schwartz, Shalom H., "Are there Universal Aspects in the Structure and Contents of Human Values?", *Journal of Social Issues*, 1994, 50 (4).

Sciortino, Giuseppe, "A Single Social Community with Full Citizenship for All: Talcott Parsons, Citizenship and Modern Society", *Journal of Classical Sociology*, 2010, 10.

Scott, James C., *Seeing like a State: How Certain Schemes to Improve the Human Condition Have Failed*, Yale University Press, 1998.

Segall, Shlomi, "Political Participation as an Engine of Social Solidarity: A Sceptical View", *Political Studies*, 2005, 53 (2).

Settersten, Richard A. & Jacqueline L. Angel, *Handbook of Sociology of Aging*, New York: Springer, 2011.

Sevä, Ingemar Johansson, *Welfare State Attitudes in Context Local Contexts and Attitude Formation in Sweden*, PhD Thesis, Department of Sociology, Umeå, Sweden, 2009.

Shambaugh, David, "The Chinese State in the Post-Mao Era", In David Shambaugh, *The Modern Chinese State*, NewYork: Cambridge University Press, 2000.

Sievers, Bruce, "What Is Civil Society?", *GIA Reader*, 2009, 20 (1), http://www. giarts. org/article/what-civil-society.

Sihvo, Tuire & Hannu Uusitalo, "Economic Crises and Support for the Welfare State in Finland, 1975 – 1993", *Acta Sociologica*, 1995b, 38 (3).

Sihvo, Tuire & Hannu Uusitalo, "Attitudes towards the Welfare State Have Several Dimensions", *International Journal of Social Welfare*, 1995a, 4 (4).

Sinclair, Upton, *The Jungle* (*Webster's French Thesaurus Edition*), San Diego: ICON Group International, Inc. , 2005.

Skinner, Reinhard John, "Technological Determinism: A Critique of Convergence Theory", *Comparative Studies in Society and History*, 1976, 18 (1).

Skocpol, Theda, "Bringing the State Back in: Strategies of Analysis in Current Research", In Evans, Peter B. , Dietrich Rueschemeyer & Theda Skocpol, 1985, *Bringing the State Back in*, New York: Cambridge University Press, 1985.

Spicker, Paul, "An Introduction to Social Policy: Housing and Urban Policy", Aberdeen, Scotland: The Robert Gordon University. (2012), http: // www2. rgu. ac. uk/publicpolicy/introduction/socpolf. htm#Welfare.

Staerkl, Chritian, Stefan Svallfors & Wim van Oorschot, "The Future ESS 4 Module on Welfare Attitudes: Stakes, Challenges and Prospects", (September 2008), http: //epp. eurostat. ec. europa. eu/portal/page/portal/conferences/documents/34th_ ceies_ seminar_ documents/34th% 20CEIES% 20Seminar/1. 4% 20% 20C. % 20STAERKE% 20EN. PDF.

Stankiewicz, Wladyslaw J. , "The Development of Different Attitudes to Welfare in Russian and British Socialist Thought: A Note", *Canadian Slavonic Papers*, 1957, 2 (1).

Streeten, Paul & Shahid Javed Burki, "Basic Needs: Some Issues", *World*

Development, 1978, 6 （3）.

Sumner, Andrew, "Economic Well-being and Non-economic Well-being – A Review of the Meaning and Measurement of Poverty", Research Paper No. 30, （2004）, http：//scholar. google. com. hk/scholar? cluster = 224630 3998253371787 & hl = zh-CN & as_ sdt = 0, 5.

Sundberg, Trude & Peter Taylor-Gooby, "A Systematic Review of Comparative Studies of Attitudes to Social Policy", *Social Policy & Administration*, 2013, 47 （4）.

Sundberg, Trude, "Attitudes to the Welfare State：A Systematic Review Approach to the Example of Ethnically Diverse Welfare States", *Sociological Research Online*, 2014, 19 （1） 28, http：//www. socresonline. org. uk/ 19/1/28. html.

Svallfors, Stefan, "Class, Attitudes and the Welfare State：Sweden in Comparative Perspective", *Social Policy & Administration*, 2004, 38 （2）.

Svallfors, Stefan, "Political Trust and Attitudes Towards Redistribution：A Comparison ofSweden and Norway", *European Societies*, 1999, 1 （2）.

Svallfors, Stefan, "The End of Class Politics? Structural Cleavages and Attitudes to Swedish Welfare Policies", *Acta Sociologica*, 1995, 38 （1）.

Svallfors, Stefan, "The Politics of Welfare Policy in Sweden：Structural Determinants and Attitudinal Cleavages", *British Journal of Sociology*, 1991, 42 （4）.

Svallfors, Stefan, "Welfare Attitudes in Europe：Topline Results frome Round 4", （December 2012）, http：//www. europeansocialsurvey. org/docs/findings/ESS4_ toplines_ issue_ 2_ welfare_ attitudes_ in_ europe. pdf.

Svallfors, Stefan, "Worlds of Welfare and Attitudes to Redistribution：A Comparison of Eight Western Nations", *European Sociological Review*, 1997, 13 （3）.

Swenson, Peter, "Bringing Capital back in, or Social Democracy Reconsidered：Employer Power, Cross-Class Alliances, and Centralization of Industrial Relations in Denmark and Sweden", *World Politics：A Quarterly Journal of International Relations*, 1991, 43 （4）.

Tanenbaum, Eric & Sharon Sutherland, "Values: A Program for the Analysis of Milton Rokeach's 'Value Surveys'", *Behavior Research Methods & Instrumentation*, 1975, 7 (5).

Tani, Karen M., "Welfare and Rights before the Movement: Rights as a Language of the State", *Yale Law Journal*, 2012, 122 (2).

Tao, Julia & Glenn Drover, "Chinese and Western Notions of Need", *Critical Social Policy*, 1997, 17 (50).

Taylor-Gooby, Peter & Hugh Bochel, "Mps' Attitudes and the Future of Welfare", *Public Administration*, 1988b 66 (3).

Taylor-Gooby, Peter & Hugh Bochel, "Public Opinion, Party Policy and MPs' Attitudes to Welfare", *The Political Quarterly*, 1988a, 59 (2).

Taylor-Gooby, Peter, Rose Martin, "Fairness, Equality and Legitimacy: A Qualitative Comparative Study of Germany and the UK", *Social Policy & Administration*, 2010, 44 (1).

Taylor-Gooby, Peter, "Attitudes to Welfare", *Journal of Social Policy*, 1985a, 14 (1).

Taylor-Gooby, Peter, "Pleasing Any of the People, Some of the Time: Perceptions of Redistribution and Attitudes to Welfare", *Government and Opposition*, 1985b, 20 (3).

Taylor-Gooby, Peter, "The Welfare State and Individual Freedom: Attitudes to Welfare Spending and to the Power of the State", *Political Studies*, 1983, 31 (4).

Triandis, Harry C., Robert Bontempo, Hector Betancourt, Michael Bond and Kwok Leung, Abelando Brenes, James Georgas, C Harry Hui, Gerardo Martin, Bernadette Setiadi, Jai B. P. Sinha, Jyoti Verma, John Spangenberg, Hubert Touzard & Germaine de Montmollin, "The Measurement of the Etic Aspects of Individualism and Collectivism Across Cultures", *Australian Journal of Psychology*, 1986, 38 (3).

Uusitalo, Hannu, "Comparative Research on the Determinants of the Welfare State: the State of the Art", *European Journal of Political Research*, 1984, 12 (4).

van Oorschot, Wim & Aafke Komter, "What is it that Ties…? Theoretical Perspectives on Social Bond", *Sociale Wetenschappen*, 1998, 41 (3).

van Oorschot, Wim & Bart Meuleman, "Welfarism and the Multidimensionality of Welfare State Legitimacy: Evidence from the Netherlands, 2006", *International Journal of Social Welfare*, 2012, 21 (1).

van Oorschot, Wim, Michael Opielka & Birgit Pfau-Effinger, "The Culture of the Welfare State: Historical and Theoretical Arguments", In van Oorschot, Wim, Michael Opielka, & Birgit Pfau-Effinger, *Culture and Welfare State: Values and Social Policy in Comparative Perspective*, Cheltenham & Northampton: Edward Elgar Publishing, 2008.

van Oorschot, Wim, Tim Reeskens & Bart Meuleman, "Popular Perceptions of Welfare State Consequences: A Multilevel, Cross-National Analysis of 25 European Countries", *Journal of European Social Policy*, 2012, 22 (2).

van Oorschot, Wim, "Culture and Social Policy: A Developing Field of Study", *International Journal of Social Welfare*, 2007, 16 (2).

van Oorschot, Wim, "Making the Difference in Social Europe: Deservingness Perceptions among Citizens of European Welfare States", *Journal of European Social Policy*, 2006, 16 (1).

van Oorschot, Wim, "Public Perceptions of the Economic, Moral, Social and Migration Consequences of the Welfare State: An Empirical Analysis of Welfare State Legitimacy", *Journal of European Social Policy*, 2010, 20 (1).

van Oorschot, Wim, "Who should Get What, and Why? On Deservingness Criteria and the Conditionality of Solidarity among the Public", *Policy & Politics*, 2000, 28 (1).

Walker, Alan & Chack-kie Wong, "Conclusion: From Confucianism to Globalisation", In Walker, Alan & Chack-kie Wong, *East Asian Welfare Regimes in Transition: From Confucianism to Globalisation*, Bristol: The Policy Press, 2005.

Wellman, Carl, *An Approach to Rights: Studies in the Philosophy of Law and Morals*, Springer Science + Business Media Dordrecht, 1997.

Wetherly, Paul, "Basic Needs and Social Policies", *Critical Social Policy*, 1996, 16 (46).

White, Gordon & Roger Goodman, "Welfare Orientalism and the Search for an East Asian Welfare Model", In Goodman, Roger, Huck-Ju Kwon, and Gordon White, *The East Asian Welfare Model: Welfare Orientalism and the State*, New York & London: Routledge, 1998.

Williams, Fiona, Jennie Popay & Ann Oakley, *Welfare Research: A Critical Review*, London: UCL Press, 1999.

Williamson, John B. & Fred C. Pampel, *Old-Age Security in Comparative Perspective*, New York & Oxford: Oxford University Press, 1993.

Wong, Chack Kie, Kate Yeong-Tsyr Wang, Ping-Yin Kaun, "Social Citizenship Rights and the Welfare Circle Dilemma: Attitudinal Findings of Two Chinese Societies", *Asian Social Work and Policy Review*, 2009, 3 (1).

Wong, Chack Kie, Keneth Kin-lam Chau & Timothy Ka-ying Wong, "Neither Welfare State nor Welfare Society: The Case of Hong Kong", *Social Policy and Society*, 2002, 1 (4).

Wong, Chack Kie, "Squaring the Welfare Circle of the Hong Kong – Lessons for Governance In Social Policy", *Asian Survey*, 2008, 48 (2).

Wong, Chack-kie & Kenneth Kin-lam Chau, "Attitudes towards Social Welfare-Institutional Constraints and Options for Policy Changes", In Lau Siu-Kai, Lee Ming-Kwan, Wan Po-San & Wong Siu-Lun, *Indicators of Social Development: Hong Kong*, 2001, Hong Kong Institute Asia-Pacific Studies, CUHK, 2003.

Wong, Linda, *Marginalization and Social Welfare in China*, London & New York: Routledge, 1998.

Wong, Timothy Ka-ying & Chack-kie Wong, "The Public Perception of Social Welfare in Hong Kong: Implications for Social Development", *Social Development Issues*, 1999, 21 (1).

Wong, Timothy Ka-Ying, Shirley Po-San Wan & Kenneth Wing-Kin Law, "High Expectations and a Low Level of Commitment: A Class Perspective of Welfare Attitudes in Hong Kong", *Issues & Studies*, 2008, 44 (2).

Wong, Timothy Ka-ying, Shirley Po-san Wan & Kenneth Wing-kin Law,
    "Welfare Attitudes and Social Class: The Case of Hong Kong in Comparative
    Perspective", International *Journal of Social Welfare*, 2009, 18 (2).
Young, Ken, Deborah Ashby, Annette Boaz & Lesley Grayson, "Social Sci-
    ence and the Evidence-Based Policy Movement", *Social Policy and Society*,
    2002, 1 (3).

后　记

1994 年我在高考本一第一志愿中填写了南京大学社会学、信息管理两个专业，第二志愿中填写的是苏州大学金融学、历史教育，服从调剂，最终进入的是苏州大学的思想政治教育专业。我并不知道什么是社会学，当初填报时只是用了最简单的语言来描述它：它是研究社会的科学；而填报信息管理，只是想到了计算机，虽然还不曾亲眼见过，但我却能感知到它的魅力。从此与社会学，也与计算机结下了不解之缘。而 2014 年我以南京大学社会学专业博士的身份毕业，历史用了 20 年完成这一轮回。

2011 年 3 月，我考取了南京大学社会学专业博士研究生，师从彭华民教授。彭老师给我留下了两大印象：乐观进取，精力充沛。她教导我们，世间常不公平但终有公平，改变不了环境先改变自己。感谢同学的提醒，我选择了林闽钢老师的社会政策课程，时隔十六年再次聆听到了林老师的教诲。本来自己的角色定位是旁听生，因而也就没打算参与到课堂的讨论中，但林老师没有内外之分，我也就"被迫"卷入。林老师课堂教学非常认真，课后必有任务，课堂必有讨论，讲解时仍像当年那样充满激情，讲解条理非常清晰，我也得以迅速进入社会政策领域。也正是他对自己与彭老师理论取向的解释，使得我能够平稳地踏进社会福利领域。

2012 年 5 月，我带着两篇论文：一篇是社会工作方向，一篇是社会福利方向，与彭老师商谈论文选题。时值我眼压高居不下，难以大量阅读文献。有鉴于此，老师让我自行选择，但提醒我社会工作研究面比较窄，而研究社会福利后可以再回过头来研究社会工作；若研究社会福利，可从福利态度研究起。其实我心中倾向于社会福利，但因眼疾，对未来缺乏信心；同时，在社会福利领域选择何种主题也不清楚，我的积累仍然很少。我并不想将自己的未来锁定在社会工作教育这一单一的主题上。在我看来，整个社会科学的研究都是建立在态度的基础之上，我接受了福利态度作为自己未来研究的方向，但也知道背后的工作将是何等艰辛。在此特别感谢导师为我明确了方向。2018 年 11 月—2019 年 10 月，我获得赴香港中文大学访学的机会，在此期间充分利用其丰富的藏书与电子资源，收集到了关于福利态度研究得更为全面的中外原始文献。本书正是吸收近年来收集到的研究成果，更新了部分数据，以博士论文为蓝本修改而成的。

　　博士论文的写作离不开导师的辛勤指导、离不开同学同门的无私帮助、离不开同事的任务分担、离不开家庭的情感支持，一句感谢实在显得单薄，但感谢的话总归要说出口：感谢你们的付出，希望未来能有机会回报！而作为著作出版更是离不开学院的鼎力相助，没有学院的资助也就不会有这本书的出版。在此特别感谢学院领导及同事的大力支持，感谢学术委员会的高度认可。而编辑王莎莎老师则为我书稿的修改完善提供了有益的建议与便利，在此表示诚挚的谢意！

　　谨以此记。